임성배의
청약의 시간

임성배의 청약의 시간

1쇄 발행 2021년 6월 10일
2쇄 발행 2021년 6월 21일

지은이 임성배
펴낸이 유해룡
펴낸곳 (주)스마트북스
출판등록 2010년 3월 5일 | 제2011-000044호
주소 서울시 마포구 월드컵북로 12길 20, 3층
편집전화 02)337-7800 | **영업전화** 02)337-7810 | **팩스** 02)337-7811

원고 투고 www.smartbooks21.com/about/publication
홈페이지 www.smartbooks21.com

ISBN 979-11-90238-56-4 13320

임성배의

청약의 시간

임성배 지음

스마트북스

프롤로그

한 번의 청약 당첨, 인생을 바꾼다

나의 청약 이야기

지금도 비가 올 때면 어릴 적 비닐하우스 위로 내리던 빗소리가 또렷이 기억납니다. 비닐하우스에 부딪히는 빗소리가 너무 커서 무서워 잠을 자는 것조차 힘들었습니다. '집'이라는 단어에 몇 가지 장면이 떠오르는데 그중 하나가 비닐하우스입니다. 그 당시 소원은 남들처럼 집의 모양이 제대로 갖추어진 공간에서 사는 것이었습니다. 벽돌로 된 벽이 세워져 있고 지붕이 있는 집에서 살고 싶었습니다. 크기가 작아도 더러워도 상관없을 것 같았습니다. 비닐하우스에서 작은 월세방으로 옮긴 건 중학생이 되고 나서였습니다.

부동산 업계에서 일한 지 19년이 되었습니다.

평탄하게 시작한 편은 아닙니다. 고등학교를 졸업하고 많은 일이 있었고 방황의 시간이 길었습니다. 인생을 잘살 수 있을 것이라는 확신이 어린 시절에는 없었습니다. 그런 제가 28세가 되어서야 늦깎이 대학생이 되고 내 일을 하게 되고 결혼을 하고 아내가 생기고 아이들도 생겼습니다. 한 가정의 가장이 되는 것은 행복한 일이면서도 어깨가 무거워지는 일이기도 했습니다.

집에 대한 간절함은 결혼 전부터 있었습니다. 어린 시절 집 때문에 너무 고생하며 자라서 그랬나 봅니다. 결혼 전부터 어떻게 하면 내집마련을 할지 고민하곤 했습니다. 청년 시절 월급이 많지도 않았고 대출이 많이 되는 직업도 아니었습니다. 그런데 내집마련은 가능한 빨리 하고 싶었습니다. 자연스럽게 청약만이 내집마련을 하는 데 가장 좋은 방법이라는 생각이 들었습니다.

어머니가 만들어준 청약부금 통장이 있었는데, 주택가격이 상대적으로 낮은 공공주택도 청약할 수 있는 주택청약종합저축 통장이 더 필요하겠다는 생각이 들었습니다. 막연히 결혼하고 나면 아내 이름으로도 청약통장이 있었으면 좋겠다는 생각도 했습니다.

"청약통장 있으세요?"

지금 생각하면 제정신이 아니었던 것 같은데 지금의 아내를 처음 만난 자리에서 '청약통장이 있느냐'고 물었습니다. 아내는 청약에 대해 아는 바가 전혀 없었습니다. 청약에 대해 자세히 설명해주면서 청약통장 가입을 추천한다는 이야기도 했습니다.

두 번째로 만나던 날, 아내는 청약통장을 만들었다고 하며 수줍게 웃었습니다. 그 주택청약종합저축 통장은 결혼하고 신혼부부 특공(특별공급)을 통해 10 대 1의 경쟁률을 뚫고 소중한 보금자리를 만드는 데 사용했습니다. 종잣돈을 더 모은 몇 년 후에는 오래전 어머니가 만들어준 저의 청약부금 통장도 청약에 당첨되는 기쁨을 맛보았습니다.

청약의 마법 같은 힘

사실 저의 청약과의 인연은 어머니의 내집마련부터 시작되었습니다. 어려서부터 좋은 집에서 살아본 적이 없었는데 어머니가 덜컥 청약에 당첨되고 살림이 갑자기 좋아지는 일을 경험한 것입니다. 청약의 마법 같은 힘을 직접 체험했으니 일찌감치 청약에 눈뜬 것은 어쩌면 당연한 일인지도 모르겠습니다.

20대 초반의 일입니다.

비닐하우스부터 시작하여 월세방을 전전하며 고생하던 어머니가 어느 날 군대로 면회를 왔습니다. 한 손에는 터울이 많이 나는 동생의 손을 잡고 다른 한 손에는 낯선 물건을 들고 있었는데, 바로 아파트 청약 팸플릿이었습니다. 그리고 거짓말처럼 4 대 1의 경쟁률을 뚫고 평당 500만원의 삼성아파트에 당첨됐습니다. 당시로서는 비싼 아파트에 덜컥 청약한 어머니는 막상 당첨되고 나니 걱정이 많았다고 합니다. 매일 주변 사람들에게서 걱정의 말도 들었다고 합니다. 저도 없는 살림에 잔금을 못 치러 계약금만 날리고 아파트를 뺏길까 봐 마음이 조마조마했

습니다.

아파트에 입주할 때까지 우리는 죽을힘을 다해 돈을 모으고 아꼈고, 당첨된 아파트는 주변의 걱정을 비웃듯 입주 전까지 꾸준히 가격이 올랐습니다. 중도금대출은 건설사에서 단체로 진행해주었고, 잔금을 치를 때는 시세가 분양가보다 훨씬 많이 올라 추가 대출을 할 수 있었습니다.

갑자기 찾아온 행운에 어머니는 어땠을까요? 사실 마냥 좋아한 건 아닙니다. 평생 노점상을 하며 고생을 했는데 청약 당첨 후 부동산에서 하루에도 몇 번씩 수천만원, 수억원의 프리미엄을 준다는 전화가 오니 돈이 저절로 벌리는 세상이 낯설다고 했습니다.

부동산 19년, 자산을 만들고 키우다

저는 어두운 청소년기를 보냈습니다. 스스로 희망도 없고 미래도 없는 사람이라 생각했습니다. 공부와 담을 쌓고 친구들과 어울리는 것만 좋아했습니다. 그런 저를 어머니는 항상 따뜻한 눈빛으로 믿어주었습니다. 제대 후에 비정규직으로 겨우 용돈벌이나 하는 저에게 어머니는 공인중개사 시험에 도전해보라고 간곡히 부탁했습니다. 맏아들에게 잔소리 한 번 못 하던 어머니의 간곡한 부탁이 마음을 움직였고, 어쩐 일인지 '나도 무언가 시작할 수 있다'는 생각이 들었습니다. 책상 앞에 오래 앉아 있어본 적이 없었으니 공인중개사 시험을 준비하는 것이 무척 힘들었지만 죽기 살기로 매달렸고,

드디어 2003년 23세에 제14회 공인중개사 시험에 합격해 뛸 듯이 기뻤던 기억이 납니다.

그렇게 부동산 업계에 발을 들여 이제 19년의 세월이 흘렀습니다. 그동안 방송에 출연하는 부동산 전문가가 되었고, 한 회사의 대표가 되었으며, 부동산학 석사학위를 취득하고, 공공기관에 주택공급을 하는 시행사업을 하면서 건축기사 자격증도 갖게 되었습니다. 또 구독자가 27만 명이 넘는 '임성배TV-부동산재테크'라는 채널을 운영하는 유튜버가 되었습니다.

저는 운이 좋았다고 생각합니다. 청약에 일찍 눈을 떴고 그 제도를 활용해 자산을 일굴 수 있었습니다. 열한 살 차이가 나는 동생도 아파트를 분양받아 올해 입주를 앞두고 있습니다. 제가 청약을 통해 내집마련을 하는 것을 보고, 부동산에 관심이 없던 친구들도 한 명 두 명 조언을 구했고, 많은 사람들이 자신의 상황에 맞는 주택을 마련하는 일을 도우면서 보람을 느끼기도 했습니다.

한 번의 청약 당첨, 한 번뿐인 인생을 바꾼다

집이라는 것이 참 힘이 셉니다. 사는 집과 동네에 따라 매일매일의 일상이 달라집니다. 어떤 사람에게는 집 한 채가 전 재산이기도 합니다. 저는 '내가 살 집 한 채는 꼭 마련했으면 좋겠다'고 말합니다. '당장 아무 집이나 사야 한다'는 뜻은 결코 아닙니다. '누구나 내가 살 집 한 채에 대한 전략을 가졌으면 좋겠다'는 말로도 바꿀 수 있습니다. 부동산 가격은 상승과 하락을 반복하면서 큰 틀에서 우상향합니다. 크고 작은 새로운 중심이 생겨나기 때문에 시장의 변화 속에 항상 기회가 있습니다. 살고 있는 곳의 시세가 너무 높아지고 소득에 한계가 있다 보니 자신의 처지를 비관하며 내집마련을 포기하는 사람들도 있습니다. 그렇게 포기해버리면 무주택자나 특정한 여건의 사람들에게 주는 괜찮은 기회를 놓치게 됩니다.

청약경쟁률이 수백 대 1, 수천 대 1이라는 말은 수백 명, 수천 명은 탈락한다는 뜻입니다. 안타깝지만 받아들여야 하는 현실입니다. 요즘처럼 청약 경쟁이 치열할 때는 다양한 각도에서 전략을 세워야 합니다. 정보를 얻고 분석하는 시간과 노력도 몇 배 더 필요하고, 투자의 열매를 얻기 위해 인내의 시간이 필요합니다.

청약은 현재의 가격인 분양가로 계약하고 잔금은 36개월 후에 치르는 것이 가장 중요한 장점입니다. 분양가 상한제 아파트는 시세보다 훨씬 저렴한 경우가 많습니다. 청약이라는 제도는 끊임없이 바뀌겠지만 이 장점만은 변하지 않을 것 같습니다. 청약이라는 제도를 제대로 이해하고, 나에게 기회가 있을 만한 청약 시기나 지역에 대해 분석해보면서 포기하지 않고 기회를 만들었으면 좋겠습니다. 이 글을 보는 분들이라면 어떤 상황 속에서도 내집마련을 포기하고 좌절하고 비관하기보다는 긍정적인 생각으로 다가오는 기회를 준비하셨으면 좋겠습니다.

한 번의 청약 당첨이 한 번뿐인 인생을 변화시킬 수 있습니다.

2021년 6월 임성배 드림

이 책의 특징

한 번의 청약 당첨, 한 번뿐인 인생을 바꾼다
27만 구독자 유튜브 채널 〈임성배TV-부동산재테크〉가 알려주는 청약의 모든 것

1 부동산/청약 1타 강사의 머리에 쏙쏙 박히는 청약 핵심 요약

어? 이게 무슨 말이지? 청약제도는 왜 이리 복잡한 거야? 청약통장 만들기부터 입주자 모집공고문 뜯어보기, 청약 신청, 소유권 등기까지 핵심을 찌르는 친절한 설명으로 머리에 쏙 넣어준다.

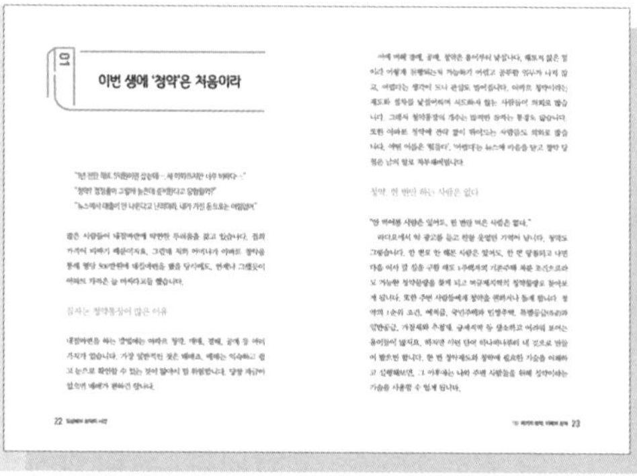
01 이번 생에 '청약'은 처음이라

2 핫한 핵심지, 상승여력 좋은 알짜분양 다양한 청약 사례 철저 분석

평균 경쟁률 수백 대 1의 핫한 분양 아파트부터 분양가가 상대적으로 저렴한 알짜물건까지, 다양한 사례의 당첨 노하우를 꼼꼼히 분석한다.

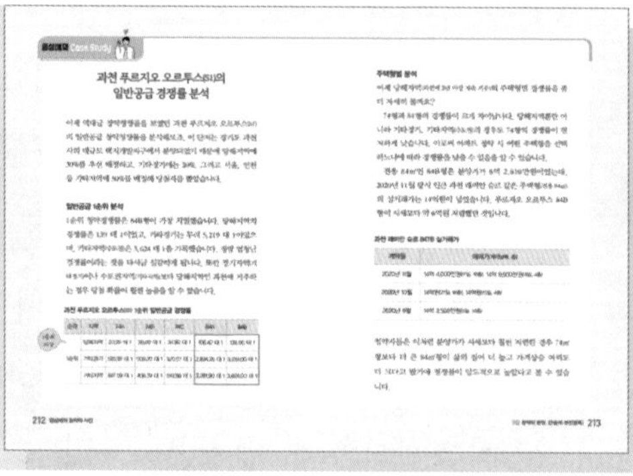
과천 푸르지오 오르투스(S1)의 일반공급 경쟁률 분석

3 당첨 확률을 높이는 청약의 기술, 역발상 전략까지

왜 이렇게 당첨이 안 되는 거야? 청약 열기가 뜨겁다 보니 로또 분양 단지는 당첨이 하늘에 별따기다. 이럴 때는 역발상 전략을 추천한다. 청약의 기술과 역발상 전략으로 당첨 확률을 높여보자.

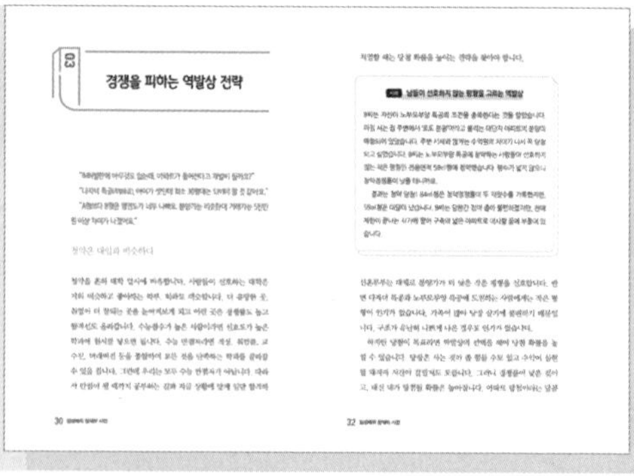
03 경쟁을 피하는 역발상 전략

4 3기 신도시 사전청약 완벽 가이드

2021년 7월부터 실시되는 3시 신도시 사전청약, 어디에 얼마나 분양하고 미래는 어떨게 될까? 사전청약을 대비하는 사람들을 위한 필수 정보 수록!

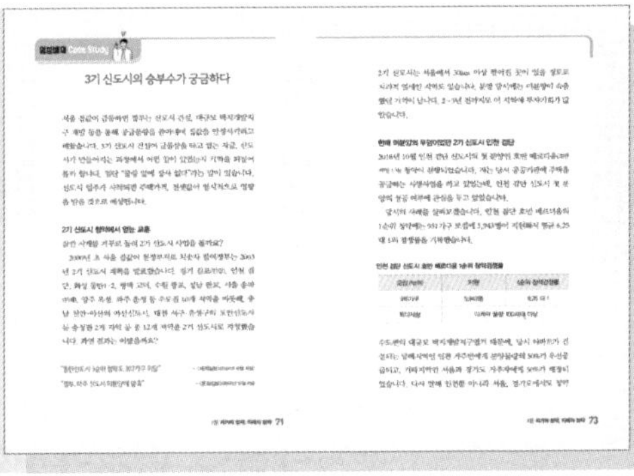
3기 신도시의 승부수가 궁금하다

5 내게 맞는 청약전략 나도 이제 청약의 달인~

신혼부부, 생애최초, 다자녀, 노부모부양, 기관추천 등 다양한 특공, 나의 지역, 자산 및 소득, 원하는 주택형에 따라 짤 수 있는 다양한 청약전략을 알아본다.

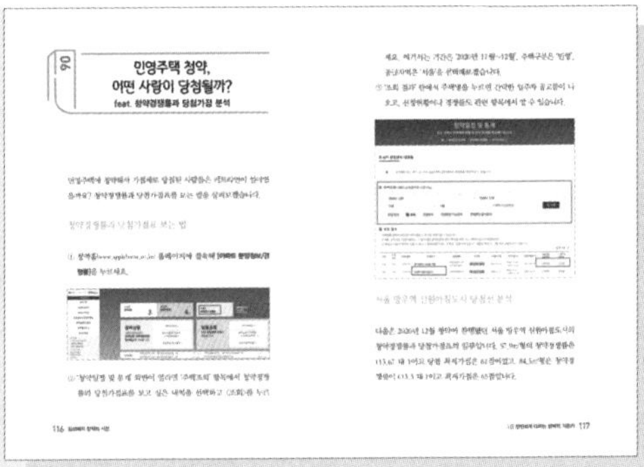
민영주택 청약, 어떤 사람이 당첨될까?
feat. 청약경쟁률과 당첨가점 분석

6 유튜브 〈임성배TV–부동산재테크〉 청약 노하우 대공개

내집마련 꿈을 가진 사람들을 위한 〈임성배TV–부동산재테크〉 유튜브 채널에서 부동산/청약에 대한 최신정보를 만날 수 있습니다. 여러분의 내집마련과 경제적 자유를 응원합니다!

차례

PART 3 청약의 현장, 단숨에 완전정복!

PART 4 특공의 모든 것

PART 7 평범한 사람들을 위한 재테크

계약금만 있으면 청약할 수 있었던 시절이 있었습니다.
지금은 청약의 별명이 '로또'가 된 시절입니다.
과거의 청약을 분석하면
지금 준비해야 할 것이 보입니다.
급변화의 파도 속에서
나에게 열릴 기회의 문을 찾아봅니다.

PART

1

과거의 청약, 미래의 청약

01

이번 생에 '청약'은 처음이라

"1년 전만 해도 5억원이면 샀는데…. 새 아파트지만 너무 비싸다…."

"청약? 경쟁률이 그렇게 높은데 준비한다고 당첨될까?"

"뉴스에서 대출이 안 나온다고 난리더라. 내가 가진 돈으로는 어림없어."

많은 사람들이 내집마련에 막연한 두려움을 갖고 있습니다. 집의 가격이 비싸기 때문이지요. 그런데 저의 어머니가 아파트 청약을 통해 평당 500만원에 내집마련을 했을 당시에도, 언제나 그랬듯이 아파트 가격은 늘 비싸다고들 했습니다.

잠자는 청약통장이 많은 이유

내집마련을 하는 방법에는 아파트 청약, 매매, 경매, 공매 등 여러 가지가 있습니다. 가장 일반적인 것은 매매죠. 매매는 익숙하고 쉽고 눈으로 확인할 수 있는 것이 많아서 덜 위험합니다. 당장 자금이 있으면 매매가 편하긴 합니다.

이에 비해 경매, 공매, 청약은 용어부터 낯섭니다. 해보지 않은 일이라 어떻게 진행되는지 가늠하기 어렵고 공부할 엄두가 나지 않고, 어렵다는 생각이 드니 관심도 멀어집니다. 아파트 청약이라는 제도와 절차를 낯설어하며 시도하지 않는 사람들이 의외로 많습니다. 그래서 청약통장의 개수는 많지만 잠자는 통장도 많습니다. 또한 아파트 청약에 전략 없이 뛰어드는 사람들도 의외로 많습니다. 어떤 이들은 '힘들다', '어렵다'는 뉴스에 마음을 닫고 청약 당첨은 남의 일로 치부해버립니다.

청약, 한 번만 하는 사람은 없다

"안 먹어본 사람은 있어도, 한 번만 먹은 사람은 없다."

라디오에서 약 광고를 듣고 한참 웃었던 기억이 납니다. 청약도 그렇습니다. 한 번도 안 해본 사람은 있어도, 한 번 당첨되고 나면 다음 이사 갈 집을 구할 때도 1주택자의 기존주택 처분 조건으로라도 가능한 청약물량을 찾게 되고 비규제지역의 청약물량도 찾아보게 됩니다. 또한 주변 사람들에게 청약을 권하거나 돕게 됩니다. 청약의 1순위 조건, 예치금, 국민주택과 민영주택, 특별공급(특공)과 일반공급, 가점제와 추첨제, 규제지역 등 생소하고 어려워 보이는 용어들이 많지요. 하지만 이런 단어 하나하나부터 내 것으로 만들어 봤으면 합니다. 한 번 청약제도와 청약에 필요한 기술을 이해하고 실행해보면, 그 이후에는 나와 주변 사람들을 위해 청약이라는 기술을 사용할 수 있게 됩니다.

02

청약은 시간을 사는 기술이다

"5억원짜리 아파트에 청약하려면 내 돈이 얼마나 필요할까?"

"계약금만 가지고 청약하는 사람도 있다는데?"

"분양가가 5억원이면 3억~4억원은 모아야지…"

"내 월급으로 1억원을 모으려면 5년은 걸려. 난 이번 생에 내집마련은 못 할 것 같아."

아파트에 청약하려면 돈이 얼마나 필요할까요? 청약은 매매와 달리 계약부터 입주까지 보통 36개월이라는 시간이 있습니다. 이 시간을 잘 활용하면 엄청난 힘을 발휘합니다.

몇 년 전 '임성배TV-부동산재테크' 유튜브를 시작했을 때만 해도 계약금만 가지고 청약이 가능한 지역들이 있었습니다. 하지만 지금은 규제가 강화되면서 계약금만 가지고 청약했다가는 낭패를 볼 확률이 높고, 더 면밀한 자금마련 계획이 필요한 것이 사실입니다. 그래도 저는 내집마련을 계획한다면 청약을 꼭 고려하고 준비해보라고 합니다. 그 이유는 매매와 비교할 때 청약은 보통 36개월이라는 시간이 있기 때문입니다. 이것이 청약이 매매나 경매와 뚜렷하게 다른 특징입니다.

청약, 3년이라는 시간이 부리는 마법

청약은 계약과 입주 사이에 존재하는 약 3년이라는 시간이 부리는 마법입니다. 내 이름으로 집을 사고 약 3년 후에 잔금을 치르게 됩니다. 집을 사고 잔금을 치르는 기간이 가장 짧은 것은 경매입니다. 낙찰을 받으면 대략 6주 이내에 잔금을 내야 합니다. 매매의 경우 보통 계약 이후 2~3개월 정도 뒤에 입주하면서 잔금을 치르게 됩니다. 이에 비해 청약은 대략 36개월 전후의 시간이 주어지는 것입니다.

매매/경매/청약의 계약~잔금 기간

거래방식	계약 ⟶ 입주(잔금 지불)
매매	약 2~3개월
경매	약 6주
청약	약 36개월(3년)

계약과 입주 사이에 36개월 정도의 시간이 있다 보니, 계약금을 낼 때보다 입주할 때의 주택가격이 크게 오르는 경우가 많습니다. 따라서 입주하면서 잔금을 치를 때, 자금이 부족하면 대출을 활용하기가 수월합니다.

극단적으로 대출(레버리지)을 활용하는 경우를 보죠.

과거에는 대부분이 비규제지역이었는데, 이런 경우 중도금대출을 최대 60%, 입주 시 잔금대출을 최대 70%까지 받을 수 있었습니다. 중도금대출은 보통 집단대출을 받았고, 잔금대출은 분양가가 아니라 입주 시의 KB부동산시세나 감정가에 따라 정해졌습니다.

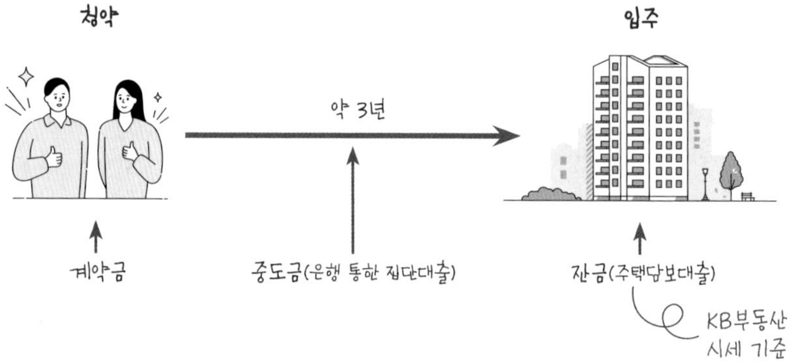

계약금만으로 내집마련이 가능할까요?

예전에는 가능했습니다. 다음은 실제 제가 처음으로 분양받았을 때의 이야기입니다. 아파트를 분양가 3억원에 계약금으로 10%를 내고 분양받았는데, 입주 시 KB부동산시세가 4억원으로 올랐습니다.

계약금으로 분양가의 10%인 3천만원(=3억원×10%)을 내고, 분양가의 60%인 중도금 1억 8천만원(=3억원×60%)은 집단대출로 해결했습니다. 그리고 입주 시 잔금을 낼 때, 3년 동안 아파트 값이 오르는 바람에, 대출가능 금액이 KB부동산시세 4억원의 70%인 2억 8천만원(=4억원×70%)이 되어 주택담보대출만으로도 집단대출로 받은 중도금을 갚고 잔금까지 모두 해결할 수 있었습니다. 계약금 3천만원과 주택담보대출 2억 8천만원으로도 이미 분양가 3억원을 넘었기 때문입니다.

물론 현실에서는 대출 비중이 커서 위험합니다. 그래서 이런 경우에는 입주하지 않고 바로 전세를 놓고, 구축의 작은 집에서 살면서 돈을 모은 후에 입주했지요. 하지만 지금은 가격 상승이 기대되는 대부분의 지역이 규제지역으로 묶여 있어 계약금만으로 아파트를 살 수는 없습니다. 대출규제가 강화되었고 실거주 요건, 전매제한 등도 있기 때문입니다(대출정책, 규제에 따른 청약전략은 따로 뒤에서 자세히 살펴봅니다).

분양가 상한제 아파트에 주목하는 이유

그 대신 지금은 분양가 상한제 등으로 분양가와 시세가 꽤 차이 나는 아파트들이 많습니다. 분양가 상한제란 정부가 집값 안정을 위해 분양가에 상한을 두고 그 가격 이하로 분양하도록 하는 제도를 말합니다. 이런 아파트 단지들은 분양가가 시세보다 훨씬 저렴하기에 당첨되면 당장 수억원의 시세차익 효과가 생기는 곳도 있습니다(뒤에서 자세히 알아봅니다).

입주 시 주택담보대출을 받을 때는 KB부동산시세가 기준이 된다고 했죠? 따라서 분양가가 아니라 시세를 기준으로 자금계획을 세운다면 생각보다 유리한 경우가 많습니다.

예를 들어 분양가는 5억원, 시세는 8억원인 아파트를 보죠. 현실에서 자금계획을 세울 때는 분양가에 옵션비, 세금 등 기타비용이 추가됩니다. 또 규제지역인지 여부에 따라 대출가능 금액이 달라지고, 청약자의 총부채상환비율(DTI)이나 총부채원리금상환비율(DSR)과 금융기관에 따라 경우의 수가 다양할 수 있습니다. 이는 뒤에서 자세히 살펴보고 여기서는 대략의 자금흐름을 살펴보겠습니다.

P씨는 분양가 상한제 아파트에 당첨되었습니다. 당시 분양가는 5억원이었는데 입주 시 KB부동산시세가 8억원으로 올랐습니다. P씨에게 계약금 정도만 있었다면 자금계획을 어떻게 세우면 좋을까요?

계약금이 분양가의 10%라면 5천만원은 자기 돈으로 내고 중도금은 집단대출을 받아 해결합니다. 그리고 입주 시 KB부동산시세 8억원의 40%인 3억 2천만원을 부동산담보대출을 받으면(DTI 총부채상환비율에 문제가 없는 경우) 중도금 대출을 갚고 잔금을 납부할 때 1억 3천만원에 대해서만 자금계획을 마련하면 됩니다.

분양가 5억원 - 계약금 5천만원 - 잔금대출 3억 2천만원

= 1억 3천만원

- 계약금 : 5천만원(분양가의 10%)
- 중도금 : 2억 5천만원(분양가의 50%) ← **중도금 대출**
- 잔금납부 시 대출가능 금액 : 3억 2천만원(KB부동산 시세 8억원의 40%) ← **주택담보대출**
- 잔금납부 시 필요한 내 돈 : 1억 3천만원 ← 자금계획 필요

아파트 청약에서 가장 중요한 것은 내게 맞는 적절한 청약전략과 자금마련 대책입니다. 내가 얼마나 대출을 받을 수 있을지 아는 것이 중요한데, 정부정책에 따라 자주 바뀌는 부분이고 꽤 복잡합니다. 여기서는 쉬운 설명을 위해 여러 변수를 제외하고 간략하게 설명했고, 뒤에서 청약자가 꼭 알아야 할 대출정책 및 대출가능 금액에 대해 꼼꼼하게 설명했으니 꼭 읽어보길 바랍니다.

어떤 사람은 분양가가 5억원이면 모두 현금으로 가지고 있어야 한다고 생각합니다. 빚을 극도로 싫어하는 경우입니다. 어떤 사람은 절반 정도의 현금을 모은 후에 내집마련을 하려고 하고, 어떤 사람은 계약금만 있어도 집을 살 수 있다고 생각합니다. 레버리지에 대한 생각은 사람마다 다르며, 자금계획은 이처럼 각자가 처한 처지에 따라서 다를 수 있습니다.

안타까운 것은 경제적으로 여유가 없는 사람일수록 레버리지를 활용하는 데 불리하고, 가능한 수준을 활용하는 일에조차 소극적일 수밖에 없다는 것입니다. 이로 인해 내집마련이 더 늦어지고 자산가치가 폭등할 때 소외되는 현상이 생깁니다.

내가 감당할 수 있는 범위의 대출(레버리지)을 잘 계산하고, 3년이라는 시간이 주어지는 청약의 장점을 활용해서 내가 살 집 한 채를 마련하는 전략을 꼭 세웠으면 좋겠습니다.

03

경쟁을 피하는 역발상 전략

"허허벌판에 아무것도 없는데, 아파트가 들어선다고 개발이 될까요?"

"다자녀 특공(특별공급), 아이가 셋인데 최소 30평대는 되어야 할 것 같아요."

"A형보다 B형은 평면도가 너무 나빠요. 분양가는 비슷한데 거래가는 5천만 원 이상 차이가 나겠어요."

청약은 대입과 비슷하다

청약을 흔히 대학 입시에 비유합니다. 사람들이 선호하는 대학은 거의 비슷하고 좋아하는 학부, 학과도 비슷합니다. 더 유망한 곳, 취업이 더 잘되는 곳을 눈여겨보게 되고 이런 곳은 경쟁률도 높고 합격선도 올라갑니다. 수능점수가 높은 사람이라면 선호도가 높은 학과에 원서를 넣으면 됩니다. 수능 만점자라면 적성, 취업률, 교수진, 미래비전 등을 종합하여 모든 것을 만족하는 학과를 골라갈 수 있을 겁니다. 그런데 우리는 모두 수능 만점자가 아닙니다. 따라서 만점이 될 때까지 공부하는 길과 지금 상황에 맞게 일단 합격하는 길, 두 가지의 길이 있습니다. 아마 대부분은 후자의 상황일 겁니다. 수능점수가 낮은데 대학에 꼭 합격하고 싶다면 어떻게 해야 할까요? 덜 선호하는 학과를 찾을 것입니다. 일단 합격해놓고 복수전공 등 합격의 이점을 살리겠다는 전략입니다.

청약도 마찬가지입니다. 사람들이 선호하는 아파트는 비슷합니다. 지금 입지의 가치가 좋거나 확실한 호재가 있는 지역은 경쟁률이 높고 당첨가점도 높습니다. 살기 좋고 높은 수익률이 보장되지만 경쟁률이 높으니 당첨 확률이 극히 적습니다. 따라서 청약 경쟁이 뜨거운 시기에는 청약가점이나 납입인정금액이 높지 않다면 전략을 다르게 짜는 수밖에 없습니다. 바로 당첨이 목적인 사람이 사용하는 역발상 전략입니다.

당첨이 목적인 사람을 위한 역발상 전략

역발상 전략은 한마디로 경쟁을 피하는 전략입니다. 입지가 덜 좋은 아파트, 선호도가 떨어지는 평형, 일정기간 고생을 감수해야 하는 선택, 미래가치는 있으나 현재는 볼품없는 지역 등에서 그나마 나은 선택을 하여 청약하는 것입니다. 이런 곳은 미래가치가 눈에 덜 보이기에 경쟁률이 낮습니다. 특히 청약 열기가 뜨거운 시기에 고려해 볼 만한 전략입니다. 물론 불확실한 상황을 선택하는 것이기에 더 많은 분석과 발품이 필요하지만 말입니다.

청약전략은 부동산 경기변동에 따라, 또는 가격, 입지, 자신의 상황에 따라 어제와 오늘이 달라질 수 있습니다. 요즘처럼 경쟁이 치열할 때는 당첨 확률을 높이는 전략을 찾아야 합니다.

사례 **남들이 선호하지 않는 평형을 고르는 역발상**

B씨는 자신이 노부모부양 특공의 조건을 충족한다는 것을 알았습니다. 마침 사는 집 주변에서 '로또 분양'이라고 불리는 대단지 아파트의 분양이 예정되어 있었습니다. 주변 시세와 많게는 수억원의 차이가 나서 꼭 당첨되고 싶었습니다. B씨는 노부모부양 특공에 청약하는 사람들이 선호하지 않는 작은 평형인 전용면적 59㎡형에 청약했습니다. 평수가 넓지 않으니 청약경쟁률이 낮을 테니까요.

결과는 청약 당첨! 84㎡형은 청약경쟁률이 두 자릿수를 기록했지만, 59㎡형은 미달이 났습니다. B씨는 당분간 집이 좁아 불편하겠지만, 전매제한이 끝나는 시기에 팔아 구축의 넓은 아파트로 이사할 꿈에 부풀어 있습니다.

신혼부부는 대체로 분양가가 더 낮은 작은 평형을 선호합니다. 반면 다자녀 특공과 노부모부양 특공에 도전하는 사람에게는 작은 평형이 인기가 없습니다. 가족이 많아 당장 살기에 불편하기 때문입니다. 구조가 유난히 나쁘게 나온 경우도 인기가 없습니다.

하지만 당첨이 목표라면 역발상의 선택을 해야 당첨 확률을 높일 수 있습니다. 당장은 사는 것이 좀 힘들 수도 있고 수익이 실현될 때까지 시간이 걸릴지도 모릅니다. 그러니 경쟁률이 낮은 것이고, 대신 내가 당첨될 확률은 높아집니다. 아파트 당첨이라는 달콤한 열매를 얻기 위해서는 아쉬움이나 고통을 함께 선택해야 하는데, 그 선택과 책임은 자신의 몫입니다.

사례 A, B 중 어느 아파트에 청약할까?

한 지역에서 비슷한 시기에 두 아파트 단지의 입주자 모집공고가 났습니다. A는 입지가 좋은 아파트이고, B는 입지가 보통인 아파트입니다. 어느 아파트를 선택할까요?

분양 예정인 A아파트와 B아파트 비교

조건	A아파트	B아파트
일자리	풍부	보통
역과의 거리	400m	800m
학교와의 거리	초품아(초등학교를 품은 아파트)	도보 10분 거리
자연환경	등산로와 연결, 쾌적성 우수	보통
개발호재	신설 역사 예정	신설 역사 예정

두 아파트의 조건을 비교해보면 모든 사람에게 A아파트가 더 마음에 듭니다. 역도 가깝고 초품아 아파트라 가격 상승폭도 더 높을 것입니다.

만약 B아파트가 먼저 분양하고 A아파트를 나중에 분양하게 되면, 대부분의 사람들이 A아파트의 분양을 기다릴 것입니다. 덜컥 B아파트에 당첨되면 A아파트에 청약할 기회를 놓치기 때문이죠. 그래서 B아파트는 경쟁률이 낮아집니다. 누구나 원하는 A아파트의 경쟁률은 당연히 높겠죠? 누가 봐도 더 좋은 물건이지만 당첨 확률이 낮다면, 아쉬워도 B아파트를 청약하는 전략을 선택하는 것을 고려해볼 만합니다.

신도시 첫 분양물량이 보통 인기가 없는 이유

신도시 예정지에 임장(사전답사)을 가보면 대부분 한숨이 나옵니다. 어떤 경우에는 아내가 집에 와서 울기도 합니다. 아이 병원도 없는 저런 곳에서 어떻게 사냐고 합니다. 아내가 불안해 하는 것은 당연합니다. 처음 분양하는 신도시의 경우 적정 분양가를 제대로 알기가 좀 힘듭니다. 앞으로 예정된 분양물량이 있으니 굳이 첫 분양 청약의 리스크를 감당할 이유도 없어 보입니다. 주변 편의시설이 만들어지기까지 오래 걸릴 수도 있습니다.

만약 청약가점 등이 높아 당첨 확률이 높다면 굳이 이런 아파트에 청약할 필요는 없습니다. 어느 정도의 고생을 각오해야 하고, 언제 가격이 상승할지도 알 수 없기 때문입니다.

하지만 청약가점이 낮다면 사람들이 덜 선호하는 단지나 평형에 관심을 두는 수밖에 없습니다. 아파트 단지별로 분양이 진행되고 불확실성이 걷힐수록 청약경쟁률이 높아지기 때문입니다. 대중이 덜 선호하는 틈새를 발견하는 일은 어려운 일입니다. 불확실성에 승부수를 던지거나, 고생을 감수할 만큼의 확신을 얻기 위해서는 많은 공부가 필요한 전략이기도 합니다.

04

언제나 통하는 입지 불패 전략

"P아파트는 아무리 최고 입지라지만, 주변 아파트보다 분양가가 너무 비쌉니다. 입지의 가치가 이미 가격에 반영된 것 같아 고민입니다."

청약 경쟁이 치열할 때는 사람들이 덜 선호하는 물건을 선택하는 역발상 전략으로 당첨 확률을 높여야 하지만, 반대로 청약 분위기가 침체되어 있다면 청약전략이 달라져야 합니다. 핵심물량에서도 기회가 생길 수 있으므로 조금이라도 더 좋은 물건을 찾아야 합니다.

가격보다 입지

그런데 아무리 경기가 안 좋아도 핵심지역의 핵심물량은 비싸게 느껴집니다. 주변 부동산 가격이 조정받아 싸졌기에 상대적으로 더 비싸게 보이기도 합니다.

질문 같은 지역에서 비슷한 시기에 분양한 C아파트는 중급 입지지만 가

격이 아주 좋습니다. D아파트는 입지는 최상급인데, 주변 같은 평형에 비해 너무 비쌉니다.

C, D아파트 모두 당첨 가능성이 있다고 가정한다면 어떤 물건을 선택해야 할까요? C아파트는 가격이 좋고, D아파트는 입지가 가격에 충분히 반영되어 분양가가 높습니다. '가격'이 좋은 물건과 '입지'가 좋은 물건 중에서 더 매력적인 것을 선택하라고 하면, 저는 입지가 좋은 물건을 선택합니다. 입지의 가치가 가격에 이미 반영되어 있는데 과연 수익을 낼 수 있을까 고민되지만, 세월이 지나고 나면 '입지는 영원하다'는 깨달음을 얻는 경우가 더 많았기 때문입니다.

아파트 시장 조정은 핵심물량을 넘볼 기회

부동산에서 가장 중요한 것은 입지입니다. 입지가 좋은 아파트는 부동산 경기가 좋을 때 시장을 주도합니다. 이런 시기에는 매매가격은 너무 비싸고 청약경쟁률은 하늘의 별따기 수준입니다. 따라서 아파트 시장이 조정될 때 비로소 입지가 좋은 아파트의 당첨을 넘볼 기회가 생깁니다. 이런 시기에는 심지어 괜찮은 입지의 아파트도 미계약분이 나오기도 합니다. 지금은 상상할 수도 없지만, 과거의 주택 침체기에 실제로 일어났던 일들입니다.

그렇다면 가장 나쁜 선택은 무엇일까요? 바로 주택가격이 가파르게 상승할 때 공포에 사로잡혀 입지가 좋지 않은 물건을 투자 목적으로 사는 것입니다.

사례 급한 마음에 변두리 내집마련

O씨는 청약을 준비한 지 2년 차입니다. 열심히 준비해서 가격 상승이 확실해 보이는 아파트만 골라 청약했는데, 그 결과는 줄줄이 낙방이었습니다.

청약에서 연일 고배를 마시는 사이, 아파트 가격이 점점 오르자 급기야 O씨는 매매로라도 내 집을 마련해야겠다는 생각이 들었습니다. 분양가 상한제로 가격까지 좋은 새 아파트를 꿈꾸다가 구축을 사려고 하니 속상했지만, 이러다가 내집마련을 영영 못할 것 같은 공포가 매일 찾아왔습니다. 구축을 알아보는 데 일단 매물이 너무 없었습니다. 그러다 변두리에 적당한 가격의 아파트를 발견했습니다. 연식도 오래되고 위치도 좋지 않았지만 가격이 마음에 쏙 들었습니다. 이 아파트를 사지 않으면 내집마련을 영영 할 수 없을 것 같아 O씨는 바로 다음 날 매매계약서에 사인했습니다.

영혼까지 끌어모아서 산다는 영끌, 공포에 주택을 구매한다는 패닉바잉(panic buying) 현상이 생길 때 일어나는 가장 좋지 않은 사례입니다. 이런 시기에는 시세보다 1천만원, 2천만원 정도 저렴한 물건이 나오면 마음이 흔들립니다. 하지만 지나고 나면 조금 더 저렴한 물건보다, 조금 비싸도 입지가 더 좋은 물건이 더 많이 상승합니다. 가격보다 입지를, 자산이 내재하고 있는 가치를 보는 습관을 길렀으면 합니다.

05

변화의 급물살, 2021년 달라진 청약제도

"이제 새 아파트는 현금 있는 사람만 청약할 수 있다?"

"지금은 청약에 당첨되고 나서 전세를 주면 법적제재를 받는다?"

2021년 초부터 청약과 관련해 몇 가지 변화가 생겼습니다. 달라진 청약제도에 대해 왈가왈부 말도 많았습니다. 특정한 상황에 적용되는 부분이 확대 해석되기도 하고 여러 변화에 대한 우려의 목소리도 있었습니다. 2021년 초부터 청약에 생긴 중요한 변동사항을 점검해 보겠습니다. 뒤에서 차근차근 설명하니 여기서는 이런 변화가 있었구나 하는 흐름 정도만 파악하고 넘어가면 됩니다.

분양가 상한제 민영 아파트도 의무 거주기간 신설!

2021년 초부터 달라진 청약제도 중에서 가장 뜨거웠던 뉴스는 공공분양 아파트에만 적용되던 분양가 상한제 아파트의 의무 거주기간을 민영 아파트에도 적용하게 된 것입니다.

예전에는 청약에 당첨되고 나서 자금이 부족한 경우, 또는 투자 목적으로 청약한 경우에는 아파트가 완공된 후 직접 거주하지 않고 월세나 전세를 놓는 경우가 많았습니다.

이에 정부는 실거주 목적으로 분양을 받는 사람들을 위해, 분양가 상한제 아파트의 경우에 당첨자에게 의무 거주기간을 두기 시작했습니다. 예전에는 공공분양 물량 중 분양가 상한제 아파트에만 의무 거주기간이 있었는데, 2021년 2월 19일 이후 입주자 모집 승인을 신청하는 분양가 상한제 민영 아파트에도 의무 거주기간이 생긴 것입니다.

공공택지에 건설되는 아파트는 분양가가 인근지역 매매가의 80% 미만이면 의무 거주기간이 5년이고, 80% 이상 100% 미만이면 3년입니다. 민간택지에 건설되는 아파트는 분양가가 인근지역 매매가의 80% 미만이면 의무 거주기간이 3년이고, 80% 이상 100% 미만이면 2년입니다. 이를 어기면 1년 이하의 징역 혹은 1,000만원 이하의 과태료가 부과됩니다.

분양가 상한제 아파트의 의무 거주기간

구분	분양가	의무 거주기간
공공택지	인근 매매가의 80% 미만	5년
	인근 매매가의 80% 이상, 100% 미만	3년
민간택지	인근 매매가의 80% 미만	3년
	인근 매매가의 80% 이상, 100% 미만	2년

인근 아파트 시세보다 낮은 가격으로 분양하는 분양가 상한제 아파트에 대해 철저하게 실수요자만 당첨되게 하겠다는 정부의 의도가 엿보이는 대목입니다. 이에 대해 새 아파트의 전세물량이 줄어들어 전세난이 생길 수 있다는 우려의 목소리가 나오기도 합니다. 분양가 상한제와 의무 거주기간에 대해서는 뒤에서 상세히 다룹니다.

신혼부부 및 생애최초 특공, 소득 문턱 낮아진다

신혼부부 특공 소득요건 완화

2021년 2월부터 신혼부부 특공의 소득요건이 완화됐습니다. 공공분양의 신혼부부 특공은 외벌이의 경우 도시근로자 가구 월평균소득의 100% 이하에서 130% 이하로, 맞벌이는 120% 이하에서 140% 이하로 완화됐습니다.

민영주택의 신혼부부 특공은 외벌이의 경우 도시근로자 가구 월평균소득의 140% 이하, 맞벌이는 160% 이하로 완화됐습니다. 이처럼 소득요건이 완화된 만큼, 소득 때문에 신혼부부 특공을 포기했던 사람이라면 자격요건을 다시 확인해 보세요.

생애최초 특공 소득요건 완화

2021년 2월 2일 공급승인 신청분부터 공공분양의 생애최초 특공은 해당 세대의 월평균소득이 도시근로자 가구 월평균소득의 100% 이

신혼부부 특공 소득요건 완화

기준 : 도시근로자 가구 월평균소득 | 출처 : 국토교통부

구분	소득요건		완화된 소득요건
공공분양	외벌이	100% 이하	130% 이하
	맞벌이	120% 이하	140% 이하 (단, 부부 중 한 사람의 소득은 130% 이하여야 함)
민영주택	외벌이	120% 이하	140% 이하
	맞벌이	130% 이하	맞벌이 : 160% 이하 (단, 부부 중 한 사람의 소득은 130% 이하여야 함)

생애최초 특공 소득요건 완화

기준 : 도시근로자 가구 월평균소득 | 출처 : 국토교통부

구분	소득요건		소득요건
공공분양	100% 이하	➡	130% 이하
민영주택	130% 이하	➡	160% 이하

하에서 130% 이하로, 민영주택은 130% 이하에서 160% 이하로 완화됐습니다.

참고로 예전에는 도시근로자 가구 월평균소득의 100% 이하만 청약할 수 있었던 전용면적 60㎡ 이하 주택도, 2021년 2.4 부동산 대책에 따른 공급물량에 한하여 분양가가 9억원이 넘으면 소득요건을 빼주기로 해서 중산층의 청약기회도 늘어날 전망입니다.

낮아진 소득 문턱, 특공 경쟁률은 높아진다

신혼부부나 젊은층은 청약가점이나 납입인정금액, 납입횟수가 적

어서 청약에 당첨될 확률이 낮습니다. 이들을 위한 제도가 신혼부부 특공, 생애최초 특공인데, 그동안 소득요건이 낮은 편이었기에, 소득이 도시근로자 가구의 월평균보다 조금 더 높은 이들의 진입장벽이 높았습니다.

특히 신혼부부 특공의 경우 맞벌이 부부들의 불만이 컸습니다. 아파트 가격은 자꾸 오르는데 언제 청약에 당첨되겠냐고요. 이에 정부에서는 실수요층을 위해 신혼부부 및 생애최초 특공의 문턱을 낮춘 것입니다. 이제 맞벌이 합산 소득 1억원 정도의 신혼부부도 신혼부부 특공에 청약 신청을 할 수 있습니다.

그런데 이렇게 문턱이 낮아지면 신혼부부 및 생애최초 특공에 청약하는 사람들이 늘어 그만큼 청약경쟁률이 올라가겠죠? 그래도 맞벌이라서, 또는 평균보다 소득이 조금 더 많아서 아예 이런 특공에 청약할 기회마저 없었던 이들에게는 희소식입니다.

전매행위 위반자, 청약자격 제한

청약 경쟁이 점점 치열해지다 보니 당첨을 위해 갖은 방법을 동원하고 심지어 그 방법을 소개해주는 사람들도 등장했습니다. 2021년 1월 국토교통부는 전국 21개 단지를 대상으로 현장점검을 한 결과 부정청약 사례를 발표했습니다. 조사 결과 위장전입 134건, 청약통장 매매 35건, 자격 양도 21건, 위장결혼이나 위장이혼은 7건에 달했습니다.

부정청약에서 가장 큰 비중을 차지하는 것은 위장전입입니다.

2020년 상반기 전국 21개 단지 대상 현장점검

위장전입 : 134건

청약통장 매매 : 35건

자격 양도 : 21건

위장결혼, 위장이혼 : 7건

출처 : 국토교통부, 2021년 1월 발표 내용

심지어 위장결혼을 하는 사례까지 등장했는데, 신혼부부 특공에 청약하기 위해 입주자 모집공고일 한 달 전에 혼인신고를 했다가 당첨 직후에 이혼한 것이 발각되기도 했습니다. 또 당첨 확률이 높은 청약통장을 사서 당첨된 경우도 있었습니다.

시장을 교란하는 행위를 했을 경우, 당첨이 취소되며, 향후 10년간 청약자격이 제한됩니다. 또한 부정청약으로 얻은 이익이 1,000만원을 초과할 경우 그 이익의 3배까지 벌금이 부과되며, 경우에 따라 3년 이하의 징역 또는 3,000만원 이하의 벌금을 내야 하니 주의하기 바랍니다.

주택 공급시장 교란자 및 전매제한 위반자의 처벌

전매제한 위반자도 적용

청약자격	10년 간 청약자격 제한	
벌금 및 처벌	이익: 1,000만원 초과	벌금: 이익의 3배까지 부과
	기타	3년 이하 징역, 3,000만원 이하 벌금

한편 아파트에 당첨된 후 분양권을 다른 사람에게 팔아 프리미엄을 챙기는 사람들도 있습니다. 아파트 가격이 빠르게 오르고 청약 열기가 고조될 때는 분양권을 팔아 불과 며칠, 몇 달 만에 수백만원, 수천만원, 심지어 수억원의 이득을 챙기는 사례도 있었지요. 이에 정부는 분양권을 일정기간 팔지 못하도록 하는 분양권 전매제한 제도를 실시하고 있습니다.

2021년 2월부터 분양권 전매제한을 위반하거나, 분양권 거래를 알선한 사람에게도 위반행위를 적발한 날로부터 10년간 청약자격을 제한합니다. 지금까지는 공급질서 교란자에 대해서만 처벌했지만, 앞으로는 전매제한 위반자도 청약자격을 10년 간 제한하는 조치를 취하는 것입니다.

가점 낮은 분 주목! 공공분양의 일반공급 비중 확대

예전에는 공공분양의 경우 신혼부부, 생애최초, 다자녀, 노부모부양, 기관추천 등 특공 비중이 높았습니다. 특히 전용면적 85㎡ 이하, 9억원 이하 아파트의 경우 전체 물량의 85%가 특공에 주어졌고, 일반공급 물량은 15%에 불과했죠. 이렇다 보니 특공의 경쟁률은 낮은 반면, 일반분양의 경쟁률이 매우 높아 당첨 확률이 크게 떨어졌습니다.

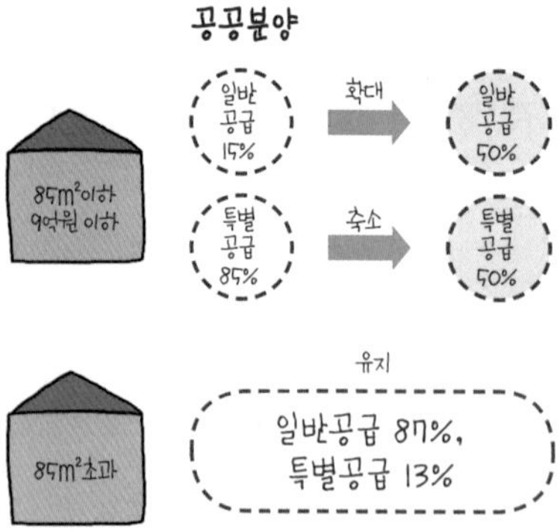

이에 실수요자들의 불만이 터져

나오자, 정부는 2.4 공급대책을 통해 공공분양에서 일반공급의 비중을 기존 15%에서 50%로 늘리고, 특공의 비중은 85%에서 50%로 줄이는 조치를 발표했습니다. 단, 공공분양이라도 전용면적 85㎡ 초과 주택은 일반공급의 비중이 87%로 그대로 유지됩니다.

참고로, 민간분양의 경우 공공택지의 85㎡ 이하 아파트는 일반공급의 비중이 42%이고(특별공급 58%), 민간택지는 일반공급과 특별공급이 각각 50%입니다. 85㎡ 초과 아파트는 공공택지든 민간택지든 일반공급 물량이 87%이고, 특공 물량은 13%입니다.

낮아진 국민주택 문턱, 공공분양에도 추첨제 도입

가장 눈에 띄는 것 중 하나가 공공분양에도 추첨제를 도입한다는 것입니다. 청약통장 가입기간이 짧아 공공분양에는 청약할 엄두를 내지 못했던 청약자라면 반가운 소식일 텐데요.

예전에는 공공분양의 경우 85㎡ 이하 일반공급은 100% 청약저축의 납입인정금액에 따라 순차제로 당첨자를 뽑았습니다. 월 납입액은 한 달에 10만원까지만 인정되기 때문에, 청약통장 유지기간이 짧을 수밖에 없는 30, 40대는 아예 당첨권에서 멀었지요. 서울 시내에서 85㎡ 이하 공공분양에서 당첨되려면 납입인정금액이 보통 2천만원 정도였는데, 이는 청약통장 유지기간이 무려 166개월 정도, 즉 약 14년은 되어야 한다는 거죠.

하지만 2021년 2.4 부동산 대책으로 85㎡ 이하 공공분양에서 일반공급 물량의 30%는 3년 이상 무주택 세대 구성원이면 누구나 참

2.4 공급대책 물량 중 공공분양의 일반공급 방식

출처 : 국토교통부

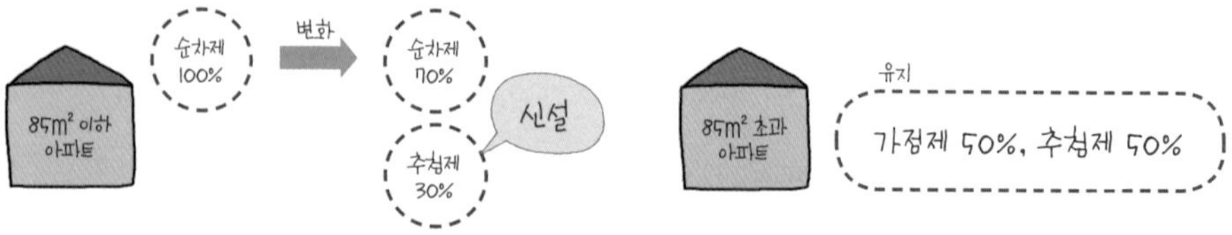

여할 수 있는 추첨제로 당첨자를 뽑게 됩니다.

공공분양에서 일반공급 물량의 30%에 추첨제가 도입되면, 이 부분은 진입장벽이 크게 낮아진 경기장이나 마찬가지이기 때문에 경쟁이 아주 치열할 것으로 예상됩니다. 납입인정금액이 낮은 사람도 운이 좋으면 당첨될 수 있으니까요. 특히 젊은층은 공공분양에서는 신혼부부 특공, 생애최초 특공이 아니면 당첨 가능성이 극히 적었는데요. 이처럼 청약에서 소외됐던 사람들은 주목해볼 만한 소식입니다.

무주택자 환영, '줍줍' 미계약 물량 신청자격 강화

분양 일정이 모두 끝난 뒤에 계약 취소 등으로 극소수의 미계약 물량이 나오는 경우가 있습니다. 이를 '무순위 물량', 일명 '줍줍'이라고 합니다.

예전에는 무순위 물량은 성년이기만 하면 주택 보유 여부와 상관없이 신청할 수 있었습니다. 주택을 가진 사람도 운이 좋으면 당첨될 수 있었지요. 따라서 핵심지역인데 분양가가 낮았던 아파트에서 무순위 물량이 생기면, 로또를 방불케 하는 수십만 대 1의 경쟁률을 보이며 투기의 장이 되어왔던 것도 사실입니다. 이런 비판에 따라 앞으로는 무순위 신청자격이 강화됩니다.

'주택공급에 관한 규칙' 개정안이 시행되면서 2021년 5월 28일 이후부터는 계약 취소 등으로 나오는 무순위 물량은 해당 주택건설 지역(시, 군)의 무주택 세대 구성원인 만 19세 이상의 성년자들만 신청할 수 있습니다. 또한 일반청약과 동일하게, 무순위 물량에 당첨된 경우에도 투기과열지구는 재당첨 제한 기간이 10년, 조정대상지역은 7년이 적용됩니다.

06

GTX 따라 돈이 흐른다

GTX(Great Train Express)는 서울 외곽의 수도권에서 서울 도심의 주요 거점을 연결하는 수도권 광역급행철도를 말합니다. 기존의 수도권 지하철은 지하 20m 내외에서 시속 30~40km로 운행되는 데 반해, GTX는 지하 40~50m의 공간을 활용하며 노선을 직선화했고 시속 100km 이상(최고 시속 200km)으로 운행합니다. 따라서 수도권에서 서울 도심의 주요 거점으로의 접근성을 획기적으로 높인 신개념 광역교통수단입니다.

GTX는 총 3개의 노선으로 이루어져 있습니다. 참고로 현재 GTX-D 노선에 대한 논의도 되고 있습니다. 2021년 5월 현재까지는 김포 장기에서 부천종합운동장 구간만 포함된 상태로, 국토부는 곧 제4차 국가철도망구축 계획을 확정·고시할 예정이라고 합니다.

GTX-A 노선(경기도 파주 운정 ~ 경기도 화성 동탄)

GTX-B 노선(인천 송도 ~ 경기도 마석),

GTX-C 노선(경기도 양주 ~ 경기도 수원)

GTX 인근에 대한 뜨거운 청약 열기

GTX 3개 노선의 인근 아파트에 대한 관심이 무척이나 뜨겁습니다. 아무래도 수도권 외곽에서 서울 도심으로 빠르게 진입할 수 있는 장점이 있기 때문일 것입니다.

그중 동탄역은 수서고속철도인 SRT(Super Rapid Train)와 GTX-A 노선이 지나면서 복합환승센터로 거듭나게 됩니다. 지난 2020년 6월 분양한 동탄역 헤리엇은 1순위 청약에서 평균 149.1 대 1의 높은 경쟁률로 마감됐습니다. 또한 GTX-B 노선이 지나는 인천 부평 SK VIEW 해모로도 1순위 경쟁률이 평균 105.3 대 1로 세 자릿수로 매우 높았습니다.

GTX는 '교통의 혁명'이라고 불릴 정도로 미래 기대이익이 높은 호재입니다. 아파트 청약이나 주택 구입 계획이 있다면 GTX역 인근의 아파트 물량을 미리 검토해볼 것을 추천합니다.

GTX-A 노선(파주 운정~화성 동탄)

GTX-A 노선은 서울시 강남구 삼성역이라는 대한민국 심장부를 관통하는 노선으로서, 수도권 외곽의 경기도 파주시 운정, 화성시 동탄, 용인시 등의 강남 접근성이 획기적으로 향상될 것으로 예상됩니다. 경기도 파주 운정에서 출발하여 일산 킨텍스를 지나 서울 은평구·중구·강남구와 경기도 성남시·용인시를 거쳐 화성시 동탄까지 83.1km를 운행합니다.

GTX 노선도

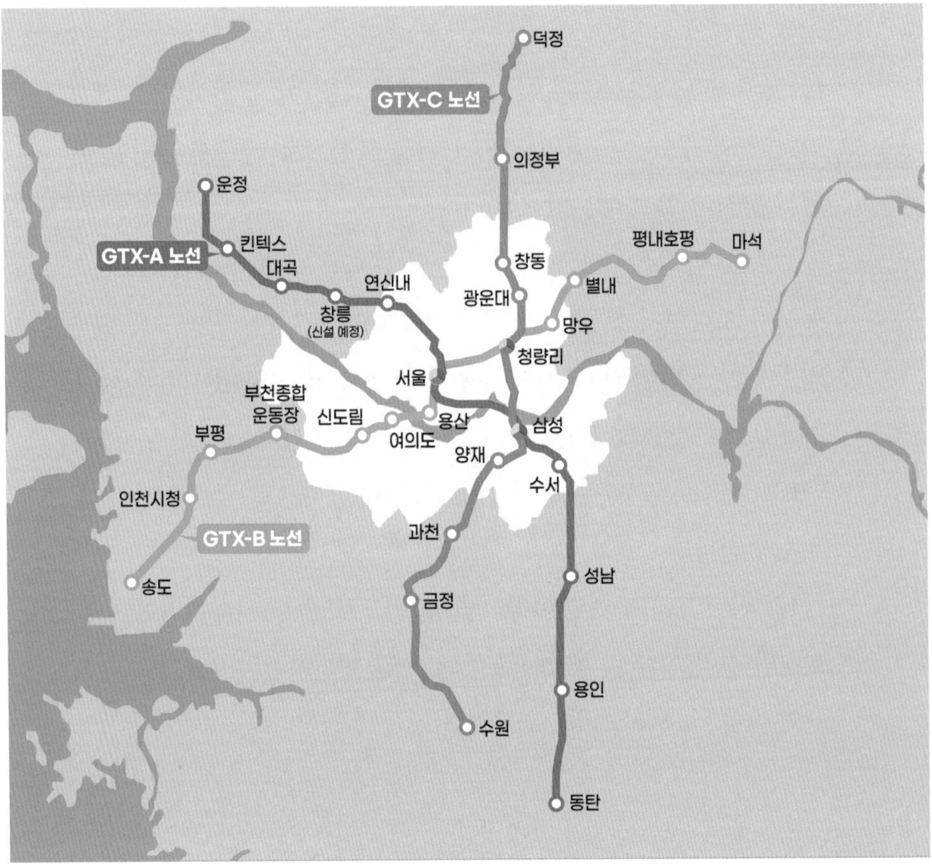

이 노선이 개통되면 경기도 동탄, 용인, 성남, 파주 운정, 일산에서 서울까지의 통근시간이 큰 폭으로 개선될 것으로 예상됩니다. 동탄역~삼성역 구간까지는 기존의 77분에서 19분으로 단축되며, 일산 킨텍스에서 서울역 구간까지는 기존 52분에서 14분으로 줄어들고, 일산 킨텍스에서 삼성역 구간까지는 기존 80분에서 20분으로 대폭 단축됩니다. 현재 GTX 3개 노선 중에 사업속도가 가장 빠릅니다. 2018년 12월 승인을 받았으며 착공서를 2019년 6월 제출하여 이미 착공되었고, 완공 시점은 2023년으로 예상됩니다. 따라서 인근의 아파트 가격에 다른 노선들보다 선반영되고 있다고 볼 수 있습니다. GTX의 직접적인 수혜를 가장 빨리 볼 수 있는 노선이라고 할 수 있습니다.

GTX-B 노선(남양주 마석~인천 송도)

GTX-B 노선은 '금융의 허브'라 불리는 여의도역과 서울역을 관통하는 노선으로, 경기도 남양주 마석에서 출발하여 서울 중랑구·동대문구·중구·용산구·영등포구·구로구와 경기도 부천시, 인천광역시의 부평구·남동구를 거쳐 송도국제도시까지 80.1km를 운행합니다.

GTX-B 노선이 개통되면 경기도 외곽 지역인 남양주 마석과 인천 송도, 부평 등의 서울 주요 도심으로의 접근성이 획기적으로 높아지고 통근시간이 큰 폭으로 개선될 것입니다. 송도역~서울역 구간까지 통근시간이 기존의 82분에서 27분으로 단축됩니다. GTX 3개 노선 중에서 사업추진 속도가 가장 느린 노선이며 2022년 착공할 예정입니다. 직접적인 수혜를 가장 늦게 볼 가능성이 크다는 단점이 있지만, 다른 노선에 비해 인천시청역, 평내호평역, 마석역 등 저평가 지역들이 있기에 눈여겨볼 필요가 있습니다.

GTX-C 노선(양주~수원)

GTX-C 노선은 서울 강남구 삼성역을 관통하며, 경기도 양주 덕정~의정부~청량리~삼성역~과천~금정을 거쳐 수원 구간까지 74.2km를 운행하며, GTX-A 노선과 삼성역에서 교차합니다. 경기도 외곽 양주지역의 강남 접근성이 큰 폭으로 향상되며, 경기도 남부지역 수원의 강남 접근성도 획기적으로 좋아질 것입니다. 수원역~삼성역 구간까지의 통근시간은 78분에서 22분으로, 의정부역에서 삼성역 구간까지는 74분에서 16분으로, 덕정역에서 삼성역 구간까지는 80분에서 23분으로 단축될 것으로 보입니다.

2021년 말에 착공될 예정이기 때문에 현재 가장 관심을 두고 봐야 할 노선이라 생각됩니다. 착공을 곧 앞둔 시점이기에 착공과 함께 개발 진행에 따른 가격 상승이 예상됩니다.

07

3기 신도시 추가 발표!

2018년 9.13 부동산 대책에 포함되어 그해 12월에 발표된 3기 신도시는 규모가 330만㎡ 이상인 남양주 왕숙, 하남 교산, 고양 창릉, 인천 계양, 부천 대장 등 5곳이 선정됐고, 이외에도 100만㎡ 이상의 대규모 택지로 과천 과천, 안산 장상 등이 발표됐습니다.

2021년에는 2·4 부동산대책의 후속조치로 3기 신도시가 추가로 발표되었는데, 눈길을 끌었던 것은 광명·시흥 신도시로 여의도의 4.3배에 달하는 면적에 7만 호가 공급될 예정입니다. 또한 중소규모의 택지도 추가로 발표될 예정입니다.

3기 신도시 입주물량

출처 : 3기신도시 홈페이지

지구명	남양주		하남 교산	고양 창릉	인천 계양	부천 대장	광명 시흥	과천 과천	안산 장상
	왕숙	왕숙2							
면적	866만 ㎡	239만 ㎡	631만 ㎡	813만 ㎡	333만 ㎡	343만 ㎡	1,271만 ㎡	155만 ㎡	221만 ㎡
호수	5만 4천 호	1만 5천 호	3만 4천 호	3만 8천 호	1만 7천호	2만 호	7만 호	7천 호	1만 4천 호
비고	3기 신도시							대규모 택지	

3기 신도시의 장점은?

3기 신도시에서 가장 눈에 띄는 점은 서울과의 접근성입니다. 1기 신도시인 분당·일산·평촌·중동·산본 등은 대략 서울 경계에서 20~25km 거리에 건설되었고, 2기 신도시인 판교·동탄1·2·한강·운정·광교·위례·검단 등은 판교 및 위례 신도시를 제외하고는 서울에서 반경 30~40km에 세워졌습니다. 반면 3기 신도시는 서울에서 평균적으로 반경 1.3km 떨어진 곳에 위치하고 있어 서울 도심 업무지구와의 접근성이 1,2기 신도시보다 좋습니다.

또한 수도권 광역급행철도인 GTX 3개 노선이 연결되며 S-BRT (Super-Bus Rapid Transit)도 도입될 예정입니다. S-BRT는 '첨단 간선급행버스시스템'이라고 하는데, 전용 주행로, 교차로 우선 통행, 수평 승하차 등을 통해 버스가 정시에 제때 도착하고 통근시간이 짧아져 '도로 위의 지하철'이라고도 불립니다. 이외에도 서울과의 접근성을 높이기 위한 다양한 대중교통 대책을 세우고 있으며, 이로 인해 3기 신도시의 서울과의 시간 거리는 획기적으로 줄어들 것으로 예상됩니다.

3기 신도시와 GTX 노선

출처 : 3기신도시 홈페이지

구분	GTX-A 노선	GTX-B 노선	GTX-C 노선
연장	삼성~동탄 39.5km 파주~삼성 43.6km	송도~마석 80.1km	덕정~수원 74.2km
3기 신도시	고양 창릉(인접)	남양주 왕숙, 인천 계양(인접), 부천 대장(인접)	과천 과천

하남 교산 신도시의 경우 송파하남간 도시철도를 통해 서울 강남의 삼성역까지 30분, 여의도역까지 55분으로 통근시간이 단축되며, 과천 과천은 지하철 4호선과 GTX-C 노선과의 연결로 삼성역까지 25분, 여의도역까지 30분으로 단축됩니다. 안산 장상은 신안산선을 통해 삼성역까지 50분, 여의도역까지 20분으로 단축되며, 부천 대장과 인천 계양은 S-BRT, GTX-B 노선을 통해 삼성역까지 40분, 여의도역까지 25분으로 통근시간이 줄어듭니다. 고양 창릉은 GTX-A 노선과의 연계를 통해 삼성역까지 12분 정도로 시간 거리가 단축됩니다. 이처럼 3기 신도시는 다양한 대중교통 수단을 통

3기 신도시와 GTX 노선 출처 : 3기 신도시 홈페이지

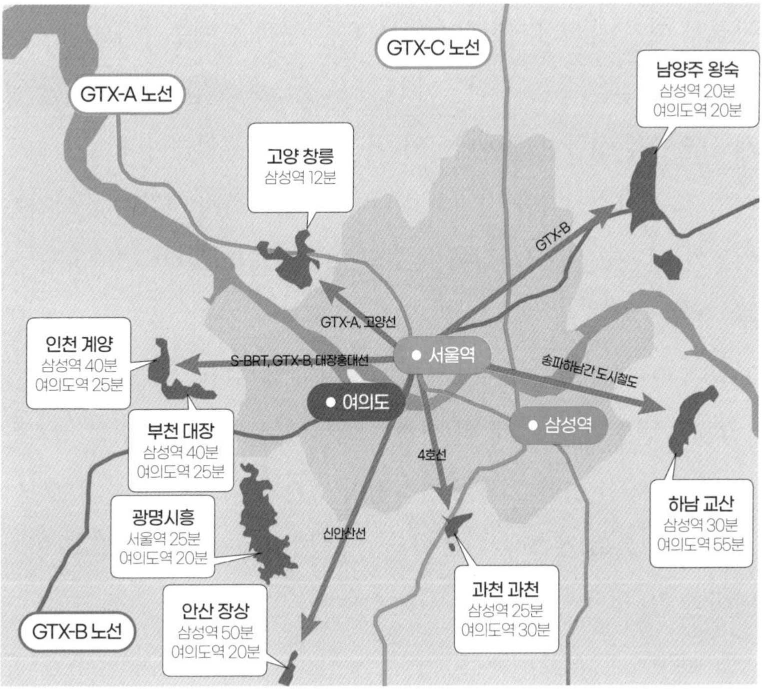

해 주요 교통거점을 연결하고 환승이 편리해 서울 주요 도심과 30분 내에 도착할 수 있는 교통 편의성을 갖추고 있습니다.

아울러 정부는 3기 신도시에 빅데이터, 사물인터넷 등 다양한 기술을 도입하고, 친환경, 에너지 절약도시로 만들겠다는 계획도 발표했습니다. 한편 3기 신도시의 신혼희망타운은 아이를 키우기 좋은 곳이라는 모토를 내세우고 있어 자녀를 키우는 부모, 특히 맞벌이 신혼부부들의 관심이 커질 것으로 기대됩니다.

3기 신도시 변화 흐름에 주목

청약을 준비하는 사람으로서는 주택이 대규모로 공급될 가능성이 생겼기 때문에, 당장 가격이 너무 오른 구축을 매수하기보다는 청약 쪽에 관심을 두는 사람들이 많아질 것으로 보입니다. 하지만 현재 시점에서 성급하게 예단하기 어려운 측면도 있습니다. 2기 신도시의 경우 사전청약을 진행하고 난 후 본청약까지 시간이 늦어지는 경우가 있었고, 공급계획이 축소된 경우도 있었습니다. 따라서 정부 정책을 무조건 맹신하기보다는 부동산 시장의 흐름과 규제 및 완화에 따라 유연하게 판단하고 움직여야 합니다.

다만, 변수가 여러 개 더 생겼기 때문에 신도시나 중소형 택지를 중심으로 어떤 변화가 생길 가능성이 있는지 주의 깊게 살펴보아야 합니다. 변화의 흐름에서 또 다른 청약 기회가 생길 수 있음을 잊지 말아야 합니다.

08

3기 신도시 사전청약, 이제 시작됩니다

정부는 주택가격 안정을 위해 수도권에 공급물량을 확대하고 있는데, 이중에서 2021년에서 2022년까지 약 37만 호의 청약 물량이 나올 것입니다. 사전청약으로 6만 호, 본청약으로 18만 호가 공급되며, 본청약 18만 호는 공공분양이 6만 호, 민간분양이 12만 호입니다. 임대주택도 13만 호가 공급될 예정입니다.

2021년~2022년 수도권 37만 호 예정 공급물량

출처 : 국토교통부

사전청약	본청약		임대주택	총 공급물량
	공공분양	민간분양		
6만 호	6만 호	12만 호	13만 호	37만 호

사전청약, 주목해야 할 6가지 장점

사전청약제란 본청약에 앞서서 1~2년 전에 일부 물량에 대해 사전에 미리 청약하는 제도를 말합니다. 쉽게 말해 주택 착공에 맞춰 진행되던 분양 시기를 앞당겨 공급하는 것입니다. 청약을 기다리는 무주택 실수요자들에게 내집마련을 좀더 빠르게 할 수 있는 기회를 주고, 수도권 청약 대기수요를 일정부분 소화함으로써 수도권 집값 안정을 꾀하기 위해 나온 정책입니다.

공공주택사업 과정

지구계획 승인 → **사전청약** → 주택 사업승인 및 착공 → **본청약**

사전청약은 무주택자인 동생이 있다면 참여해보라고 권유하고 싶을 만큼 장점이 많습니다.

① 내집마련을 1~2년 앞당긴다

사전청약은 본청약보다 1~2년 앞서 청약하는데, 일단 사전청약에 당첨된 사람은 본청약까지 자격을 유지하면 100% 당첨됩니다.

② 재당첨 제한 없다

사전청약 당첨자는 본청약 전까지 재당첨 제한이 없는 것이 눈에 띄는 장점입니다. 재당첨 제한이 없기에 본청약 때까지 다른 일반 아파트에도 청약할 수 있습니다(단, 다른 사전청약에는 청약할 수 없습니다). 일단 사전청약에 당첨된 후에 본청약까지의 사이에 더 좋은 아파트에 청약해 당첨되면 본청약을 포기하면 됩니다.

③ 본청약 포기해도 패널티 없다

사전청약 입주자 모집공고문에서는 정확한 분양가를 알려주지는 않고 추정분양가가 공고됩니다. 만약 본청약에서 분양가가 생각보다 비쌀 경우 포기하면 됩니다. 본청약을 포기해도 패널티가 없습니다.

④ 저렴한 분양가

사전청약을 받는 아파트들은 분양가 상한제 아파트로 주변 시세보다 싸게 나올 가능성이 매우 큽니다. 뒤에서 자세히 살펴보겠지만, 2020년 분양가 상한제 적용을 받은 아파트의 경우 분양가가 시세보다 수억원 싼 아파트도 속출했습니다.

⑤ 본청약보다 청약경쟁률 낮을 확률 높다

사전청약은 본청약보다 관심도가 떨어지고 청약경쟁률이 낮을 가능성이 높습니다. 따라서 청약으로 내집마련을 하고자 한다면 관심을 가져볼 만합니다.

⑥ 신혼부부, 청약가점 낮은 30~40대 관심

특히 신혼부부에게 혜택이 많으며, 납입인정금액이나 납입횟수, 청약가점이 낮은 30~40대는 당첨 확률이 낮으므로, 이번 기회에 3기 신도시 사전청약을 눈여겨볼 만합니다.

7월부터 3기 신도시 등 사전청약 시작!

2021년 4월 21일 3기 신도시 등 사전청약 물량 3만 200호가 확정 발표됐습니다. 특히 수도권의 무주택자들에게 좋은 기회가 될 것입니다. 서울 물량은 극히 적고 경기도와 인천 등의 물량이 많아서 아쉽긴 하지만, 그래도 강화된 분양가 상한제가 적용되는 아파트들이라서 시세보다 꽤 저렴하게 내집마련을 할 기회이니 관심 갖고 지켜볼 만합니다.

사전청약은 당장 2021년 7월부터 10월, 11월, 12월까지 4차례에 걸쳐서 실시됩니다. 각 월별로 여러 단지를 묶어서 한꺼번에 공고를 하며, 이때 주택규모, 면적, 세대수, 추정 분양가, 도면, 본 청약 시기 등이 공고됩니다.

2021년 여름부터 청약열기가 뜨거울 것으로 예상됩니다. 우선 7월에는 3기 신도시인 인천 계양에서 1,100호가 사전청약 신청을 받으며, 그동안 청약열기가 뜨거웠던 위례 신도시에서 400호, 성남 복정지구에도 1,000호가 사전청약을 받습니다.

10월에는 남양주 왕숙2에서 1,400호, 성남 신촌, 낙생, 복정2에서 1,800호, 인천 검단, 파주 운정 신도시에서도 2,400호가 사전청약을 실시합니다.

11월에는 하남 교산에서 1,000호, 과천 주암 1,500호, 시흥 하중 700호, 양주 회천 800호 등 4천 호가 공급되며, 마지막으로 12월에는 남양주 왕숙, 부천 대장, 고양 창릉 등 3기 신도시에서 5,900호, 그리고 구리 갈매역세권 1,100호, 안산 신길2 1,400호 등의 사전청

2021년 공공분양 사전청약 추진 일정

출처 : 국토교통부(2021.4.21)

사전청약 월	지구명	공급물량(신혼희망타운 물량)
1차 (7월)	① 인천 계양	1,100호(300호)
	② 남양주 진접2	1,600호(400호)
	③ 성남 복정1	1,000호(400호)
	④ 의왕 청계2	300호(300호)
	⑤ 위례	400호(400호)
2차 (10월)	⑥ 남양주 왕숙2	1,400호
	⑦ 성남 신촌	300호
	⑧ 성남 낙생	900호(900호)
	⑨ 성남 복정2	600호(600호)
	⑩ 의정부 우정	1,000호
	⑪ 군포 대야미	1,000호(1,000호)
	⑫ 의왕 월암	800호(800호)
	⑬ 수원 당수	500호(500호)
	⑭ 부천 원종	400호(400호)
	⑮ 인천 검단	1,200호
	⑯ 파주 운정3	1,200호
3차 (11월)	⑰ 하남 교산	1,000호
	⑱ 시흥 하중	700호(700호)
	⑲ 양주 회천	800호
	⑳ 과천 주암	1,500호(1,400호)
4차 (12월)	㉑ 남양주 왕숙	2,300호(700호)
	㉒ 부천 대장	1,900호(1,000호)
	㉓ 고양 창릉	1,700호(600호)
	㉔ 부천 역곡	900호(900호)
	㉕ 시흥 거모	1,300호(800호)
	㉖ 안산 장상	1,000호(300호)
	㉗ 안산 신길2	1,400호(600호)
	㉘ 동작구 수방사	200호(200호)
	㉙ 구리 갈매역세권	1,100호(1,100호)
	㉚ 고양 장항	800호

* 사전청약 일정과 입지, 규모 등은 사업추진 과정에서 변동될 수 있습니다.

약이 실시됩니다.

2022년 공공분양 사전청약 일정

출처 : 국토교통부(2021.4.21)

주요 입지 및 청약물량
남양주 왕숙(4,000호), 인천 계양(1,500호), 고양 창릉(2,500호), 부천 대장(1,000호), 남양주 왕숙2(1,000호), 하남 교산(2,500호), 용산 정비창(3,000호), 고덕 강일(500호), 강서(300호), 마곡(200호), 은평(100호), 고양 탄현(600호), 남양주 진접2(900호), 남양주 양정역세권(1,500호), 광명 학온(1,100호), 안양 인덕원(300호), 안양 관양(400호), 안산 장상(1,200호), 안양 매곡(200호), 검암 역세권(1,000호), 용인 플랫폼시티(3,300호) 등

* 사전청약 일정과 입지, 규모 등은 추진과정에서 변동될 수 있습니다.

특히 신혼부부에게 좋은 기회

2021년 7월부터 실시되는 3기 신도시 사전청약에서 특히 눈에 띄는 부분은 신혼희망타운의 비중입니다. 신혼희망타운은 전량을 신혼부부 등에게 공급하는 신혼부부 특화형 공공주택이라고 할 수 있습니다. 아이들의 보육과 육아, 맞벌이 신혼부부를 위해 지하철, 상업/문화시설이 인접한 곳에 위치하며, 국공립어린이집·방과후교실·공동육아방 등 육아 관련 커뮤니티 시설을 확충해 단지 중앙에 종합보육센터를 만들고, 유치원·초등학교 등을 단지 내에 설치할 예정입니다.

2021년 하반기 공급되는 사전청약 물량 3만 200호 중에서 신혼희망타운이 1만 4,000호로서 비중이 꽤 큽니다. 만 6세 이하 자녀를 둔 결혼 7년 이하 무주택 신혼부부들에게 좋은 소식이니 주목할 만합니다(신혼희망타운 입주자격은 226쪽 참조). 또한 혼인 2년 이내 및 예비 신혼부부, 2세 이하의 자녀를 둔 신혼부부 및 한부모 자녀에게 가점제로 우선공급하는 점도 눈에 띄는 부분입니다. 신혼부부 및 예비 신혼부부, 출산을 망설이는 신혼부부들에게 확실한 혜택을 제공하겠다는 정부의 의지를 읽을 수 있는 대목입니다. 또한 신혼부부 전용 금융상품이 지원되며 LTV 최대 70%, 연 1.3% 고정금리 조건으로 대출을 받을 수 있습니다(LTV 등 대출에 대해서는 뒤에서 상세히 설명합니다).

3기 신도시 사전청약 정보가 궁금하다면

청약홈(www.applyhome.co.kr)과 3기 신도시 홈페이지(www.3기신도시.kr)에 사전청약 10일 전에 ① 주택단지 위치, 건설호수, 모집 세대 수, ② 개략적 설계도면, 주택공급면적, 추정분양가, ③ 사전청약 신청 자격, 구비서류, 신청 일시·장소, ④ 당첨자 선정방법·일자, ⑤ 본청약 일정, 입주 예정시기, 유의사항 등을 공고할 예정입니다. 아울러 3기 신도시 사전청약이 궁금한 사람들을 위해 콜센터(☎ 1600-1004)를 운영하며, 위례, 동탄, 고양, 남양주에서는 현장접수처도 마련할 계획이니 참고하세요.

대규모 택지개발지구의 공급물량 및 사전청약 물량(2021년 7~12월)

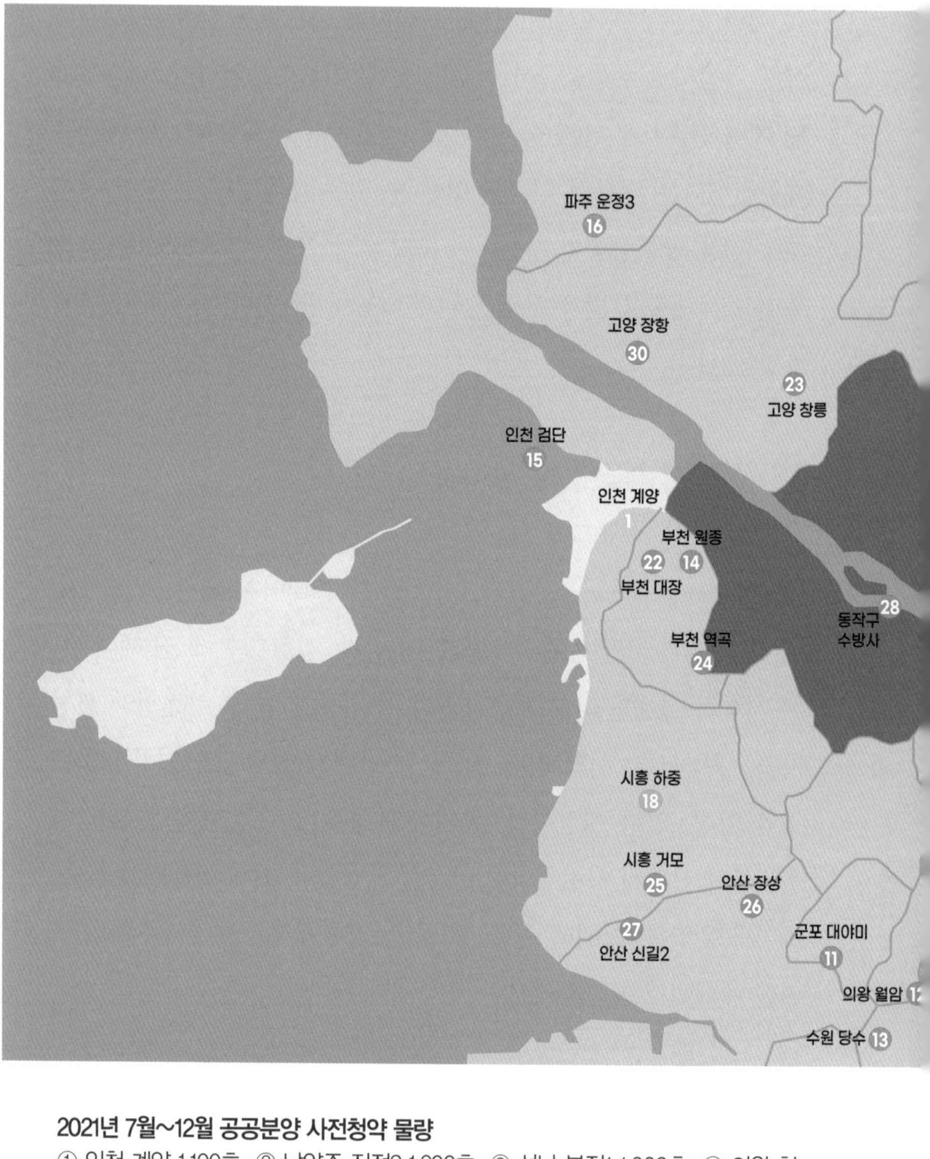

2021년 7월~12월 공공분양 사전청약 물량

① 인천 계양 1,100호 ② 남양주 진접2 1,600호 ③ 성남 복정1 1,000호 ④ 의왕 청계2 300호 ⑤ 위례 400호 ⑥ 남양주 왕숙2 1,400호 ⑦ 성남 신촌 300호 ⑧ 성남 낙생 900호 ⑨ 성남 복정2 600호 ⑩ 의정부 우정 1,000호 ⑪ 군포 대야미 1,000호 ⑫ 의왕 월암 800호 ⑬ 수원 당수 500호 ⑭ 부천 원종 400호

출처 : 청약홈

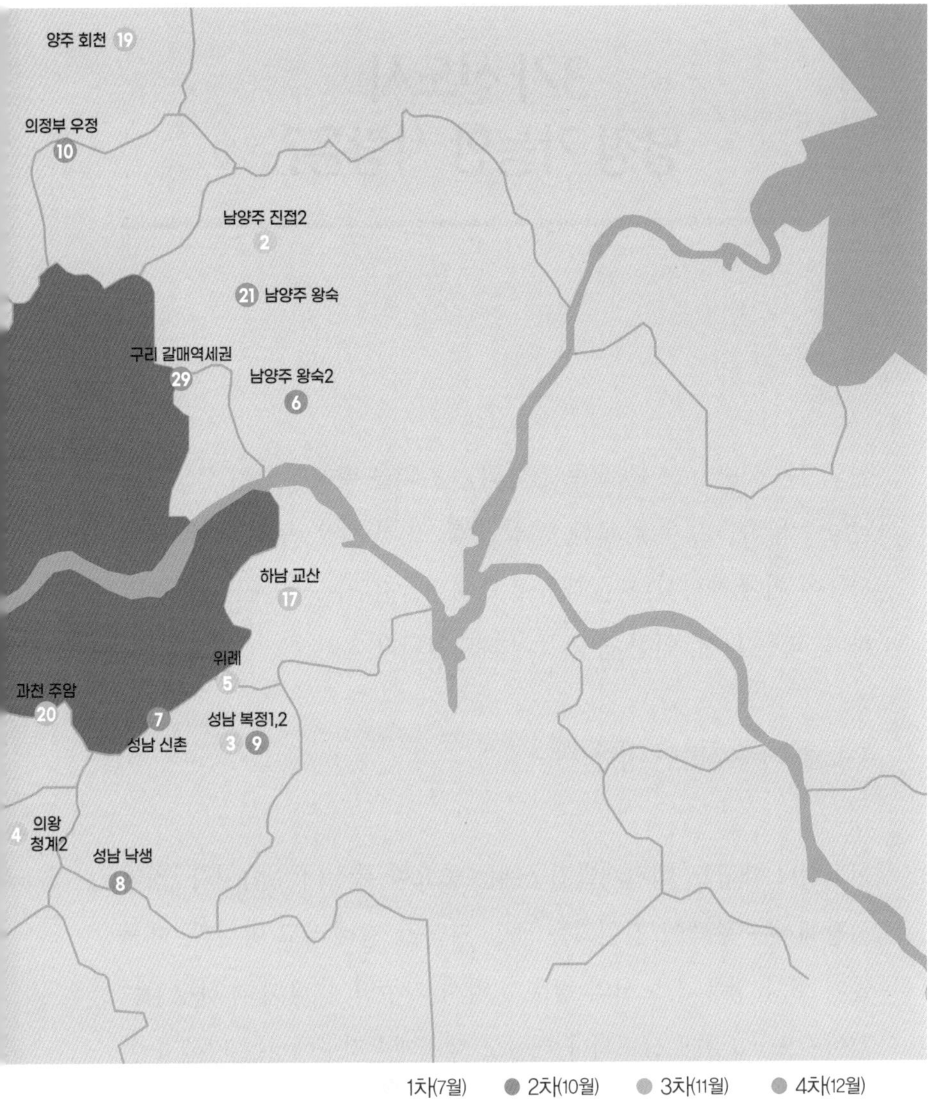

⑮ 인천 검단 1,200호 ⑯ 파주 운정3 1,200호 ⑰ 하남 교산 1,000호 ⑱ 시흥 하중 700호 ⑲ 양주 회천 800호 ⑳ 과천 주암 1,500호 ㉑ 남양주 왕숙 2,300호 ㉒ 부천 대장 1,900호 ㉓ 고양 창릉 1,700호 ㉔ 부천 역곡 900호 ㉕ 시흥 거모 1,300호 ㉖ 안산 장상 1,000호 ㉗ 안산 신길2 1,400호 ㉘ 동작구 수방사 200호 ㉙ 구리 갈매역세권 1,100호 ㉚ 고양 장항 800호

08

3기 신도시 당첨 가능한 사람은?

신도시는 330만㎡ 이상으로 건설되는 지역을 말하며, 3기 신도시인 남양주 왕숙1·2, 하남 교산, 고양 창릉, 인천 계양, 부천 대장, 광명 시흥이 이에 해당합니다. 대규모 택지개발지구는 66만㎡ 이상을 말하며, 과천 과천, 안산 장상 등이 해당합니다.

수도권 거주자라면 청약 가능

신도시나 대규모 택지개발지구에는 중요한 특징이 있습니다. 청약 시장에서는 주택이 건설되는 해당 지역을 '당해'라고 합니다. 예를 들어 고양 창릉 신도시의 경우 고양시 거주민이 '당해'에 해당되는 것이지요. 그런데 신도시나 대규모 택지개발지구에서는 당해가 아니어도 우선공급 대상자가 될 수 있다는 점이 특징입니다.

3기 신도시나 대규모 택지개발지구는 우선공급의 비율이 지역별로 나누어져 있습니다.

66만㎡ 이상의 수도권 대규모 택지개발지구의 주택은 당해인 해당 주택건설지역(시, 군) 거주자에게 50%를 우선공급하고, 나머지 50%는 인근지역에 배정합니다. 예를 들어 서울도시공사(SH)에서 서울의 대규모 택지개발지구에 공급하는 물량이라면, 주택건설지역인 서울시에 2년 이상 거주한 사람에게 50%를 우선공급하고, 서울시 2년 미만 거주자와 경기도, 인천시 거주자에게 50%를 배정합니다.

다만, 경기도는 해당 주택건설지역(시, 군) 거주자에게 30%, 경기도 거주자에게 20%를 우선공급하고, 나머지 50%는 수도권 거주자에 배정합니다. 예를 들어 과천 과천지구(과천동, 주암동, 막계동 일원)의 경우 아파트가 건설되는 과천시 2년 이상 거주자에게 분양물량의 30%, 경기도 거주자에게 20%가 우선공급되며, 나

서울의 대규모 택지개발지구

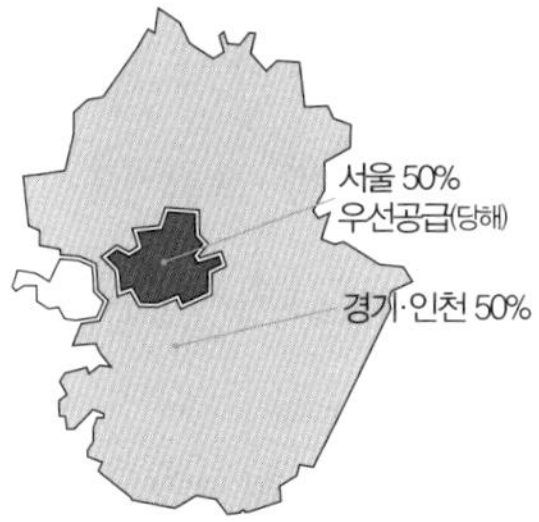

고양 창릉 신도시 아파트

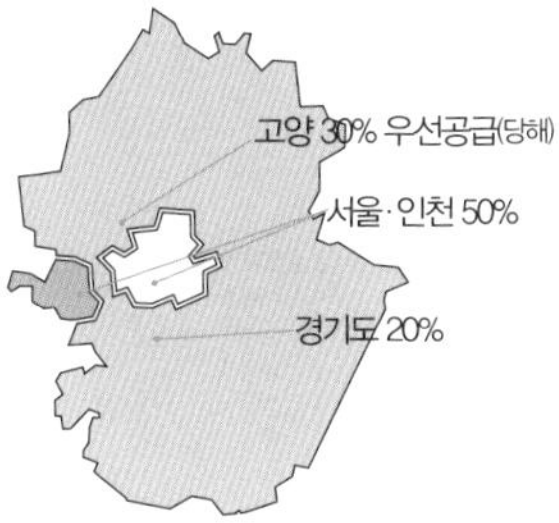

대규모 택지개발지구(66만㎡ 이상) 우선공급 비율

출처 : 국토교통부

기본조건	입주자 모집공고일 현재 수도권 거주자
우선공급 비율	주택건설지역이 서울·인천인 경우 ① 서울 또는 인천 2년(투기과열지구가 아닌 경우 1년) 이상 거주자에게 50% 우선공급 ② 수도권(경기도, 서울, 인천) 거주자에게 50% 공급 주택건설지역이 경기도인 경우 ① 해당 시·군 2년(투기과열지구가 아닌 경우 1년) 이상 거주자에게 30% 우선공급 ② 경기도 2년(투기과열지구가 아닌 경우 6개월) 이상 거주자에게 20% 우선공급 ③ 수도권(경기도, 서울, 인천) 거주자에게 50% 공급

* 「주택공급에 관한 규칙」 제4조 제5항 및 동규칙 제34조에 따름

머지 50%는 서울 및 인천 거주자에게 배정됩니다.

다시 말해 3기 신도시와 대규모 택지개발지구의 경우, 해당지역에 살고 있지 않더라도 인근 지역의 거주자에게도 골고루 당첨될 기회가 있는 것이 장점입니다.

사전청약은 모두 공공분양일까?

민영주택은 사전청약의 대상이 아닙니다. 공공주택만 본청약 1~2년 전에 사전청약을 받습니다.

사전청약의 당첨자는 어떻게 뽑을까?

사전청약도 당첨자를 일반적인 본청약과 동일하게 뽑습니다. 사전청약 당첨자 선정방법은 355쪽에서 상세히 설명합니다.

청약 경쟁이 치열해지면서 당해지역 거주자가 아니면 당첨자로 선정될 기회가 거의 없어졌습니다. 이에 비해 3기 신도시는 당해지역에 거주하지 않아도 당첨될 수 있으므로, 인근지역 거주자라면 어렵게 이사를 하지 않아도 당첨 확률을 높일 수 있는 기회라고 할 수 있습니다.

3기 신도시 등의 사전청약에 대해서는 이 책의 〈부록〉에서 좀더 상세히 설명하니 반드시 참고하기 바랍니다.

Q&A 사전청약의 모든 것

Q 사전청약을 여러 번 할 수 있나요?

A 간단히 말하면 사전청약을 여러 번 할 수는 없지만, 사전청약 당첨 후 일반청약은 가능합니다. 사전청약 당첨자 및 그 세대원은 다른 주택에는 사전청약을 할 수 없습니다. 하지만 사전청약이 아닌 다른 분양주택의 일반청약은 할 수 있습니다. 만약 일반청약에 당첨되면 사전청약으로 당첨된 아파트의 본청약은 불가능하므로 포기해야 합니다.

Q 사전청약을 할 때는 소득요건이 충족됐으나, 본청약을 할 때 연봉이 많이 올라 기준을 초과하게 됐습니다. 이 경우 당첨이 취소되나요?

A 사전청약은 사전청약 입주자 모집공고를 한 시점을 기준으로 소득 및 자산 등의 자격요건을 심사합니다. 당첨자로 뽑힌 이후에는 추가로 심사하지 않습니다. 따라서 본청약 때 연봉이 많이 올랐다고 당첨이 취소되지는 않습니다.

Q 사전청약에 당첨된 후에 다른 주택을 구입해도 되나요? 당첨자 자격을 상실하나요?

A 사전청약 당첨자와 그 세대원은 본청약 때까지 무주택 자격

을 유지해야 합니다. 만약 사전청약에 당첨된 후 주택을 사거나 증여받아 유주택자가 되면 본청약에 신청할 수 없습니다. 한마디로 사전청약 당첨자 자격을 잃게 됩니다.

Q 3기 신도시 건설지역에 거주하지 않아도 사전청약이 가능한가요?

A 3기 신도시는 기본적으로 수도권에 살고 있으면 사전청약을 할 수 있으며, 의무 거주기간은 본청약 시점까지만 충족되면 됩니다(주요 청약요건은 〈부록1〉을 참조하세요).

Q 예전에 사전청약제를 실시했을 때는 본청약까지 시간이 많이 걸려 계약 포기자들이 많았다고 들었는데요. 이번에도 그런 것 아닌가요?

A 정부는 3기 신도시 사전청약은 문화재발굴 등의 사업지연 요소가 있는 곳을 제외했기에, 사전청약 1,2년 후에는 본청약이 가능할 것으로 예상하고 있다고 발표했습니다.

Q 사전청약은 구체적으로 매월 며칠쯤 공고되나요?

A 국토교통부에서는 사업추진 과정에서 변동될 여지가 있긴 하지만, 매월 15일 사전청약 공고를 하겠다고 발표했습니다. 그러니까 2021년 3기 신도시 등의 사전청약의 경우 7월 15일, 10월 15일, 11월 15일, 12월 15일 정도에 청약홈, 3기 신도시 홈페이지에 공고문이 올라올 가능성이 높습니다.

임성배의 Case Study

3기 신도시의 승부수가 궁금하다

서울 집값이 급등하면 정부는 신도시 건설, 대규모 택지개발지구 개발 등을 통해 공급물량을 쏟아내며 집값을 안정시키려고 해왔습니다. 3기 신도시 건설이 급물살을 타고 있는 지금, 신도시가 만들어지는 과정에서 어떤 일이 있었는지 기억을 되짚어 볼까 합니다. 일단 "물량 앞에 장사 없다"라는 말이 있습니다. 신도시 입주가 시작되면 주택가격, 전셋값이 일시적으로 영향을 받을 것으로 예상됩니다.

2기 신도시 청약에서 얻는 교훈

잠깐 시계를 거꾸로 돌려 2기 신도시 사업을 볼까요?

2000년 초 서울 집값이 천정부지로 치솟자 참여정부는 2003년 2기 신도시 계획을 발표했습니다. 경기 김포(한강), 인천 검단, 화성 동탄1·2, 평택 고덕, 수원 광교, 성남 판교, 서울 송파(위례), 양주 옥정, 파주 운정 등 수도권 10개 지역을 비롯해, 충남 천안·아산의 아산신도시, 대전 서구·유성구의 도안신도시 등 충청권 2개 지역 등 총 12개 지역을 2기 신도시로 지정했습니다. 과연 결과는 어땠을까요?

"동탄신도시 3순위 청약도 207가구 미달" – 〈세계일보〉(2004년 10월 16일)

"정부, 파주 신도시 미분양에 당혹" – 〈문화일보〉(2007년 12월 4일)

1기 및 2기 신도시

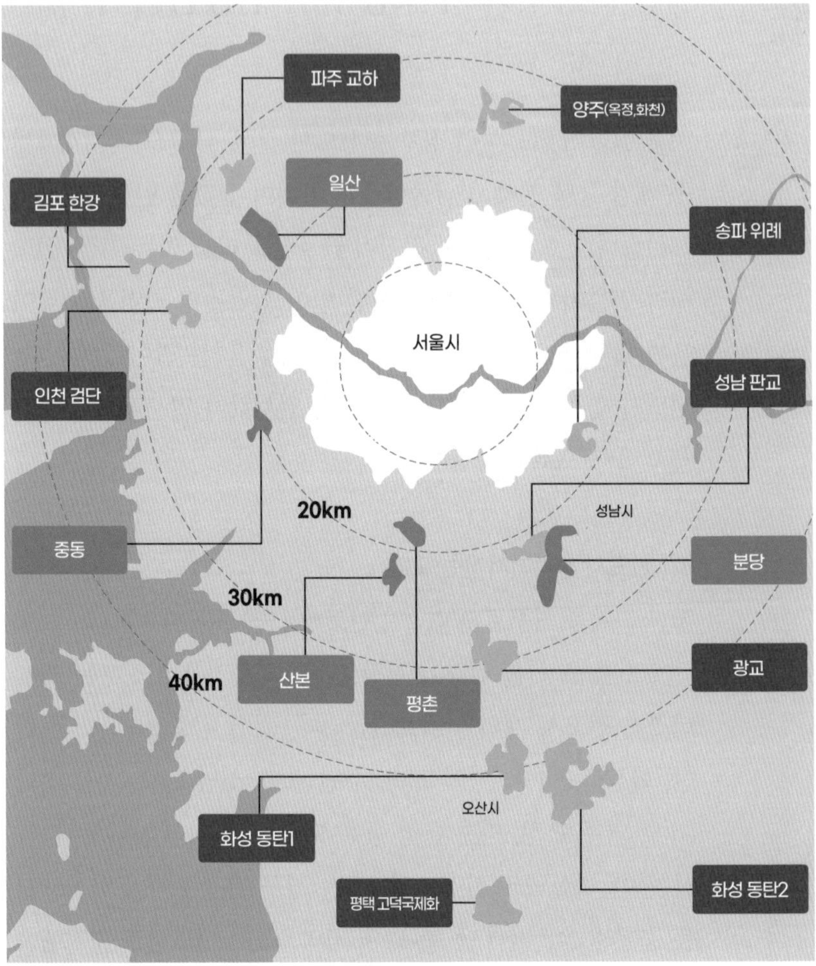

"'로또' 분양 사라진다" – 〈매일경제〉(2008년 6월 26일)

"올 말 ~ 내년 초, 집 사기 가장 좋은 때" – 〈아시아경제〉(2009년 5월 18일)

2기 신도시는 서울에서 30km 이상 떨어진 곳이 있을 정도로 지리적 열세인 지역도 있습니다. 분양 당시에는 미분양이 속출했던 기억이 납니다. 2~3년 전까지도 이 지역에 투자기회가 많았습니다.

한때 미분양의 무덤이었던 2기 신도시 인천 검단

2018년 10월 인천 검단 신도시의 첫 분양인 호반 베르디움(호반써밋 1차) 청약이 진행되었습니다. 저는 당시 공공기관에 주택을 공급하는 시행사업을 하고 있었는데, 인천 검단 신도시 첫 분양의 성공 여부에 관심을 두고 있었습니다.

당시의 사례를 살펴보겠습니다. 인천 검단 호반 베르디움의 1순위 청약에는 951가구 모집에 5,943명이 지원해서 평균 6.25 대 1의 경쟁률을 기록했습니다.

인천 검단 신도시 호반 베르디움 1순위 청약경쟁률

모집 (1순위)	지원	1순위 청약경쟁률
915가구	5,943명	6.25 대 1
특이사항	미계약 물량 100세대 이상	

수도권의 대규모 택지개발지구였기 때문에, 당시 아파트가 건설되는 당해지역인 인천 거주민에게 분양물량의 50%가 우선공급되고, 기타지역인 서울과 경기도 거주자에게 50%가 배정되었습니다. 다시 말해 인천뿐 아니라 서울, 경기도에서도 청약

을 할 수 있었죠. 게다가 당시 인천 검단지구는 비조정대상지역으로 규제도 거의 없었던 것을 감안하면 상당히 저조한 경쟁률이라고 할 수 있습니다.

특히 청약에 당첨된 후 실제로 계약을 하지 않은 미계약 물량도 100세대가 넘을 정도였습니다. 당시 첫 분양을 진행하는 검단 신도시에 확신을 갖는 사람들이 많지 않았던 것입니다.

인천 검단 신도시 호반 베르디움 1순위 청약접수 결과

주택형	청약자의 거주지	청약경쟁률
72A	인천	4.33 대 1
	서울·경기	4.76 대 1
72B	인천	2.47 대 1
	서울·경기	3.15 대 1
84A	인천	9.35 대 1
	서울·경기	14.77 대 1
84B	인천	1.55 대 1
	서울·경기	3.44 대 1

한편 2018년 서울 및 수도권의 아파트 가격이 오르자 정부는 9.13 부동산 대책을 발표했는데, 그 후속조치로 비조정지역의 공공택지 아파트에도 전매제한 기간이 1년에서 3년으로 늘어나게 됩니다. 이에 검단 신도시는 미분양이 줄을 잇기 시작했고, '미분양의 무덤'이라는 수식어가 따라다녔습니다.

인천 검단 신도시의 주요 청약경쟁률

단지명	건설사	분양 시기	청약경쟁률
호반 베르디움	호반건설	2018년 10월	6.25 대 1
금호 어울림센트럴	금호산업	2018년 11월	5.14 대 1
유승 한내들 에듀파크	유승종합건설	2018년 11월	1.43 대 1
우미 린더퍼스트	우미건설	2019년 1월	2.37 대 1
한신 더휴	한신공영	2019년 1월	0.94 대 1

인천 검단 신도시는 서울 도심과의 거리가 25km 정도로 비교적 먼 데다가, 당시 인프라가 갖추어져 있지 않아 가치를 오랫동안 인정받지 못했습니다. 김포 한강, 화성 동탄, 평택 고덕, 광교 등 다른 2기 신도시들도 마찬가지였습니다. 2기 신도시 중에서 성남의 판교 신도시 정도만 서울 접근성이 좋고, 테크노밸리를 통해 일자리를 창출하면서 높은 평가를 받았습니다.

2기 신도시의 발전사를 살펴보면, 2001년 화성 동탄1지구를 지정한 것을 시작으로 2006년 성남 판교, 파주 운정, 충남 아산에 최초로 공급을 시작했으며, 2008년 김포 한강에 첫 분양을 했고, 2009년 화성 동탄, 2011년 하남 위례에 최초 공급을 했습니다. 2012년에는 성남 판교에서 테크노밸리 개소식이 열렸고 양주에도 첫 아파트를 공급했습니다. 2014년 동탄 테크노밸리 도시첨단산업단지 계획이 승인되었고, 2021년 성남 판교, 김포 한강 등 2개 신도시가 조성중입니다.

2기 신도시의 최대 난점으로 지적되었던 교통대책은 2016년 수도권 광역급행철도인 GTX 개발계획이 수립되기 시작하고, 같은 해 수서고속철도인 SRT 개통을 시작으로 개선될 예정입니다.

불과 2~3년 만에 수억 대 프리미엄

지금까지의 신도시 개발에는 몇 가지 공식이 있었습니다.

첫째, 분양 초기에는 미분양, 미계약 물량들이 발생합니다. 청약만 해놓고 당첨 후에 계약하지 않는 경우가 많았습니다.

둘째, 시간이 지나면서 인프라가 확충되고 입주가 시작되면 아파트 가격이 자리를 잡습니다. 두 눈으로 신도시의 모습을 갖추어가는 것이 확인될 때에 가장 많은 가격 상승이 이루어집니다.

2018년 첫 분양을 시작해 저조한 청약경쟁률과 당첨자들의 청약 포기로 한때 '미분양의 무덤'으로 불렸던 인천 검단 신도시는 당시 84㎡형이 3억원 후반대였는데, 2~3년 만에 수억원의 프리미엄이 붙어 거래되었습니다. 이에 따라 비규제지역이었던 검단 신도시는 2020년 6·17 부동산 대책에서 투기과열지구로 지정되어 규제지역이 되었습니다.

3기 신도시의 승부수가 궁금하다

초기에는 미분양이 속출했지만, 시간이 흐름에 따라 자리를 잡았던 1기, 2기 신도시를 돌아보니 3기 신도시가 던지는 승부수가 궁금해집니다.

부동산 시장이 뜨거울 때는 호재가 더 잘 보이고, 시장이 차가워질 때는 악재가 더 많이 보입니다. 아파트 가격이 오르기 시작할 때 매수하거나, 내리기 시작할 때 매도할 수 있으면 좋겠지만, 그 시기를 가늠하기가 참 어렵습니다. 전문가들의 말은 항상 엇갈립니다. 그만큼 변수가 다양하다는 뜻이기도 합니다.

청약 열기도 시장에 따라 달라집니다. 현재는 서울과 수도권을 비롯해 핵심지역의 당첨선이 상당히 높은 것이 사실입니다. 전략적으로 접근하지 않으면 당첨되기 어렵습니다. 변화 속에서 기회를 찾는 수밖에 없습니다.

항상 새로운 부동산 대책이 쏟아지고, 시장은 언제나 살아있는 생물처럼 움직입니다. 당첨되기 좋은 조건으로 청약통장과 청약가점 조건을 만들어놓아야 나중에 기회가 생겼을 때 잡을 수 있습니다.

특히 신도시 건설 등 공급이 갑자기 늘어나는 시기에는 일시적으로 기회가 찾아올 때가 많았습니다. 수도권에 3기 신도시와 대규모 택지개발지구 건설이 예정되어 있는 지금, 2021년 하반기부터 사전청약이 실시되는 지금, 아파트 분양시장의 변화를 눈여겨봐야 할 때입니다.

임성배의 Case Study

동시청약,
당첨 발표일에 따라 전략이 다르다

'동시청약'이라는 단어를 사용해서 홍보하면 여러 아파트에 모두 청약할 수 있다고 생각하기 쉽지만, 모두 청약이 가능한 곳도 있고 아닌 곳도 있습니다. 그 기준은 청약 당첨자 발표일에 따라 구분할 수 있습니다.

과천 지식정보타운 동시청약 3곳, 모두 청약 가능했던 이유

2020년 11월 2일부터 경기도 과천시의 과천 지식정보타운에서 아파트 3곳이 동시청약을 진행했습니다. 과천 푸르지오 어울림 라비엔오(S4), 과천 르센토 데시앙(S5), 과천 푸르지오 오르투스(S1) 단지가 동시청약을 했는데, 3곳 모두에 청약을 넣을 수 있었습니다. 그 이유는 당첨자 발표일이 3곳 모두 달랐기 때문입니다.

이처럼 당첨자 발표일이 달라 모두 청약할 수 있으면 선택의 폭이 다양하다는 장점이 있습니다. 하지만 그만큼 청약경쟁률은 3곳 모두 높다는 단점이 있습니다. 실제로 과천 지식정보타운의 동시청약은 역대급 청약경쟁률을 기록했습니다. 3개 단지의 총 1,698가구 모집에 57만 명이 청약했으며 단지별 경쟁률이 300~500 대 1에 달했습니다. 공공택지에 건설되는 분양가상한제 아파트로서 분양가가 인근 신축 아파트의 50~60% 수준으로 저렴하고 입지가 양호한 데다가 중복 청약이 가능한 것이 높은 청약경쟁률에 영향을 주었습니다.

동시청약에서 주의할 점은 먼저 한 단지의 청약에서 당첨되면, 나머지 청약 신청에 대한 효력은 상실하게 된다는 것입니다. 예를 들어 당첨자 발표일이 11월 10일인 푸르지오 어울림 라비엔오(S4)와 11월 12일인 푸르지오 오르투스(S1) 두 곳에서 당첨됐을 경우, 먼저 당첨자 발표를 한 라비엔오의 당첨이 인정되고, 오르투스의 당첨은 효력이 상실됩니다.

과천 지식정보타운 3개 단지 동시청약

단지명	청약일정			당첨자 발표일
	특공	1순위	2순위	
과천 푸르지오 어울림 라비엔오(S4)	11월 2일	11월 3일	11월 4일	11월 10일
과천 르센토 데시앙(S5)				11월 11일
과천 푸르지오 오르투스(S1)				11월 12일

당첨자 발표일이 다르면 모두 청약할 수 있다.

수색, 증산 뉴타운 동시청약 3곳, 1곳만 청약 가능했던 이유

2020년 8월 13일부터 서울시 은평구의 수색, 증산 뉴타운 3곳의 동시청약이 진행되었습니다. 저렴한 분양가의 반값 아파트라 불리며 많은 관심을 모았습니다.

DMC 파인시티자이(수색6구역), DMC 아트포레자이(수색7구역), DMC 센트럴자이(증산2구역) 단지가 동시청약을 했는데, 과천 지식정보타운과 달리 1곳만 청약을 신청할 수 있었습니다.

그 이유는 당첨자 발표일이 같았기 때문입니다.

수색, 증산 뉴타운 3개 단지 동시청약

단지명	청약일정			당첨자 발표일
	특공	1순위	2순위	
DMC 파인시티자이(수색6구역)	8월 13일	8월 14일	8월 19일	8월 26일
DMC 아트포레자이(수색7구역)				
DMC 센트럴자이(증산2구역)				

당첨자 발표일이 같으면 1곳만 청약할 수 있다.

수색, 증산 뉴타운의 동시청약은 당첨자 발표일이 같았기에 청약 신청을 모두 할 수 없었고, 세 단지의 평균 청약경쟁률은 뚜렷하게 다른 모습을 보였습니다. 입지가 확연히 좋다고 평가받던 DMC 센트럴자이(증산2구역)는 청약경쟁률이 128.6 대 1로 다른 단지보다 2~3배 높았습니다.

수색, 증산 뉴타운 동시청약경쟁률 분석

단지명	DMC 파인시티자이 (수색6구역)	DMC 아트포레자이 (수색7구역)	DMC 센트럴자이 (증산2구역)
평균 경쟁률	45.2 대 1	69.2 대 1	128.6 대 1

2020년 8월의 수색, 증산 뉴타운 동시청약은 제가 운영하는 유튜브 채널 '임성배TV-부동산재테크'에서도 청약전략을 공유한 바 있습니다. 그 당시 제가 제시한 청약전략은 3곳 중에 입지가

가장 좋은 DMC 센트럴자이(증산2구역)의 청약 신청은 배제하라는 것이었습니다. 누구나 원하는 핵심 입지의 아파트에 청약 신청이 몰릴 것이므로, 가장 우수한 입지의 아파트 분양물량을 우회하는 전략이 당첨 확률을 높일 수 있다는 것이었죠.

결과적으로 DMC 센트럴자이(증산2구역)의 청약경쟁률이 가장 높았고 청약가점 역시 가장 높았습니다. 최저가점을 살펴보면 DMC 센트럴자이(증산2구역)는 69점으로 가장 높았고, DMC 아트포레자이(수색7구역)는 61점, DMC 파인시티자이(수색6구역)는 60점이었습니다.

수색, 증산 뉴타운 동시청약 당첨 최저가점의 예

단지명	DMC 파인시티자이 (수색6구역)	DMC 아트포레자이 (수색7구역)	DMC 센트럴자이 (증산2구역)
당첨 최저가점	최저 60점	최저 61점	최저 69점

많은 사람과 다르게 생각할 때 기회가 생기고, 아파트 청약 당첨 확률이 높아집니다. 그러나 남들과 다른 생각을 하고 다른 길을 선택하는 것은 매우 어렵고 두려운 일이기도 합니다. 하지만 두려움을 떨치고 이겨냈을 때 원하는 것을 얻을 수 있다는 것을 잊지 말았으면 합니다.

임성배의 Case Study

전국청약에 주목해야 하는 이유

최근 대부분의 청약이 '당해 1순위'로 마감되고 있습니다. 아파트가 건설되는 지역에 사는 사람에게 우선권을 주기 때문입니다. 신도시나 대규모 택지개발지구에서는 '당해 1순위', '인근 1순위'에 분양물량을 따로 배정해 당해나 인근지역 주민에게 우선권을 줍니다. 이에 비해 전국청약이 가능한 곳도 있습니다. 바로 행정 중심 복합도시인 세종시입니다.

전국청약 가능한 세종시

2020년 한국부동산원(전 한국감정원)의 자료에 따르면 세종시의 주택가격은 한해 39.18% 상승했습니다. 국회를 세종시로 완전 이전한다는 이야기가 나와서인지, 세종시의 인기는 몇 년만에 분양가 대비 3배 오른 곳도 있을 만큼 뜨거웠습니다. 그 인기에 힘입어 2020년 11월에 분양한 세종 한림풀에버의 1순위 평균 청약경쟁률은 153.3 대 1을 기록했습니다.

세종시는 분양가 상한제가 적용되기에 분양가가 시세보다 저렴하다는 장점이 있고, 분양물량 중 50%는 인근지역이 아닌 거주지와 상관없이 '전국' 청약이 가능하기 때문입니다.

세종시 일반공급의 우선공급 비율과 거주요건

	우선공급 비율	거주요건
1순위	당해지역 50%	세종시 1년 이상 계속 거주자
	기타지역 50%	타 지역 거주자

세종시는 일반공급의 경우 당해지역(세종시 1년 이상 거주자)에 50%를 우선공급하고, 기타지역 사람들에게 50%를 배정합니다. 또한 수도권 투기과열지구는 거주요건이 2년이지만, 세종시는 수도권이 아니기에 거주기간이 1년이면 당해 1순위 요건이 됩니다. 또한 기타지역 50%는 인근지역이 아니라 '타 지역 거주자'로서 전국 거주지에 상관없이 청약할 수 있다는 장점이 있습니다.

세종시의 청약이 눈길을 모으는 이유

세종시의 경우 눈길을 끄는 것이 '이전기관 특공'의 비율이었습니다. 쉽게 설명하면, 기관이 이전함에 따라 거주지가 달라지는 상황이므로 특공의 형태로 우선권을 주었던 것입니다.

2020년 11월에 분양한 세종 한림풀에버의 경우 이전기관 특공의 비율이 50%나 됐습니다. 총 458세대 중에서 일반공급이 169세대, 특공이 289세대였는데, 이전기관 특공이 전체의 50%에 달했고, 다자녀 특공이 10%, 노부모부양 특공이 3%였습니다(참고로 정부는 2021년 5월 말, 앞으로 이전기관 특공을 없애겠다고 발표했습니다).

모두 85㎡ 초과 아파트였으며, 당첨자는 가점제로 50%, 추첨제 50%로 선정했습니다. 따라서 세종 한림풀에버는 세종시에 살지 않아도, 청약가점이 낮아도 추첨제를 통해서 당첨될 수 있는 저렴한 가격의 아파트였다고 할 수 있습니다.

가점제로 당첨된 사람들은 어떤 사람들이었을까요?

세종 한림풀에버의 경우 세종시 당해지역의 최저가점은 57점이었고, 최고가점은 69점이었습니다. 서울의 경우 최저가점이 60점대를 넘는 것을 감안하면, 세종시의 당해지역 당첨가점이 낮은 것을 확인할 수 있습니다. 기타지역은 최저가점이 58점이었고, 최고가점은 73점이었습니다.

세종 한림 풀에버 당첨가점

지역	최저가점	최고가점
당해지역	57점	69점
기타지역	58점	73점

세종시의 청약 열기는 수도권에 비해서는 낮지만 꽤 뜨거웠습니다. 또한 지역을 떠나서 입지가 우수하고 가격이 저렴한 아파트의 수요는 언제나 존재한다는 것을 다시금 알 수 있는 기회였습니다. 앞으로 전국청약이 가능한 세종시의 청약 성적이 더욱 기대됩니다.

청약통장에 매달 얼마를 넣어야 할까요?
아내의 청약통장 조건이 좋은데, 세대주를 바꿔야 할까요?
1주택자도 청약할 수 있나요?
법을 준수하면서 청약 당첨 확률을 높이는 방법이 있을까요?
상속받은 농가는 무주택자 요건에 영향을 줄까요?
청약의 기본기부터 탄탄하게 다져봅시다.

PART

2

탄탄하게 다지는 청약의 기본기

01

청약통장을 잘 모르면 생기는 일

우리나라에 몇 개의 청약통장이 존재할까요? 숫자를 보면 깜짝 놀라는 사람이 많을 겁니다. 우리나라의 청약통장 가입자 수는 현재 약 2,700만 명입니다. 대한민국 인구가 약 5,200만 명이니까 국민의 절반 이상이 청약통장을 가지고 있는 셈입니다. '일단 만들어두면 좋다'는 생각에 1인 1통장을 만들다 보니 2,700여 만 개라는 어마어마한 숫자가 탄생했습니다.

청약통장의 보유개수가 많다고 해서 보유한 사람이 모두 청약에 대해 잘 알고 있는 것은 아닙니다. 대부분 청약 관련 규정이 많고 복잡하다고 느낍니다. 여러 차례 개정이 있었기 때문에 기존에 알고 있는 상식도 계속 확인해봐야 합니다.

"영식이는 분양받은 아파트를 입주 시 바로 전세를 놓았대. 우리도 그렇게 하자!"

"이제 바로 전세 못 준다고 하던데? 무조건 2년 이상 살아야 한다더라."

'임성배TV-부동산재테크' 유튜브 채널의 영상 중에도 청약 관련 영상은 인기가 많습니다. 메일로 직접 질문을 하는 경우도 많은데 청약의 기본사항에 대한 질문이 많습니다. 관련 업계에 종사하는 사람이 아니면 용어도 어렵고 따져야 할 것도 많습니다. 청약통장에 대해 자주 받는 질문 몇 가지를 골라봤습니다.

J씨의 뼈 아픈 실수

"청약통장에 2만원씩 납입할까요, 10만원씩 납입할까요?"

"상속받은 1억원 이하의 농가가 있는데 무주택자인가요? 청약하려면 팔아야 할까요?"

"아내의 청약통장이 납입인정금액이 높은데 세대주를 바꿔야 할까요?"

"육아문제 때문에 처가댁에서 지냅니다. 장인어른이 1주택자인데 제가 무주택으로 인정받을 수 있나요?"

사는 모습이 다양하다 보니 바로 대답하기 까다로운 상황이 많습니다. 하지만 자신과 관련된 부분만 꼼꼼히 확인하고 나면 그렇게 어렵지 않습니다. 자신의 상황이 특수하거나 규정의 적용 여부가 헷갈린다면, 청약 전에 분양사무실이나 국토교통부에 직접 문의하고 확인하는 것이 가장 좋습니다.

청약을 하려면 당첨이 가능한 조건으로 나의 통장과 상황을 만들어놓아야 합니다. 청약제도를 잘 이해하고 있어야 내 상황에 따라 생길 수 있는 기회를 확실하게 잡을 수 있습니다.

J씨의 뼈아픈 실수

서울에 사는 J씨(42세)는 스무 살이 되자마자 어머니가 만들어준 오래된 청약저축 통장을 갖고 있습니다. 그는 22년 동안 매달 2만원씩 넣어왔습니다. 그동안 내집마련을 꿈도 못 꾸다가, 최근에야 '로또 분양'이라는 말에 마음이 끌려서 청약을 알아보게 되었습니다. 마침 살고 있는 지역에 공공분양 아파트(전용 84㎡)가 분양 예정이었습니다.

J씨가 청약통장에 불입해온 세월은 무려 22년입니다. 게다가 무주택을 계속 유지했습니다. J씨는 이 공공분양 아파트에 청약하려고 하는데 당첨 확률이 얼마나 될까요?

안타깝게도 J씨는 살고 있는 서울의 공공분양 아파트 청약에 당첨될 확률이 없습니다. 가장 안타깝고 흔한 사례입니다. 왜 그럴까요?

청약통장에 매달 10만원씩 내자니 경제적으로 부담을 느끼는 사람들은 이렇게 2만원, 3만원씩 자동이체를 해놓는 경우가 많습니다. 하지만 22년 동안 성실하게 불입해도 총 납입인정금액은 528만원밖에 안 됩니다.

J씨가 매달 2만원씩 납입한 경우

1년 납입금액 : 2만원 × 12개월 = 24만원

총 납입인정금액 : 24만원 × 22년 = 528만원 + 이자

22년을 청약저축을 했지만 납입인정금액이 작아 당첨 확률이 없다.

그런데 전용 40㎡ 초과 국민주택은 납입인정금액이 많은 순으로 당첨자를 뽑습니다. 따라서 J씨와 같은 경우 서울의 공공분양 아파트 당첨 확률이 극히 낮거나 아예 없다시피 합니다.

만약 J씨가 경제적으로 조금 부담이 되더라도 청약저축 통장에 매달 10만원씩 납부했다면 어땠을까요? 그렇다면 22년 동안 청약통장 납입인정금액이 원금만 무려 2,640만원이 됩니다. 이 정도라면 서울에서 입지가 좋은 공공분양 아파트의 당첨을 충분히 노려볼 만했을 겁니다.

J씨가 매달 10만원씩 납입했다면

1년 납입금액 : 10만원 × 12개월 = 120만원

총 납입인정금액 : 120만원 × 22년 = 2,640만원 + 이자

따라서 40㎡ 초과 규모의 국민주택에 청약하려는 사람이라면 청약통장에 매월 10만원씩 넣는 것이 좋습니다. '40㎡ 초과 국민주택'이라는 단서를 다는 이유는, 40㎡ 이하 국민주택은 납입횟수가 많은 순으로 당첨자를 뽑기 때문입니다.

이처럼 내가 가지고 있는 청약통장의 특성과 내가 청약하고 싶은 아파트의 청약요건을 잘 알고, 청약전략을 어떻게 짜는지에 따라 당첨에 유리할 수도 있고 별 소득이 없을 수도 있습니다.

공공분양은 청약통장에 돈을 넣은 이력이 유리하게 작용합니다. 반면 민영분양의 경우에는 무주택 기간이나 자녀 수가 유리하게 작

용합니다.

그렇다면 J씨는 어떻게 당첨 전략을 짜야 할까요? J씨는 전용 40㎡ 초과 국민주택에 당첨될 확률이 높지 않으므로, 40㎡ 이하 국민주택에 청약하거나, 청약가점이 높게 나온다면 청약통장을 청약예금으로 변경하는 것이 나을 것입니다(99쪽 참조). 또는 2021년 2월 4일 부동산대책으로 앞으로 새로 생길 85㎡ 이하 주택에 30% 배정되는 추첨제 물량을 노려야 합니다. 다만 추첨제의 경우 경쟁이 치열할 것으로 예상되며 시행시기는 추후 공고될 예정입니다.

당첨의 첫 단추는 이처럼 내가 가지고 있는 청약통장에 대해 알고, 어떤 조건을 갖추어야 당첨자로 뽑히는지를 이해하는 것입니다. 지금부터 하나씩 살펴보겠습니다.

02

나의 청약통장 알기

4인 가족인 우리집의 청약통장 개수는 4개입니다. 우리 부부의 청약통장은 각각 아파트에 당첨된 후 해지하고 통장을 새로 만들었습니다. 또 아이들 이름으로도 청약통장을 만들었습니다. 이렇게 식구마다 통장을 가질 수 있는 이유는 누구든지 1인 1계좌로 가입할 수 있기 때문입니다.

청약통장 누가 어디서 만들 수 있나?

청약통장은 누구든지 1인 1계좌로 가입할 수 있습니다. 주택 소유 여부, 세대주 여부, 나이 등과 관계없이 만들 수 있습니다.

지금 가입할 수 있는 청약통장은 '주택청약종합저축' 한 가지입니다. 공공분양과 민간분양 모두 청약할 수 있어 '만능통장'으로도 불립니다. 우리은행, 국민은행, 기업은행, 농협, 신한은행, 하나은행, 대구은행, 부산은행, 경남은행 등에서 취급합니다.

청약통장의 종류

내가 가지고 있는 청약통장에 대해 얼마나 알고 있나요?

오래전 만들어두고 최근에 꺼내본 사람 중에 청약통장의 종류를 혼동하는 경우가 많습니다. 통장의 종류를 알아보지도 않고 막연히 매월 오랫동안 납입만 했거나, 무주택 기간이 길고 부양가족이 많은데 공공분양만 가능한 통장을 가지고 있기도 합니다. 청약을 준비할 때 가장 먼저 할 일을 알아보죠.

청약을 준비할 때 가장 먼저 할 일

① 내 청약통장의 종류와 특성을 정확하게 알아야 합니다.
② 내 조건이 공공분양과 민간분양 중 어디에 유리한지, 혹시 특공의 조건에 맞는지 체크합니다.
③ 나에게 맞는 청약 1순위 요건을 만듭니다.

지금 청약시장에서 사용되는 통장은 4가지가 있습니다. 각 통장에 따라 청약할 수 있는 아파트가 정해져 있습니다. 내가 가지고 있는 통장이 어디에 속하는지 확인해보세요.

먼저 2009년에 출시된 주택청약종합저축 통장은 국민주택과 민영주택에 모두 청약할 수 있어 만능통장이라고 불립니다. 이외에 2015년 9월 1일부터 신규가입이 중단된 3가지 통장이 있습니다. 그 중 청약저축은 국민주택에 청약할 수 있습니다. 청약부금과 청약예금은 민영주택에 청약할 수 있는데, 청약부금은 85㎡ 이하에만 청약

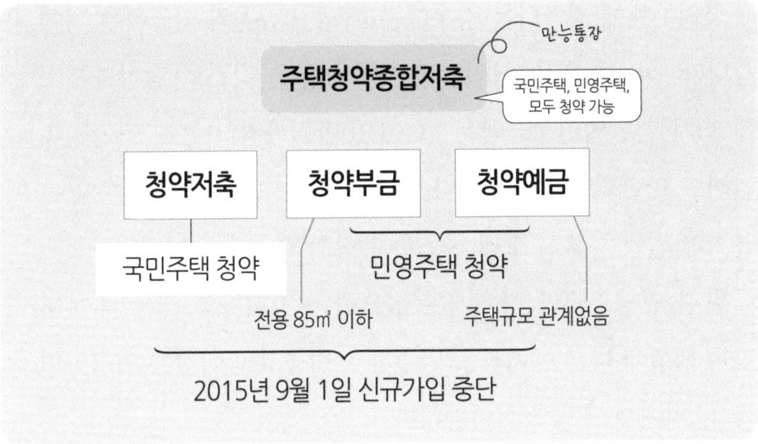

할 수 있습니다. 단, 청약부금도 2순위 자격으로 청약할 때는 주택 규모와 관계없이 청약을 할 수 있습니다.

국민주택은 납입인정금액, 민영주택은 예치금

청약통장에는 매월 약정한 날짜(신규가입일이나 전환가입일)에 2만원에서 50만원까지 자유롭게 넣을 수 있습니다.

그렇다면 매월 얼마를 내는 것이 유리할까요? 그 답은 국민주택에 청약할지, 민영주택에 청약할지에 따라 다릅니다.

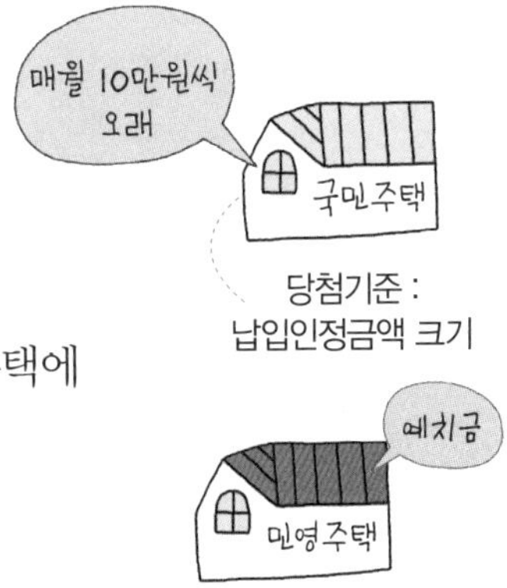

국민주택에 청약하는 경우에는 매달 10만원씩 입금하는 것이 좋습니다. 국민주택은 '납입인정금액'이 많은 순으로 당첨자를 뽑는데 회차별 납입인정금액은 1회에 10만원까지입니다. 50만원을 납입해도 10만원만 인정됩니다. 따라서 굳이 많이 넣을 필요없이 매월 10만원씩 꾸준히 오래 넣을수록 당첨 확률이 높아집니다.

한편 민영주택의 경우에는 필요한 납입회차를 채운 후에 지역과 주택형에 따른 예치금을 입주자 모집공고일 이전에 입금하면 됩니다. 뒤에서 자세히 설명합니다.

주택의 종류에 따라 청약조건이 다르다

입주자 모집공고문이나 청약 관련 정보를 접하다 보면 '국민주택', '민영주택'이라는 말이 나옵니다. 청약통장의 종류에 따라 청약할 수 있는 주택의 종류가 정해져 있습니다.

국민주택

국민주택이란 무주택 서민의 주거안정을 위해 국가, 지방자치단체, 한국토지주택공사(LH) 및 서울주택도시공사(SH), 지방공사 등이 건설하거나 국가·지자체의 재정이나 주택도시기금을 지원받아 건설되는 전용 85㎡ 이하의 주택(수도권 및 도시가 아닌 읍면 지역은 전용 100㎡ 이하)을 말합니다.

국민주택은 공공분양과 공공임대로 나뉩니다. 공공분양주택은 분양을 목적으로 건설하는 주택이고, 공공임대주택은 임대 또는 임대 후 분양 전환을 목적으로 공급하는 주택입니다.

국민주택에 청약하기 위해서는 해당지역 및 인근지역에 거주하는 무주택 세대주여야 하며, 필요한 청약통장은 주택청약종합저축 혹은 청약저축입니다.

민영주택

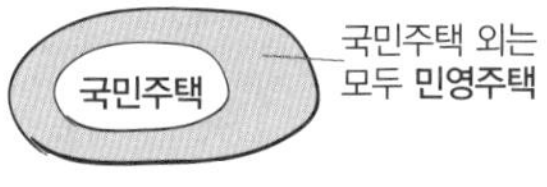

민영주택은 국민주택을 제외한 주택을 말합니다. 민간 건설회사에서 주택도시기금의 지원 없이 짓는 주택이죠. 현대건설 힐스테이트, 삼성물산 래미안, 대림건설 e편한세상 같은 브랜드 아파트는 모두 민영주택입니다.

또한 국가,지자체, LH, SH 및 지방공사 등이 공급한 주택이라도 85㎡ 초과 주택은 민영주택과 동일하게 취급합니다. 국민주택은 무주택 서민의 주거안정을 위해 국가의 재정이나 주택도시기금을 지원하는 주택인데, 85㎡ 초과 주택은 약 32평대 이상 주택으로 이런 돈을 지원할 필요가 없기 때문이죠.

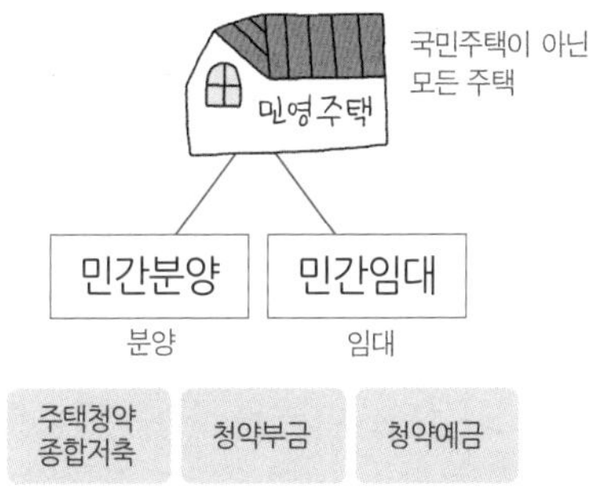

민영주택은 민간분양과 민간임대로 나뉩니다. 민영주택은 해당지역 및 인근지역 거주자가 입주대상이며, 주택청약종합저축이나 청약부금, 청약예금 통장이 있으면 됩니다.

국민주택과 민영주택 비교

구분	국민주택	민영주택
분양 주체	국가, 지방자치단체, LH, SH, 지방공사가 주택도시기금을 지원받아 공급	민간 건설사업자
면적	전용 85㎡ 이하 (수도권 및 도시가 아닌 읍·면은 100㎡ 이하)	예치금에 따라 주택형 결정 (최소 200만원~최대 1,500만원)
입주 대상	무주택 세대주 (해당지역 및 인근지역 거주)	만 19세 이상 (해당지역 및 인근지역 거주)

공공주택은 뭔가요?

주택 청약과 관련한 주택의 종류는 국민주택 아니면 민영주택입니다. 그런데 공공주택은 뭘까요?

공공주택은 공공주택 사업자가 국가 또는 지자체의 재정이나 주택도시기금을 지원받아 건설하거나 또는 사서 공급하는 주택을 말합니다. 공공주택에는 크게 공공분양주택과 공공임대주택이 있습니다.

공공분양주택은 국민주택 규모 이하로 지어서 분양하고, 공공임대주택은 임대 또는 임대 후 분양전환을 목적으로 하는데, 영구임대주택, 국민임대주택, 행복주택, 장기전세주택, 분양전환 공공임대주택, 기존주택 매입임대주택, 기존주택 전세임대주택 등이 있습니다.

임성배의 실전 청약기술 

청약통장의 종류를 바꿔야 하는 경우

질문 **청약저축 통장을 가지고 있는데, 저축액이 많지 않아 당첨권이 아니라고 합니다. 차라리 청약예금으로 바꿀까요?**

청약저축 통장은 국민주택에만 청약이 가능하고 민영주택에는 청약할 수 없습니다. 관심이 있는 지역의 분양 아파트가 민영주택이 대부분이거나 국민주택에 당첨 확률이 낮은 경우 통장의 종류를 딱 한 번 바꿀 수 있습니다. 단, 다시 되돌릴 수 없으니 신중하게 결정해야 합니다.

청약통장의 종류는 마음대로 바꿀 수 없습니다. 청약저축 → 청약예금으로는 변경 가능하지만, 청약예금→청약저축으로는 안 됩니다. 이때 납입인정금액이 청약예금의 지역별 예치금 이상이어야 합니다(납입인정금액은 청약통장을 가지고 은행에 방문하거나 청약홈의 '순위 확인서 발급' 메뉴로 알 수 있습니다). 최초 입주자 모집공고일 이전까지 전환해야 합니다. 또한 청약저축, 청약예금, 청약부금을 주택청약종합저축 통장으로 변경하는 것은 불가능합니다.

청약예금으로 변경하기

① 청약저축 → 청약예금	• 납입인정금액이 청약예금의 지역별 예치금 이상인 계좌에 한함 • 해당 주택규모의 청약예금으로 한 번 변경 가능
② 청약부금 → 청약예금	• 납입인정금액이 85㎡ 청약예금의 지역별 예치금 이상인 계좌에 한함

청약통장 증여가 유리한 경우

사례 **K씨 아버지는 오래된 청약통장이 있는데 주택을 구매할 만한 자금이 없습니다. K씨는 종잣돈은 있지만 청약통장을 가지고 있지 않고요. 아버지가 청약통장이 아까우니 K씨에게 주고 싶다고 합니다. K씨는 청약통장을 증여받을 수 있을까요?**

증여가 가능한 청약통장이 따로 있습니다. K씨는 먼저 아버지가 가지고 있는 청약통장의 종류를 확인해야 합니다.

증여가 가능한 청약통장은?

청약저축과 2000년 3월 26일 이전에 가입한 청약예금, 청약부금은 조건이 까다롭기는 하지만 명의변경(증여)이 가능합니다. 가입자가 세대주인 상황에서 배우자 또는 세대원인 자녀, 부모 등 직계존비속으로 세대주를 바꾼 다음에, 그 변경된 세대주로 청약통장의 명의를 넘길 수 있습니다.

증여가 가능한 조건은?

다시 말해 다음과 같은 조건을 모두 충족해야 합니다.

① 청약통장을 증여하는 사람과 증여받는 사람이 동일 세대를 이루고 있어야 합니다. 세대주인 아버지 명의의 청약통장을 아들 명의로 바꾸려면, 먼저 아들로 세대주를 변경해야 합

니다(세대주 변경 방법은 319쪽 참조). 만약 아들 명의의 기존 청약통장이 있었다면 이를 먼저 해지해야 합니다.

② 청약통장의 명의를 이전하면 예치금은 증여한 것으로 처리됩니다.

주의할 것은 동일세대 안의 아들이 독립을 하면서 세대주가 되는 경우는 통장의 명의 이전이 안 된다는 것입니다. 이런 경우는 청약통장의 주인인 아버지가 여전히 세대주 지위를 갖고 있기 때문입니다. 이처럼 청약통장의 명의가 아버지에서 아들로 바뀌는 경우, 아버지의 가입기간 점수가 아들에게 옮겨가므로 청약통장 가입기간 점수를 최고 17점까지 높이는 효과를 얻을 수 있습니다.

청약저축과 2000년 3월 26일 이전에 가입한 청약예금, 청약부금 통장만이 위와 같은 특정한 조건에서 명의를 변경할 수 있습니다. 그 외의 청약예금과 청약부금, 주택청약종합저축은 증여가 불가능하며 상속의 형태로만 명의를 바꿀 수 있습니다.

03 국민주택 1순위 자격 만들기

1순위 자격, 왜 중요한가?

진달래 아파트의 입주자 모집공고가 시작되었다고 해보죠. 입주자 모집공고의 청약일정을 보면 이런 식으로 진행됩니다.

청약 일정

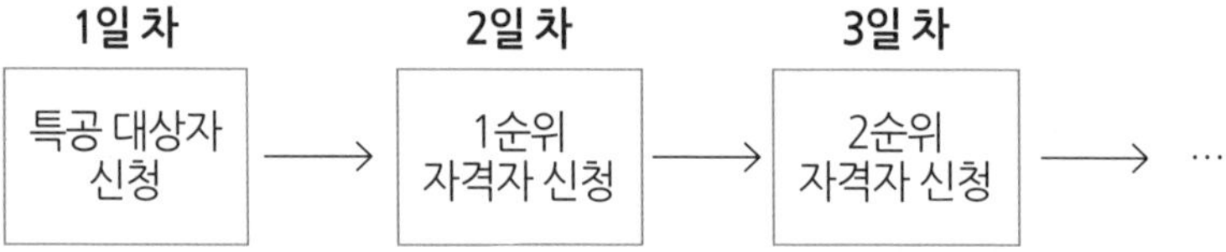

특공 대상자라면 1일차에 청약홈(www.applyhome.co.kr)에 들어가 청약 신청을 하고, 1순위 자격자라면 2일차에 신청합니다. 만약 특공 대상자 및 1순위 자격자에서 청약 신청이 마감되면, 2순위는 청약 신청을 받지도 않습니다. 따라서 청약 1순위 조건을 만드는 것이 매우 중요합니다.

1순위 조건, 국민주택과 민영주택이 다르다

청약통장 1순위 조건은 국민주택과 민영주택에 따라 다릅니다. 그러다 보니 많은 사람들이 혼란을 느끼곤 합니다.

질문 K씨는 국민주택에 청약하면서 자신의 청약가점을 계산해봅니다. 그럴 필요가 있을까요?

답은 NO!입니다. 국민주택은 '가점'이 아니라 '납입인정금액'이 기준입니다.

질문 Y씨는 민영주택에 청약하려고 하면서 매달 10만원씩 납입합니다. 그럴 필요가 있을까요?

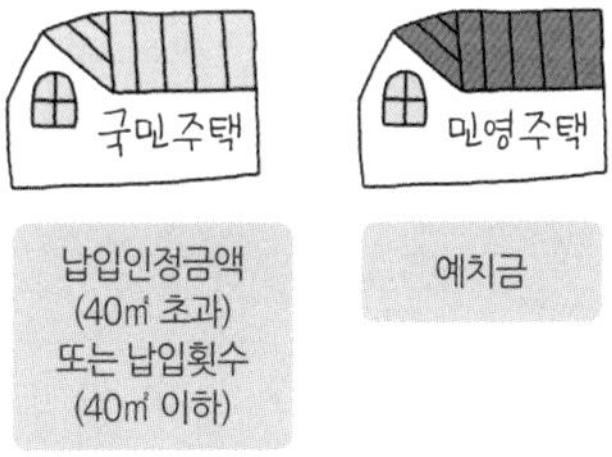

역시 답은 NO!입니다. 민영주택의 경우에는 1순위 조건을 만족하는 통장을 만든 후에 지역, 주택형에 따라 필요한 예치금을 입주자 모집공고일 전까지 맞추어놓으면 됩니다.

이런 식으로 청약 1순위 조건을 잘 모르면 헛 힘을 쓰거나 정작 필요할 때 조건을 못 맞춰 안타까운 일이 벌어질 수 있습니다. 이제 국민주택의 1순위 조건을 살펴보겠습니다.

국민주택 1순위, 청약자격은?

국민주택은 서민의 주거안정을 위해 주택도시기금에서 재원을 도와줘 건설하기에 1순위 자격이 민영주택보다 더 까다롭습니다.

① 분양받으려는 아파트의 최초 입주자 모집공고일 현재, 해당 주택건설지역 또는 인근지역에 거주해야 합니다.

② 민법에 따른 성년, 즉 만 19세 이상이어야 합니다. 2002년 7월 8일생이라면 적어도 2021년 7월 8일이 되어야 만 19세로 국민주택 1순위의 나이 조건을 충족하는 것이죠.

단, 미성년자라도 세대주로서 자녀를 키우거나, 부모 및 조부모의 사망이나 실종선고 및 행방불명 등으로 인해 세대주가 되어 같은 주민등록에 올라와 있는 형제자매를 부양하는 경우는 국민주택 청약 1순위 자격을 받을 수 있습니다.

③ 본인은 물론 세대원 전원이 무주택자여야 합니다.

국민주택은 1세대 1주택이 원칙입니다. 청약을 하는 본인은 물론 세대원 모두 입주자 모집공고일 현재 주택이나 분양권 등이 없는 무주택자여야 청약자격이 주어집니다.

만약 청약 신청자의 배우자가 주소지가 다를 경우, 부부 각각의 주민등록에 올라온 직계존비속도 모두 무주택자여야 합니다.

국민주택 1순위 통장 조건은?

국민주택에 청약할 수 있는 통장은 청약저축과 주택청약종합저축 통장입니다. 지역마다 1순위 통장의 요건이 다릅니다.

① 투기과열지구나 청약과열지역의 경우 청약통장에 가입한 지 2년이 지나고, 납입횟수가 24회 이상이어야 국민주택 청약 1순위 통장이 됩니다(투기과열지구나 청약과열지역을 '규제지역'이라고 하는데, 규제지역에 대해서는 185쪽에서 상세히 설명합니다).

② 수도권 중에서 투기과열지구나 청약과열지역이 아닌 경우는 청약통장 가입기간이 1년, 납입횟수가 12회를 넘어야 합니다.

③ 수도권 외 지역에서는 청약통장 가입기간이 1년이 지나고, 납입횟수가 6회 이상이어야 합니다.

④ 부동산 경기가 나쁜 위축지역의 경우는 청약통장에 가입한 지 1개월이 지나면 바로 국민주택 청약 1순위가 됩니다.

규제지역의 1순위 제한 조건은?

만약 투기과열지구 또는 청약과열지역이라면 '1순위 제한 조건'이 더 붙습니다. 국민주택의 1순위 제한 조건은 두 가지입니다.

① 세대주가 아닌 사람

② 과거 5년 이내에 다른 주택에 당첨된 사람이 속해 있는 무주택 세대 구성원

규제지역에서는 앞의 두 가지 제한조건에 해당되는 사람은 1순위라고 해도 2순위로 청약해야 합니다. 다시 말해 규제지역의 국민주택에 청약하려면, 무주택 세대주이며, 세대원들이 모두 무주택자이

고, 세대원들이 모두 5년 이내 다른 주택에 청약해 당첨된 적이 없어야 합니다.

이제 국민주택 청약 1순위 조건을 종합해보면 다음과 같습니다.

국민주택 청약 1순위 조건

<table>
<tr><th>지역</th><th>청약통장 가입기간</th><th>청약통장 납입횟수</th><th>국민주택 1순위 청약조건</th></tr>
<tr><td>투기과열지구
청약과열지역</td><td>2년</td><td>24회</td><td>·무주택 세대주
·본인은 물론 세대원이 모두 무주택자
·만 19세 이상
·주택건설지역 및 인근지역 거주자
·세대원 모두 과거 5년 이내에 다른 주택에 당첨된 적이 없어야 함</td></tr>
<tr><td>수도권
(규제지역 제외)</td><td>1년</td><td>12회</td><td rowspan="3">·본인은 물론 세대원이 모두 무주택자
·만 19세 이상
·주택건설지역 및 인근지역 거주자</td></tr>
<tr><td>수도권 외
(규제지역 제외)</td><td>6개월</td><td>6회</td></tr>
<tr><td>위축지역</td><td>1개월</td><td>1회</td></tr>
</table>

04

국민주택 청약, 어떤 사람이 당첨될까?

feat. 청약경쟁률과 당첨권 분석

2021년 1월을 기준으로 청약통장 2,700만 개 중에서 1순위 통장만 1,400만 개이니 어마어마합니다. 그중에서 국민주택에 청약할 수 있는 청약저축 1순위 통장은 34만 개, 국민주택과 민영주택 모두 청약 가능한 주택청약종합저축 1순위 통장은 1,300만 개입니다. 다시 말해 국민주택 청약 1순위 통장만도 1,340만 개가 넘는 것이죠. 이렇게 많은 1순위 통장이 모인다면 경쟁이 치열할 수밖에 없겠지요.

청약경쟁률이 두 자릿수, 세 자릿수가 낯설지 않은 시대가 되었습니다. 도대체 어떤 사람들이 이렇게 높은 경쟁률을 뚫고 국민주택에 당첨되었는지 궁금해집니다.

먼저 국민주택의 일반분양에 당첨되는 조건에 대해 알아보겠습니다. 흔히 '신혼특공'이니 '다자녀 특공'이니 하는 특별공급(특공)은 각각 기준이 따로 있는데 뒤에 따로 다루겠습니다.

2021년 첫 공공분양인 경기도 성남시 위례자이 더 시티는 일반공급에 4만 5,700여 명이 몰려 평균 617.6 대 1이라는 수도권 역대 최고 경쟁률을 기록했습니다. 어마어마한 경쟁률인데요. 과연 어떤 사람들이 당첨됐을까요?

40㎡ 초과 국민주택은 납입인정금액, 40㎡ 이하는 납입횟수

먼저 국민주택 일반공급 1순위 청약조건을 체크해보죠.

국민주택 일반공급 1순위 청약 체크포인트

① 당해 조건이 필요한 아파트인가? 즉 주택건설지역이나 인근지역 거주자인가?
② 세대주인가?
③ 본인 및 세대원들이 무주택 기간을 3년 이상 유지하고 있는가?
④ 40㎡ 초과라면 저축총액(납입인정금액)은?
⑤ 40㎡ 이하라면 납입횟수는?

공공분양인 위례자이 더 시티를 보면, 전용면적 85㎡ 이하의 국민주택으로 모든 주택형이 '40㎡ 초과' 주택이었습니다. 이처럼 규제지역의 40㎡ 초과 국민주택은 3년 이상 무주택을 유지하고 있는 1순위 청약자 중에 납입인정금액이 많은 순으로 당첨자를 뽑습니다. 참고로 2021년 2.4 부동산대책으로 공급되는 85㎡ 이하 국민주택의 경우 분양물량 중 70%는 납입인정금액 순으로 당첨자를 뽑고(순차제), 30%는 추첨제로 뽑을 예정입니다. 그래서 국민주택에 청약할 사람은 1순위 통장을 만드는 것은 물론, 매달 10만원씩 오랫동안 납입하는 것이 가장 확실하게 당첨되는 방법입니다.

그렇다면 어떻게 해야 납입인정금액이 많아질까요?

한 달 납입인정금액은 1회에 한하며 10만원까지 인정된다고 했죠? 그러므로 매달 10만원씩 꾸준히 납부한 사람이 유리합니다.

누가 당첨에 유리할까?

다음 중 누가 국민주택 당첨에 유리할까요?

A. 납입인정금액이 900만원이며, 평생 주택을 소유한 적이 없는 6인 가족 무주택 세대주

B. 납입인정금액이 1,000만원이며, 5년 전 주택을 매도한 3인 가족 무주택 세대주

정답은 B입니다. 국민주택 1순위 요건, 즉 무주택 요건과 청약통장 요건을 충족했다면 납입인정금액이 많은 사람이 당첨 확률이 높습니다. 주택을 보유한 적이 있었더라도, 입주자 모집공고일 기준으로 보유주택을 매도한 후 3년이 지나 무주택 기간 3년을 맞췄다면 우선공급 대상이 됩니다. 따라서 청약통장을 만들고 주택을 구매하더라도 꾸준히 매달 10만원씩 납입하면, 그 주택을 매도한 후에 공공분양에 청약할 때 유리합니다. 납입인정금액이 1,000만원이 되려면, 매달 10만원씩 미납 없이 납부해도 100개월, 약 8년 이상을 꾸준히 내야 하겠지요.

"청약통장 있어?"

"있지. 그냥 매달 2만원씩 자동이체 해놨어."

이처럼 큰 고민하지 않고, 청약통장에 자신이 납입하기 편한 대로 자동이체를 해놓는 경우가 많습니다. 민영주택에 청약한다면 상관없지만, 국민주택에 청약한다면 2만원씩 넣어봐야 납입인정금액이나 납입횟수로 당첨자를 뽑는 순차제에서는 당첨권에서 멉니다.

국민주택 당첨 확률을 높이려면

국민주택에 청약할 수 있는 통장은 청약저축과 주택청약종합저축 두 가지라고 했죠? 청약저축 통장 가입자는 국민주택만 청약할 수 있기에 무조건 매달 10만원씩 넣어야 합니다. 반면 주택청약종합저축 통장 가입자는 국민주택, 민영주택 모두 청약이 가능한데, 민영주택만 청약할 사람은 지역별 예치금만 맞추면 되지만, 국민주택 청약 가능성이 있으면 역시 매달 10만원씩 넣는 것이 좋습니다.

한편 40㎡ 이하 국민주택은 3년 이상 무주택세대의 구성원(규제지역은 세대주) 중에서 납입횟수가 많은 사람을 우선 선정하므로, 청약통장에 매달 2만원이든 10만원이든 상관없이 납입횟수만 많으면 당첨 확률이 높아집니다.

국민주택 규모에 따른 당첨자 선정방식

주택형	당첨자 선정방식
전용 40㎡ 초과	납입인정금액 많은 순
전용 40㎡ 이하	납입횟수 많은 순

05

민영주택 1순위 자격 만들기

민영주택은 삼성 래미안, 현대 힐스테이트처럼 민간 건설회사들이 만들어 공급하는 주택입니다. 공공주택 중에서도 전용면적이 85㎡를 넘는 경우는 민영주택과 같이 봅니다. 먼저 민영주택 일반공급 1순위 청약조건을 체크해보죠.

민영주택 일반공급 1순위 청약 체크포인트

① 가입기간, 예치금이 충족된 1순위 통장인가?

② 당해조건이 필요한 아파트인가?

③ 1순위 제한조건에 해당 사항은 없는가?

④ 나의 청약가점은 몇 점인가?

그럼 민영주택 1순위 청약자격부터 볼까요?

민영주택 1순위 청약자격은?

e편한세상, 삼성 래미안 같은 민영주택 청약 1순위 조건은 다음과 같습니다. 공공주택 85㎡ 초과의 경우도 같습니다.

① 최초 입주자 모집공고일 현재 해당 주택건설지역 또는 인근지역에 거주하는 사람이어야 합니다.

② 만 19세 이상의 성년이어야 합니다. 단, 미성년자라고 하더라도 세대주로서 자녀를 키우는 경우, 또는 부모, 조부모가 돌아가시거나 실종되거나 행방불명되어 형제자매를 부양하는 경우에는 민영주택 1순위 자격이 될 수 있습니다.

민영주택 1순위 통장 조건은?

민영주택 분양에는 주택청약종합저축, 청약예금, 청약부금 통장을 가지고 있어야 청약할 수 있습니다. 단, 청약부금 통장으로는 85㎡ 이하에만 청약할 수 있습니다. 민영주택 청약 1순위가 되려면 청약통장의 가입기간 및 예치금 조건을 갖추어야 합니다.

민영주택 1순위 통장 가입기간

규제지역 여부에 따라 민영주택 1순위에 필요한 청약통장 가입기간이 다릅니다.

① 투기과열지구나 청약과열지역의 경우 청약통장 가입기간이 2년이 지나고, 지역별 예치금을 채워야 1순위로 청약할 수 있습

니다.

② 수도권에서 투기과열지구나 청약과열지역이 아닌 경우는 가입 후 1년이 지나고, 예치금을 맞추면 민영주택 1순위로 청약할 수 있습니다. 단, 필요한 경우 시도지사가 민영주택 1순위의 청약 통장 가입기간을 24개월로 연장하기도 합니다.

③ 수도권 외 지역은 가입기간이 6개월만 지나고 예치금을 채우면 되는데, 필요한 경우 시도지시가 12개월로 연장할 수 있습니다.

④ 위축지역은 가입 후 1개월만 지나면 민영주택 1순위 청약이 가능합니다.

지역별 예치금의 기준은 청약자의 거주지

민영주택에 청약하려면 입주자 모집공고일 전날까지 내 거주지를 기준으로 아파트 전용면적에 따른 최소 예치금을 통장에 예치해놓아야 합니다. 예를 들어 85㎡ 이하라면, 서울과 부산 지역은 최소 예치금이 300만원이고, 기타 광역시 지역은 250만원, 기타 시·구는 200만원 이상입니다.

민영주택 지역별 1순위의 예치금

주택형	서울·부산	기타 광역시	기타 시·군
전용 85㎡ 이하	300만원	250만원	200만원
전용 102㎡ 이하	600만원	400만원	300만원
전용 135㎡ 이하	1,000만원	700만원	400만원
모든 면적	1,500만원	1,000만원	500만원

* 민영주택 지역별 예치금은 건설지역이 아니라 거주지역이 기준입니다.

이때 필요한 예치금의 기준은 주택건설지역이 아니라 '현재 살고 있는 거주지'라는 것을 꼭 기억하세요. 만약 서울 거주자가 경기도에서 분양되는 102㎡ 민영 아파트에 '인근지역' 조건으로 청약을 넣는 경우, 거주지인 서울지역의 예치금을 살펴봐야 합니다. 서울의 민영주택 102㎡ 이하 1순위 예치금은 600만원이므로, 입주자 모집공고일 전날까지 청약통장에 예치금으로 600만원을 넣어놓아야 합니다. 만약 서울지역 거주자가 102.7㎡ 아파트에 청약한다면 102㎡를 초과했기 때문에, 서울지역 135㎡ 이하 구간의 예치금인 1,000만원을 넣어두어야 합니다.

부족한 예치금은 입주자 모집공고일 전에 한꺼번에 넣어도 됩니다. 예를 들어 통장에 300만원밖에 없다면 모집공고일 전에 700만원을 한꺼번에 넣을 수 있습니다.

규제지역의 민영주택 1순위 제한 조건

투기과열지구 또는 청약과열지역에서 건설되는 민영주택에 청약하는 경우는 1순위 제한 조건이 있습니다.

① 세대주가 아닌 사람

② 과거 5년 이내에 다른 주택에 당첨된 세대에 속한 사람

③ 2주택 이상 소유한 세대에 속한 사람(85㎡ 초과 공공건설임대주택, 수도권에 지정된 공공주택지구에서 공급하는 민영주택에 청약하는 경우)

민영주택 1순위 제한조건은 청약하려는 아파트의 규제지역 여부에

따라 달라집니다. 만약 비규제지역이라면 세대주가 아니어도 되고, 재당첨 제한의 영향도 받지 않습니다.

민영주택 청약 1순위 조건

<table>
<tr><th>청약순위</th><th>청약통장</th><th>가입기간 및 청약조건</th><th>납입금</th></tr>
<tr><td rowspan="3">1순위</td><td>주택청약
종합저축</td><td rowspan="3">· 투기과열지구 및 청약과열지역
: 가입 후 2년 경과, 세대주만 가능,
과거 5년 이내 다른 주택 당첨 없어야 함,
2주택 이상 소유한 세대의 구성원 불가능

· 규제지역 외의 수도권 지역
: 가입 후 1년 경과
(단, 필요한 경우 시·도지사가 24개월까지 연장 가능)

· 수도권 외 지역 : 가입 후 6개월 경과
(단, 필요한 경우 시·도지사가 12개월까지 연장 가능)

· 위축지역
: 가입 후 1개월 경과</td><td rowspan="3">납입인정금액이 지역별 예치금액 이상</td></tr>
<tr><td>청약예금</td></tr>
<tr><td>청약부금
(85㎡ 이하만 청약 가능)</td></tr>
<tr><td>2순위
(1순위 제한자 포함)</td><td colspan="3">1순위에 해당하지 않는 사람(청약통장 가입자만 청약 가능)</td></tr>
</table>

1순위 청약통장 만드는 법 너무 쉽나요?

민영주택 청약 1순위 조건을 보면 요구하는 가입기간도 길지 않고, 1주택 세대주도 청약이 가능해 보입니다. 민영주택 1순위 청약통장은 이처럼 누구나 조금 노력하면 만들 수 있습니다.

하지만 실제로 당첨자를 선발하는 가점 계산에 '부양가족 수'와 함께 '청약통장 가입기간'과 '무주택 기간'이 포함되기 때문에, 청약통장 가입기간이 길수록, 무주택 기간이 길수록 당첨 확률이 높습니다.

06

민영주택 청약, 어떤 사람이 당첨될까?

feat. 청약경쟁률과 당첨가점 분석

민영주택에 청약해서 가점제로 당첨된 사람들은 커트라인이 얼마였을까요? 청약경쟁률과 당첨가점표를 보는 법을 살펴보겠습니다.

청약경쟁률과 당첨가점표 보는 법

① 청약홈(www.applyhome.co.kr) 홈페이지에 접속해 **[아파트 분양정보/경쟁률]**을 누르세요.

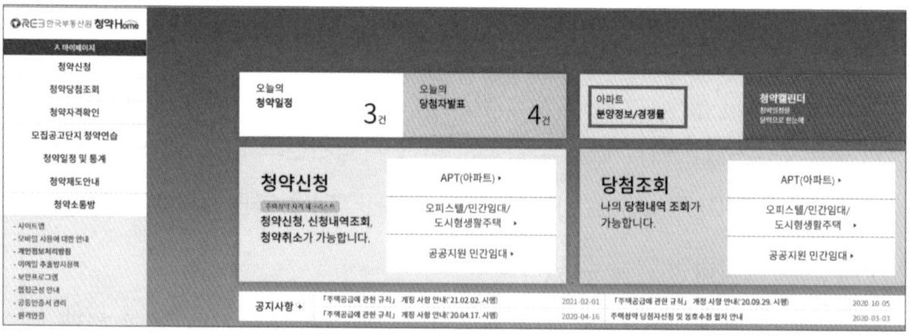

② '청약일정 및 통계' 화면이 열리면 '주택조회' 항목에서 청약경쟁률과 당첨가점표를 보고 싶은 내역을 선택하고 〈조회〉를 누르

세요. 여기서는 기간은 '2020년 11월~12월', 주택구분은 '민영', 공급지역은 '서울'을 선택해보겠습니다.

③ '조회 결과' 란에서 주택명을 누르면 간략한 입주자 공고문이 나오고, 신청현황이나 경쟁률도 관련 항목에서 알 수 있습니다.

지역	주택구분	분양/임대	주택명	건설업체	문의처	모집공고일	청약기간	당첨자발표	특별공급 신청현황	1·2순위 경쟁률
서울	민영	분양주택	힐스테이트 리슈빌 강일	현대건설(주), 계룡건설산업(주)	1588-0459	2020-12-18	2020-12-28 ~ 2020-12-30	2021-01-07	신청현황	경쟁률
서울	민영	분양주택	망우역 신원아침도시	신원종합개발(주)	1811-2990	2020-11-27	2020-12-07 ~ 2020-12-10	2020-12-17	신청현황	경쟁률

서울 망우역 신원아침도시 당첨선 분석

다음은 2020년 12월 청약이 진행됐던 서울 망우역 신원아침도시의 청약경쟁률과 당첨가점표의 일부입니다. 57.9㎡형의 청약경쟁률은 113.67 대 1이고 당첨 최저가점은 61점이었고, 84.5㎡형은 청약경쟁률이 613.5 대 1이고 최저가점은 65점입니다.

서울 망우역 신원아침도시 청약경쟁률과 당첨가점

주택형	순위	지역	경쟁률	청약 결과	당첨 최저가점
57.9㎡	1순위	당해지역	113.67 대 1	1순위 당해지역 마감 (청약 접수 종료)	61점
		기타지역	–		
	2순위	해당지역	–		0
		기타지역	–		
84.5㎡	1순위	당해지역	613.50 대 1		65점
		기타지역	–		
	2순위	당해지역	–		0

대략 계산하면 무주택 12년(26점), 부양가족 3명(20점), 청약통장 가입기간이 13년(15점) 정도면 청약가점이 61점입니다. 따라서 당첨자는 청약통장을 오래 유지했으며, 아이가 둘이고, 만 30세부터 무주택 자격을 계속 유지해온 40대 중반의 가장을 떠올릴 수 있습니다.

청약 결과가 '1순위 당해지역'에서 마감된 것도 눈에 띕니다.

당첨자는 모두 서울에서 살면서 1순위 우선 조건을 만족했습니다. 즉, 민영 아파트이므로 청약예금, 청약부금, 주택청약종합저축 통장 중 하나를 가지고 있으며, 서울지역에서 85㎡ 이하 주택에 청약할 때 필요한 예치금인 300만원 이상을 통장에 넣어두었을 겁니다. 투기과열지구이므로 무주택 세대주였을 겁니다.

복잡한가요? 지금부터 하나씩 정리해나가면 청약 당첨 결과를 분석하는 것에 익숙해질 것입니다.

07

청약홈에서 청약가점 계산하기

공공분양은 부양가족 수와 상관이 없지만, 민간분양은 부양가족이 많을수록 청약에 당첨될 확률이 높습니다. 다음 사례를 살펴볼까요?

사례 W씨는 국민주택, 민영주택 중 무엇이 유리할까?

서울에 사는 W씨는 43세의 미혼 남자로 현재 주택청약종합저축 통장의 납입인정금액이 2,100만원입니다. 무주택자인 어머니를 모시고 살고 있고, W씨가 세대주입니다. W씨는 인근에 새로 들어오는 민간분양 아파트에 청약을 신청하려고 한다며, 자신의 판단이 맞는지 문의를 했습니다.

W씨는 청약통장의 납입인정금액이 무려 2,100만원이나 되며 무주택 세대주이기 때문에, 공공분양에 청약할 경우 당첨 확률이 높습니다. 그런데 W씨는 인근에 건설되는 민영주택에 청약을 하고 싶어합니다.

안타깝게도 W씨는 민간분양 가점제의 경우 당첨 확률이 거의 없습니다. 부양가족이 어머니 1명이라서 청약가점이 낮기 때문입니다. 따라서 W씨는 당첨 확률이 높은 청약통장을 계속 보유하며 국민주택에 청약할 기회를 노리는 것이 더 나을 수 있습니다. 이처럼 국민주택과 민영주택은 당첨자를 선정하는 방식이 아예 다릅니다. 따라서 자신의 조건에 맞는 청약전략을 짜야 합니다.

민영주택에 당첨되는 사람은 어떤 사람들일까요?

정답부터 말씀드리면 1순위 우선 조건을 갖추면서 무주택 기간을 오래 유지하고, 부양가족이 많으며, 청약통장을 오래 유지한 사람들입니다.

민영주택 당첨 체크포인트

① 1순위 우선 조건 충족
② 무주택 기간
③ 부양가족 수
④ 청약통장 가입기간

나의 청약가점 계산은 청약홈에서

이제 나의 청약가점을 계산할 차례입니다. 민영주택의 당락을 결정짓는 청약가점은 무주택 기간(32점 만점), 부양가족 수(35점 만점), 청약통장 가입기간(17점 만점) 등 세 가지 항목의 점수를 합산하여 산정하는데, 모두 합해 84점이 만점입니다.

민영주택 청약가점 계산

청약가점 = 무주택 기간 + 부양가족 수 + 청약통장 가입기간

만점 : 84 만점 : 32점 만점 : 35점 만점 : 17점

간단해 보일지도 모르지만, 2018년부터 2020년 8월까지 부적격 당첨자를 살펴보면, 청약 당첨자 10명 중 1명이 부적격 처리되었는데, 그중 4분의 3은 청약가점 계산의 오류 때문이었습니다.

청약가점은 청약홈에서 미리 계산해볼 수 있습니다. 자동으로 합산되기는 하지만, 항목별 해당 점수는 직접 계산해서 입력하는 방식이라서 기본적인 규정을 알고 있어야 합니다.

① 먼저 청약홈(www.applyhome.co.kr)에 접속해 보세요. 한국부동산원의 청약홈에서는 청약신청, 청약 당첨자 조회, 청약지역 확인, 모집공고단지 청약연습, 청약일정 및 통계, 청약제도 안내 등 다양한 메뉴를 이용할 수 있습니다. **[청약연습]**에서 **청약가점 계산기**를 눌러보세요.

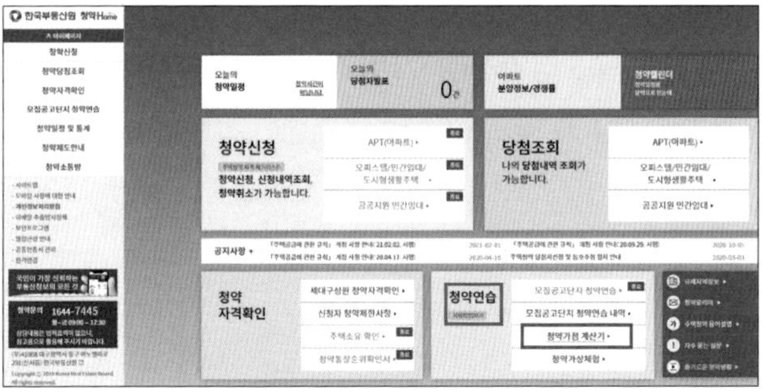

② 그러면 '청약가점 계산하기' 화면이 열리는데, 여기에서 나의 청약가점을 계산할 수 있습니다. Q1 항목에서 무주택 기간을 선택하고, Q2 항목에서 배우자, 본인 및 배우자의 직계존속(부모, 조부모), 직계비속(자녀, 손자녀)을 입력하면 부양가족 수 가점이 나오며, Q3 항목에서는 최초 청약통장 가입일과 생년월일을 입력하면 청약통장 가입기간 가점을 알 수 있습니다.

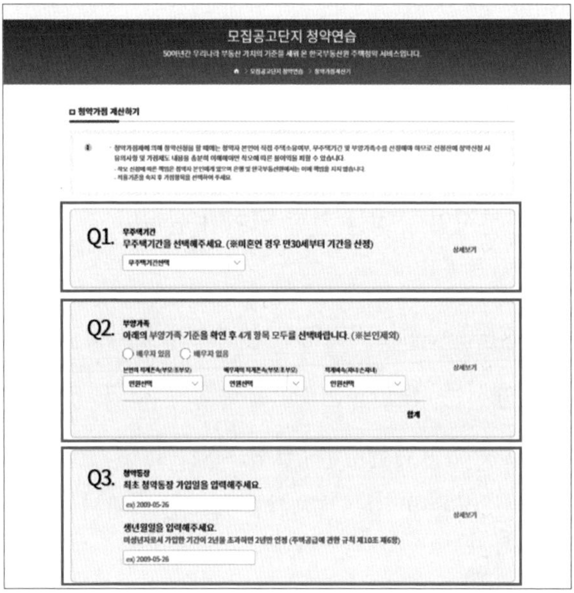

무주택 기간, 부양가족 수, 청약통장 가입기간 등 청약가점과 관련된 자세한 내용은 뒤에서 상세히 다룹니다.

08

청약가점 ①
누가 무주택자인가

사례 누가 무주택자인가?

다음 중 무주택자인 사람에게 ○표를 해보세요.

- L씨는 아내 포함, 가족이 모두 집이 없습니다. (　　)
- M씨는 집이 없고, 아내의 이름으로 된 집이 있습니다. (　　)
- N씨 부부는 주택이 없지만, 함께 사는 처제는 주택을 소유하고 있습니다. (　　)
- S씨는 장인어른(만 58세)을 모시고 서울에서 전세로 살고 있는데, 장인어른은 고향에 집이 있습니다. (　　)

청약가점제에서 1순위 우선 요건으로 "무주택자여야 한다"는 것이 있습니다. 이때 청약자의 무주택 여부를 판단하는 기준은 '본인 및 세대원'입니다. 여기에서 '세대원'이란 청약신청자 본인의 주민등록에 올라온 배우자, 부모·조부모 등의 직계존속, 자녀·손자녀, 자녀

의 배우자 등의 직계비속을 말합니다. 또한 배우자 분리세대인 경우에는 배우자의 주민등록에 올라 있는 직계존비속도 해당됩니다. 단, 형제자매, 처제나 처남 등은 같은 주민등록에 올라 있어도 세대원으로 보지 않습니다.

앞에서 말했듯, 청약가점제에서 무주택자로 인정받으려면 본인 및 앞에서 말한 세대원 모두 주택을 소유하고 있지 않아야 합니다. 다만, 만 60세 이상인 부모님이 주택을 소유한 경우에는 같은 집에서 살더라도 청약신청자를 무주택자로 인정합니다.

이제 앞의 사례를 보죠. 아내 포함 가족이 모두 무주택자인 L씨, 본인 부부는 집이 없고 함께 살고 있는 처제가 유주택자인 N씨는 청약가점제에서 무주택 세대로 인정됩니다.

하지만 M씨는 아내가 주택을 소유하고 있으므로 무주택자가 아닙니다. 또한 S씨는 함께 살고 있는 유주택자인 장인어른이 만 58세라서 무주택자로 청약을 신청할 수 없습니다.

주의할 점은 노부모부양 특공 또는 공공임대주택 청약에서는 같은 주민등록에 올라와 있는 만 60세 이상 직계존속이 소유한 주택도 주택 수에 포함합니다. 즉, 만 60세 이상인 유주택자 노부모와 함께 사는 경우에는 노부모부양 특공이나 공공임대주택 분양에서는 무주택자로 청약을 신청할 수 없습니다.

고향의 소형 저가주택 소유, 무주택자인가?

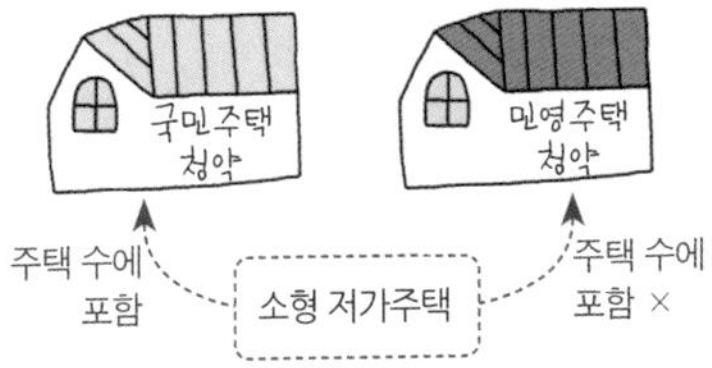

한 가지 더! 민영주택 청약에서는 소형 저가주택은 주택 수에 넣지 않고, 국민주택 청약에서는 소형 저가주택도 주택 수에 포함합니다.

여기서 소형 저가주택이란 입주자 모집공고일 현재 전용면적 60㎡ 이하로서 주택가격이 8천만원(수도권은 1억 3천만원) 이하인 주택 또는 분양권 등을 말합니다. 다시 말해 서울에 사는 사람이 다른 집은 없고, 고향에 소형 저가주택을 한 채 가지고 있다면, 민영주택의 일반공급에 청약할 경우에는 무주택자로 보고, 국민주택에 청약할 때는 무주택자로 인정하지 않습니다.

무주택 조건, 흔히 하는 3가지 질문

질문 만 35세 무주택자인 G씨는 부모님 집에서 살고 있습니다. 부모님은 만 65세 동갑으로 1주택을 소유하고 있습니다. G씨는 무주택자로서 민영주택에 1순위 청약을 할 수 있을까요?

G씨 부모님은 만 60세 이상이므로, G씨는 무주택자로서 청약통장 가입기간 및 예치금을 맞추면 민영주택 청약 1순위가 될 수 있습니다.

질문 만 36세의 O씨는 언니 집에서 살고 있으며, 같은 주민등록표등본에

올라 있습니다. 언니는 만 38세 미혼으로, 둘이 살고 있는 집은 언니 소유의 28평 아파트입니다.

형제자매는 같은 주민등록에 올라와 있더라도 무주택 여부와 상관없습니다. 따라서 O씨는 무주택자로서 청약통장 가입기간과 예치금을 맞추면 민영 아파트에 1순위로 청약할 수 있습니다.

사례 **세종시 주말부부 J씨, 민영주택 1순위 될까?**

만 34세의 J씨는 세종시에 살고 있는 주말부부입니다. J씨의 주소지는 세종시이고 지금껏 주택을 소유한 적이 없습니다. 아내는 3세 아들과 함께 서울의 처가댁에서 살며 직장을 다니고 있는데, 주민등록은 아들과 함께 처가댁으로 주소가 되어 있습니다. 장인어른은 만 59세입니다. J씨는 서울시 용산구의 민영 아파트에 청약을 신청하려는 중인데, 1순위 청약자격이 될까요?

J씨 부부처럼 배우자 분리세대인 경우 본인뿐 아니라 배우자가 올라 있는 주민등록에 만 60세 미만 유주택 부모가 있으면 무주택 자격이 안 됩니다. J씨는 무주택 조건이 안 되어 서울의 민영주택에 1순위로 청약할 수 없습니다.

09

청약가점 ②

무주택 기간 가점 계산하기

무주택 기간은 어떻게 계산할까?

민영주택에 청약하려면 청약가점을 위해 무주택 기간의 점수를 계산해야 하는데, 만 30세, 혼인 신고일, 주택 처분일, 이렇게 세 가지를 기억하면 됩니다.

무주택 기간 계산하기

· 만 30세부터 · 혼인 신고일부터 · 주택 처분일부터

무주택 기간은 만 30세가 된 날부터 입주자 모집공고일까지로 계산합니다. 만약에 만 30세가 되기 전에 결혼했다면 혼인 신고일로부터 계산합니다. 주택을 소유한 적이 있는 사람은 주택을 처분해 무주택자가 된 날로부터 계산합니다.

무주택 기간은 1년에 가점이 2점씩 주어집니다. 만약 15년 이상

무주택이라면 32점 만점이지요.

무주택 기간의 가점 계산법 : 1년 × 2점
만점 : 32점(무주택 기간 15년 이상)

무주택 기간에 따른 가점(가점 상한 : 32점)

무주택 기간	청약가점	무주택 기간	청약가점
1년 미만	2점	8년 이상 ~ 9년 미만	18점
1년 이상 ~ 2년 미만	4점	9년 이상 ~ 10년 미만	20점
2년 이상 ~ 3년 미만	6점	10년 이상 ~ 11년 미만	22점
3년 이상 ~ 4년 미만	8점	11년 이상 ~ 12년 미만	24점
4년 이상 ~ 5년 미만	10점	12년 이상 ~ 13년 미만	26점
5년 이상 ~ 6년 미만	12점	13년 이상 ~ 14년 미만	28점
6년 이상 ~ 7년 미만	14점	14년 이상 ~ 15년 미만	30점
7년 이상 ~ 8년 미만	16점	15년 이상	32점

무주택 기간 가점, 흔히 하는 5가지 질문

질문 **A씨는 만 35세 무주택자로 주택을 소유한 적이 없습니다. A씨의 무주택 가점은 얼마일까요?**

A씨의 경우 만 30세가 된 날로부터 무주택 기간을 계산합니다. 현재 만 35세이므로, 생일이 지났다면 무주택 기간이 5년이고, 가점은 무주택 기간 5년 이상, 6년 미만에 해당되어 12점입니다.

질문 만 28세에 결혼한 B씨는 현재 만 35세이며, 그동안 부부 모두 주택을 소유한 바 없습니다. 무주택 기간 가점은 얼마일까요?

결혼한 B씨의 경우 혼인신고를 한 만 28세부터 무주택 기간을 계산합니다. 무주택 기간은 7년이고, 가점은 혼인 신고일을 지났다면 16점입니다.

질문 만 37세인 C씨는 경기도 일산에 있는 아파트를 만 35세에 팔았고 현재는 무주택입니다. 무주택 기간 가점은 얼마일까요?

경기도 일산에 아파트를 가지고 있던 C씨의 경우 무주택 기간을 일산 집을 판 시점부터 계산합니다. 무주택 기간은 2년이고 가점은 6점입니다.

질문 D씨는 현재 만 38세로 만 32세에 결혼했습니다. 부부 모두 주택 소유 이력이 없습니다.

D씨는 만 32세에 결혼했으므로, 만 30세 이후부터 무주택 기간을 산정하면 됩니다. 무주택 기간은 8년 이상 구간이고 무주택 가점은

18점입니다.

질문 **E씨는 만 43세로 만 35세에 결혼했습니다. E씨는 주택을 소유한 적이 없으나, 아내 명의의 주택이 있었으며 5년 전에 처분했습니다.**

청약가점제에서 무주택 기간은 본인 및 배우자를 기준으로 산정합니다. E씨처럼 아내의 이름으로 주택 소유 이력이 있으면 그 주택을 처분한 시점부터 계산합니다. 단, 배우자가 결혼 전에 소유했던 주택은 제외하고 산정합니다.

E씨의 무주택 기간은 아내가 결혼 후 집을 팔고 무주택자가 된 날부터 계산해야 합니다. 5년 전에 팔았으므로 무주택 가점은 10점입니다.

10

청약가점 ③

부양가족 수 가점 계산하기

부양가족 수는 본인 포함 1인당 5점씩 부여합니다. 부양가족 수가 6명 이상이면 35점 만점입니다.

부양가족 수 가점 계산법	: 1명 × 5점
만점	: 35점(부양가족 6명 이상)

부양가족은 배우자, 부모·조부모 등의 직계존속, 미혼인 자녀 등의 직계비속이 해당됩니다.

① 부모·조부모 등 직계존속은 3년 이상 부양해야 부양가족으로 인정됩니다.

② 자녀 등의 직계비속이 만 30세 이상인 경우 1년 이상 같은 주민등록에 올라와 있어야 합니다.

③ 형제, 자매 등은 부양가족 수에 포함되지 않습니다.

이때 주의할 점은 본인도 가점 5점을 주기에, 부양가족이 없더라도 부양가족 수 가점이 5점이 된다는 것입니다.

부양가족 수에 따른 가점(가점 상한 : 35점)

부양가족 수	가점	부양가족 수	가점
0명	5점	4명	25점
1명	10점	6명	30점
2명	15점	6명 이상	35점
3명	20점		

질문 Y씨는 홀로 사는 아버지(만 67세, 무주택)**와 작년에 한 세대로 합쳤습니다. 청약 시 아버지가 부양가족 수에 포함될까요?**

Y씨는 아버지를 모신 지 1년 정도 되었기 때문에 청약 시 부양가족 수에 포함되지 않습니다. 부모, 조부모는 같은 주민등록에 오른 상태에서 3년 이상 같이 살아야 부양가족으로 인정됩니다.

사례 유주택 부모와 함께 사는 O씨

O씨는 세대주로서 부모님을 모시고 살고 있습니다. 현재 부모님과 함께 살고 있는 주택은 전세이지만, 아버지(만 58세)는 따로 3억원 정도 되는 빌라를 소유하고 있고 현재 반전세를 놓고 있습니다. O씨의 경우 무주택자 청약요건이 될까요? 또한 아버지를 부양가족 수에 포함할 수 있을까요?

O씨는 만 60세 이하의 유주택자인 아버지와 동일한 세대를 구성하고 있으므로 청약가점제에서는 무주택자가 아닙니다. 아버지가 만 60세 이상이 되면, O씨는 지금의 세대를 유지하면서도 무주택자로 청약할 수 있을 것입니다. 단, 이때 아버지는 유주택자이므로 부양가족 수에는 포함되지 않습니다.

부양가족 수에 대한 질문을 많이 받곤 합니다. 그래서 부양가족 수에 포함되는지 여부를 판단할 수 있는 다음의 표를 소개합니다.

부양가족 수에 포함 여부

청약신청자 = 세대주	부양가족 여부
배우자	○ (분리세대 배우자 포함)
부모, 조부모	○ (3년 이상 동일 세대 유지)
형 또는 동생 / 처제 또는 처남	×
아들, 딸	○ (미혼만 인정) 만 30세 이상은 1년 이상 동일 세대 유지
손주	부모가 모두 사망한 경우만 인정

부양가족 자주하는 질문

Q 해외 체류 중인 자녀, 부양가족 수에 포함하나요?

A 최근 자녀 등이 어학연수나 유학 등의 이유로 해외에 장기체류하는 경우가 많습니다. 자녀가 입주자 모집공고일 기준으로 해외에서 체류 중인 경우에 부양가족 수에서 제외될 수 있으니 주의해야 합니다.

자녀의 나이가 만 30세 미만이라면 입주자 모집공고일 기준 90일을 초과해 계속해서 해외에 있으면 부양가족 수에 제외됩니다. 만 30세 이상이라면 1년을 초과해 계속 해외에 체류할 경우 부양가족 수에서 제외합니다.

Q 소형 저가주택 소유 부모, 부양가족 수에 포함될까요?

L씨는 서울시 마포구에서 두 아이를 키우고 있는 맞벌이 부부입니다. 홀로 되신 장모님이 8년째 같이 사시는 중입니다. 주민등록은 같이 되어 있으며, 장모님은 고향인 경북 김천시에 18평 아파트를 가지고 있습니다. 공시지가는 7천만원 정도 한다고 합니다.

L씨는 이번에 민영 아파트에 청약을 넣을까 준비 중인데요. 이 경우 무주택자로서 청약할 수 있는지, 청약가점제를 계산할 때 장모님도 부양가족으로 올릴 수 있는지 궁금하다고 문의를

해왔습니다.

A 민영주택에 청약하는 경우 소형 저가주택은 주택 수에 포함하지 않습니다. 주의할 점은 국민주택 청약 시에는 소형 저가주택도 주택 수에 포함합니다. 이때 소형 저가주택이란 입주자 모집공고일 현재 전용면적 60㎡ 이하로서 주택가격이 8천만원(수도권은 1억 3천만원) 이하인 주택 또는 분양권 등을 말합니다.

소형저가주택 등을 하나만 소유한 세대에 속한 사람이 민영주택의 일반공급에 청약을 신청하는 경우에는 주택을 소유하지 않은 무주택자로 봅니다.

L씨는 무주택 세대로서 장모님을 8년 부양해왔으므로, 장모님이 부양가족 수에 포함할 수 있습니다. 또한 같은 세대의 세대원인 장모님이 가진 김천시의 주택이 소형 저가주택에 해당하므로, L씨는 무주택 세대주로서 민영 아파트에 청약할 수 있습니다.

11

청약가점 ④

청약통장 가입기간 가점 계산하기

청약통장의 가입기간은 1년에 1점씩 부여하며, 15년 이상 가입을 유지했을 때 17점 만점입니다.

청약통장 가입기간 가점	: 1년 × 1점
만점	: 17점(청약통장 가입기간 17년 이상)

청약통장에 하루라도 빨리 가입하라고 권하고, 되도록 해지하지 말라고 하는 이유도 이 가입기간 가점 때문입니다.

질문 쌍둥이 딸들이 고등학교 1학년입니다. 부모로서 나중에 딸들이 내집 마련을 빨리 했으면 해서 청약통장을 만들어주려고 하는데요. 지금 주택청약종합저축 통장을 만들까요?

아이들 청약통장을 어려서부터 일찍 만들어주는 경우가 많습니다.

청약통장 가입기간에 따른 가점(가점 상한 : 32점)

가입기간	청약가점	가입기간	청약가점
6개월 미만	1점	8년 이상 ~ 9년 미만	10점
6개월 이상 ~ 1년 미만	2점	9년 이상 ~ 10년 미만	11점
1년 이상 ~ 2년 미만	3점	10년 이상 ~ 11년 미만	12점
2년 이상 ~ 3년 미만	4점	11년 이상 ~ 12년 미만	13점
3년 이상 ~ 4년 미만	5점	12년 이상 ~ 13년 미만	14점
4년 이상 ~ 5년 미만	6점	13년 이상 ~ 14년 미만	15점
5년 이상 ~ 6년 미만	7점	14년 이상 ~ 15년 미만	16점
6년 이상 ~ 7년 미만	8점	15년 이상	17점
7년 이상 ~ 8년 미만	9점	-	

그런데 미성년자는 가입기간이 2년을 초과해도 딱 2년만 인정됩니다. 따라서 만 17세 생일 직전에 가입하는 것이 좋습니다.

청약통장 가입일은 청약홈(www.applyhome.co.kr)의 **[청약자격확인] → 청약통장가입내역**에 들어가면 확인할 수 있습니다. 청약통장 가입기간의 가점을 계산하려면 **[청약연습] → 청약가점기**를 선택하여 Q3 항목에서 최초 청약통장 가입일을 입력하면 자동으로 청약통장 가입기간 가점을 계산해줍니다.

또한 청약홈에서 **[청약 자격확인] → 청약통장순위확인서**를 누르면 내 청약통장이 1순위인지 여부도 알 수 있습니다.

12

청약가점이 낮은 사람은 추첨제로!

추첨제란 청약가점 등을 고려하지 않고 무작위로 추첨하여 당첨자를 뽑는 방식으로 흔히 '뺑뺑이'라고 합니다.

추첨제가 늘어난 이유

그동안 민간분양의 일반공급은 청약가점제로 당첨자를 뽑아왔습니다. 청약가점제는 ① 무주택 기간이 길고, ② 부양가족 수가 많으며, ③ 청약통장 유지 기간이 길수록 당첨 확률이 높아집니다. 즉 부양가족 수를 제외하면, 시간이 점수가 되는 구조라고 할 수 있습니다.

공공분양도 납입인정금액이 많은 순으로 선발하는 순차제이다 보니, 매달 10만원씩 오래 납입한 사람이 당첨 확률이 높습니다. 또한 40㎡ 이하 국민주택은 납입횟수가 많은 순으로 당첨자를 뽑다 보니 오래 납입한 사람이 유리하고요. 즉 공공분양도 시간이 점수가 되는 구조입니다.

민간분양의 청약가점제는 이처럼 당첨선까지 가는 데 시간이 오래 걸리고, 부양가족 수는 가점을 높이는 데 한계가 있다 보니 추첨제에 대한 요구가 꾸준히 있어왔습니다. 추첨제 비율은 부동산 시장 및 청약시장의 상황에 따라 계속 조정되고 있습니다.

민간분양의 추첨제 선정 비율은?

민간분양에서 당첨자를 가점제, 혹은 추첨제로 뽑는 비율은 규제지역 여부에 따라 달라집니다.

① 투기과열지구, 수도권 내 공공주택지구는 85㎡ 이하 주택의 경우 당첨자를 가점제 100%로 뽑습니다. 즉 청약가점이 낮은 경우 당첨 확률이 낮습니다. 하지만 85㎡ 초과 주택은 가점제 50%, 추첨제 50%로 당첨자를 뽑습니다.

다시 말해 이들 지역에서 85㎡ 초과 민영 아파트는 청약가점이 낮은 사람도 운이 좋다면 추첨제로 당첨될 가능성이 있으니 관심을 가져볼 만합니다.

② 청약과열지역의 경우 85㎡ 이하 주택은 가점제 75%, 추첨제 25%로 당첨자를 뽑고, 85㎡ 초과 주택은 가점제와 추첨제가 각각 30%와 70%로 추첨제 물량이 훨씬 더 많습니다. 청약과열지역에서 민영 아파트에 청약하려는데, 청약가점이 낮아 고민인 분들은 추첨제 물량이 더 많은 85㎡ 초과 아파트를 노려볼 만합니다.

③ 공공건설 임대주택 중 85㎡ 초과 주택은 가점제 100%로 당첨자를 뽑습니다. 추첨제 물량은 없습니다.

④ 앞에서 말한 규제지역이 아니고 수도권 공공주택지구나 공공건설 임대주택도 아닌 경우에는 85㎡ 이하 주택은 가점제 40% 이하, 추첨제 60% 이상으로 당첨자를 선정합니다. 또한 85㎡ 초과 주택은 추첨제 100%로 당첨자를 뽑으므로 이들 지역에 관심 있는 분들은 85㎡ 초과 주택에 청약하는 것이 유리하겠지요.

정리하면, 청약가점이 높지 않은 사람이라면 추첨제 물량을 공략해야 하는데, 분양물건도 많지 않고 경쟁률도 높은 편입니다.

민간분양의 가점제/추첨제 선정 비율

구분	전용 85㎡ 이하 주택	전용 85㎡ 초과 주택
투기과열지구	가점제 : 100% 추첨제 : 0%	가점제 : 50% 추첨제 : 50%
청약과열지역	가점제 : 75% 추첨제 : 25%	가점제 : 30% 추첨제 : 70%
수도권 공공주택지구	가점제 : 100% 추첨제 : 0%	가점제 : 50% 추첨제 : 50% * 시장 등이 조정 가능
85㎡ 초과 공공건설 임대주택	–	가점제 : 100% 추첨제 : 0%
위 조건 외	가점제 : 40% 이하 추첨제 : 60% 이상 * 시장 등이 조정 가능	가점제 : 0% 추첨제 : 100%

공공분양에도 추첨제 도입

지금까지 공공분양에서는 전용면적 85㎡ 이하 일반공급은 100% 순차제를 적용해왔습니다. 순차제란 청약통장 납입인정금액이 많은 사람이 당첨되는 방식인데, 납입기간이 길지 않은 30대, 40대는 아예 당첨이 어렵다는 불만이 있었습니다.

이에 정부는 2021년 2·4 부동산대책에서 앞으로 이 부동산 대책으로 공급되는 공공분양 물량에 대해서는 일반공급분 중 85㎡ 이하 주택에도 추첨제 비중 30%를 할당하겠다고 발표했습니다. 단, 공공분양에서 85㎡ 초과 주택은 기존처럼 추첨제 50%가 적용됩니다.

공공분양의 일반공급 순차제/추첨제 선정 비율 변화(2.4 대책으로 공급되는 물량부터 시행 예정)

주택형	기존	변경 후
전용 85㎡ 이하	순차제 100% ➡	순차제 70%, 추첨제 30%
전용 85㎡ 초과	가점제 50%, 추첨제 50% 유지	

청약경쟁이 치열하겠지만, 납입인정금액이 많지 않은 사람, 젊은층도 공공분양에서 당첨될 수 있는 작은 기회가 열린 셈입니다.

임성배의 실전 청약기술

합법적으로 청약가점 높이는 법

청약가점이 당첨권에 근접한 사람이라면, 합법적인 테두리에서 청약가점을 높이는 방법을 찾아야 합니다. 순간적인 실수로 쌓아왔던 가점을 0점으로 만드는 일은 피해야 합니다.

청약통장 해약은 절대 NO!

청약통장 가입기간 가점은 17점에 달합니다. 핵심지역의 핵심 분양물량의 경우 가점 1점이 당락을 가르기도 합니다. 따라서 청약통장 가입기간에 따른 가점도 1점이 소중하지요.

청약통장 가입기간은 시간이 필요한 부분입니다. 가입기간을 15년 이상 유지해야 만점인 17점이 됩니다. 따라서 함부로 청약통장을 해약해서는 안 됩니다. 급히 돈이 필요하다면 해약하기보다는 청약통장 담보대출을 이용할 것을 추천합니다.

아무곳에나 덜컥 청약 NO!

아무곳에나 청약했다가 덜컥 당첨된 후에 계약을 포기하는 사람도 많습니다. 당첨 후 계약을 하든 말든, 일단 당첨된 청약통장은 다시 사용할 수 없습니다. 계약을 포기해도 다시 청약통장을 만들어 가입기간을 0년에서 쌓아나가야 합니다. 따라서 청약을 할 때는 신중하게 결정하는 것이 좋습니다.

투자 목적 즉흥 매수 NO!

실거주할 주택도 아닌데, 즉흥적으로 투자 목적의 주택을 구매하는 경우도 종종 보게 됩니다. 무주택자가 집을 살 때는 신중히 결정해야 합니다. 한 번의 잘못된 판단으로 애써 쌓아온 무주택 기간의 가점이 물거품이 될 수 있습니다.

부양가족 수에 주목

부양가족 수는 1인당 가점이 5점이므로 배점이 높은 편입니다. 부모, 조부모(배우자의 부모, 조부모 포함) 등 직계존속이 부양가족으로 인정받으려면 3년 연속 같은 주민등록세대에 있어야 합니다. 또한 만 30세 이상의 미혼 자녀는 1년 이상 같은 주민등록세대에 있어야 부양가족 수에 포함됩니다. 청약가점을 계산할 때 실수하는 사람들이 많은 조항이니 잘 기억해두고, 청약가점을 높이기 위해 미리 대비해 두었으면 합니다.

가족간 청약통장 증여 이용

부모와 자녀가 모두 무주택이고, 부모의 청약통장 조건이 좋은 경우도 더러 보게 됩니다. 이런 경우에는 청약통장 증여를 권하기도 합니다. 부모와 자녀가 한 세대가 된 후, 세대주를 자녀로 바꾸면 청약통장을 증여할 수 있습니다. 100쪽에서 청약통장 증여 조건 및 방법을 자세히 설명했습니다.

13

청약홈 100% 활용하기

feat. 입주자 모집공고문, 청약신청, 당첨조회

청약홈은 한국부동산원에서 운영하는 공식 사이트로 청약 신청부터 당첨 확인까지 가장 확실한 정보를 볼 수 있으며, 가장 최근의 정보까지 총망라되어 있습니다. 청약에 관한 모든 정보는 청약홈에 있다고 생각해도 됩니다.

청약홈 홈페이지(www.applyhome.co.kr)에 접속하면 다음과 같은 화면이 나옵니다. 이 화면에서 각 메뉴를 누르면 다음과 같은 기능을 사용할 수 있습니다.

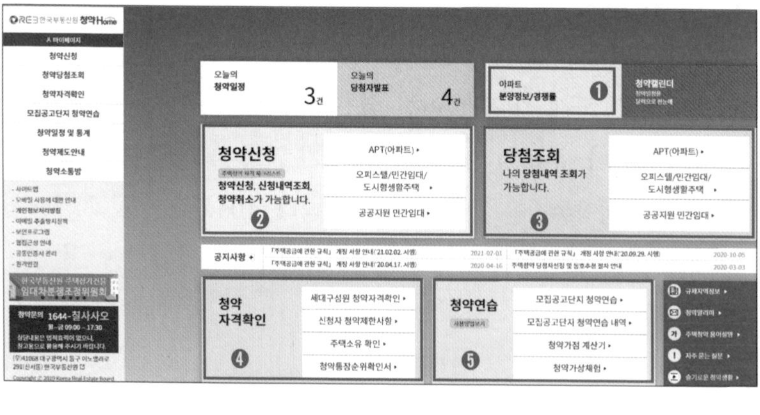

1. 아파트 분양 예정 일정 및 입주자 모집공고문 보기

청약홈 초기화면에서 **[아파트 분양정보/경쟁률]**을 클릭하면 내가 관심 가진 지역의 청약 예정 현황과 관련 통계를 볼 수 있습니다. 청약 예정 분양정보뿐만 아니라 과거 2년 간의 분양정보와 청약경쟁률까지 볼 수 있으며, '주택조회' 항목에서 조회기간 및 주택유형, 공급지역, 주택명, 분양/임대 등 조건을 주어 빠르게 검색할 수 있습니다. '조회 결과' 항목에서 '주택명'을 누르세요.

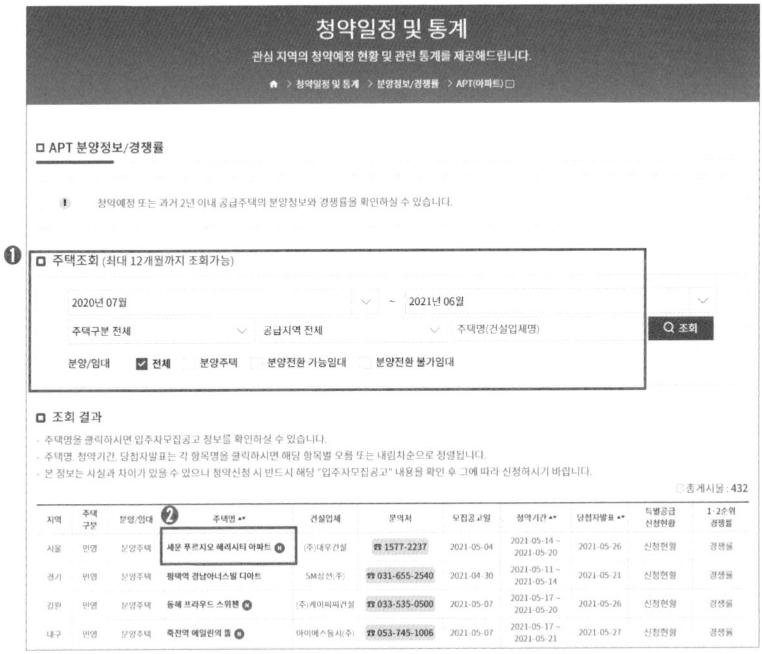

그러면 다음과 같이 입주자 모집공고문을 볼 수 있습니다.

입주자모집공고 정보

세운 푸르지오 헤리시티 아파트

공급위치	서울특별시 중구 인현동2가 151-1
공급규모	281세대
입주자모집공고 관련 문의	사업주체 또는 분양사무실로 문의
문의처	☎ 1577-2237

모집공고문 보기

□ 청약일정

모집공고일	2021-05-04 (문화일보)			
청약접수	구분	해당지역	기타지역	접수장소
	특별공급	2021-05-14	2021-05-14	인터넷
	1순위	2021-05-17	2021-05-18	인터넷
	2순위	2021-05-20	2021-05-20	인터넷
당첨자 발표일	2021-05-26 (http://www.prugio.com/ht/2021/sewoon)			
계약일	2021-06-07 ~ 2021-06-11			

* 특이사항 : 투기과열지구, 청약과열지역, 분양가상한제
* 특별공급 종류에 따라 접수기간 및 장소가 다를 수 있으니 모집공고를 반드시 확인하시기 바랍니다.

□ 공급대상

주택구분	주택형	주택공급면적 (주거전용+주거공용)	공급세대수			주택관리번호(모델번호)
			일반	특별	계	
	024.5533A	37.3695	32	34	66	2021000213(01)
	024.5533C	38.4383	6	5	11	2021000213(02)
	028.4064A	42.9022	42	42	84	2021000213(03)

스크롤막대를 아래로 내리면 청약일정, 공급대상뿐 아니라 특별공급대상, 공급금액(분양가), 청약금, 입주예정월 등 다양한 정보를 볼 수 있습니다.

2. 청약 신청하기

청약홈 초기화면의 **[청약신청]** 메뉴를 이용하면 청약을 신청할 수 있으며, 내가 한 청약 신청내역을 조회할 수 있습니다. 청약 취소도 가능합니다. 청약 신청은 월~금 오전 8시부터 오후 5시 30분까지만 가능합니다.

청약신청을 해볼까요? **[청약신청] → 아파트**를 클릭하세요. 그러면 다음과 같이 청약유형을 선택하는 부분이 나타나는데 〈1순위/2순위〉를 선택해보겠습니다.

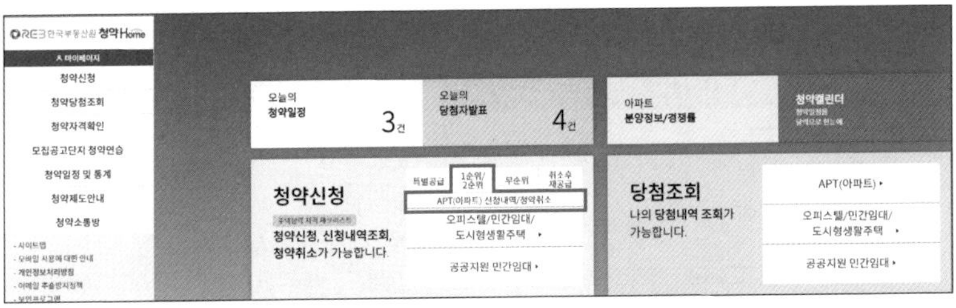

'청약신청' 화면이 열리면 〈청약 신청하기〉를 누르세요. 그러면 지금 청약 신청을 받는 단지들이 나타납니다. 화면의 지시에 따라 청약을 신청하면 됩니다.

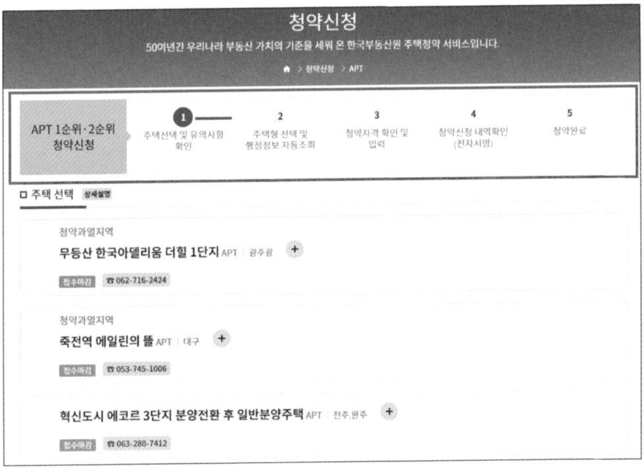

3. 당첨 조회하기

나의 청약 당첨을 조회할 수 있습니다. 청약 신청이나 당첨 조회를 하려면 당연히 공동인증서로 로그인한 상태여야겠죠? 청약홈 초기 화면에서 **[당첨 조회]→아파트**를 눌러 조회하면 됩니다.

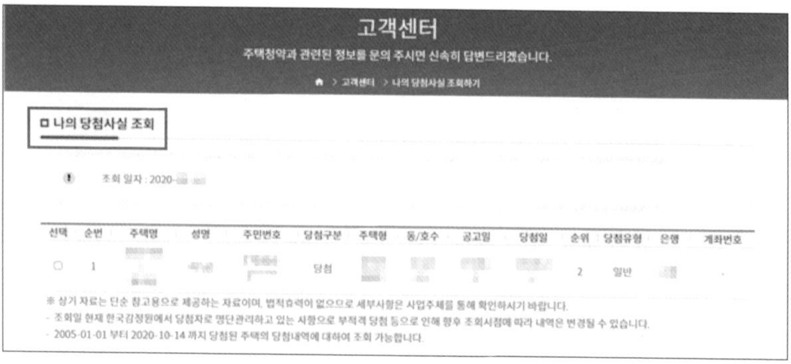

4. 청약자격 확인하기

[청약자격 확인] 메뉴를 이용해 본인은 물론이고 세대 구성원 정보까지 등록해두면, 청약통장 가입내역, 청약통장 순위, 주택 소유 확인, 신청자 청약 제한사항 등 청약자격 관련 정보를 한꺼번에 확인할 수 있습니다. 이 기능을 사용하려면 세대구성원을 등록하고, 그 구성원들이 청약홈에 접속하여 '청약자격 확인' 화면에서 '세대원 동의'를 해주어야 합니다. 조금 번거롭지만 한번 해놓으면 청약 신청을 할 때마다 사용할 수 있으니 가족들에게 말해 세대원 등록을 꼭 해두세요.

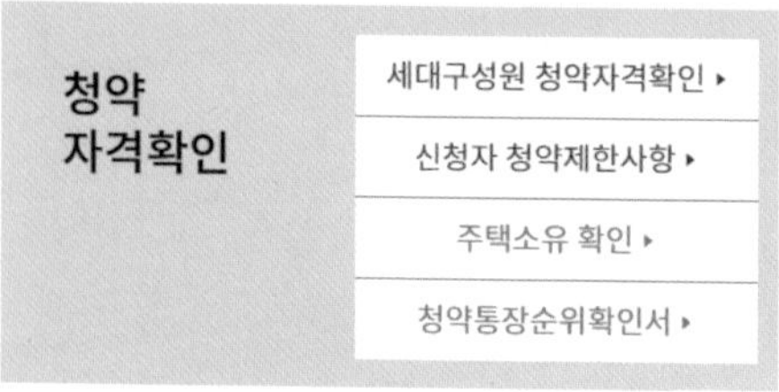

5. 청약 연습하기

나의 청약가점을 미리 계산할 수 있으며, 모집공고 단지에 모의로 청약하는 연습을 할 수도 있습니다. 직접 해보면 나의 청약가점, 내가 청약조건이 되는지 등을 알 수 있어서 많은 도움이 됩니다.

만약 A라는 지역의 아파트에 청약하려고 하는데, 그 지역에서 몇 달 전에 분양이 있었다면 경쟁률이나 당첨선이 궁금할 것입니다.

청약홈 홈페이지의 초기화면에서 **[아파트 분양정보/경쟁률]**을 누른 다음 '청약일정 및 통계' 화면에서 과거 청약경쟁률 및 당첨선 등의 자료를 볼 수 있습니다. 틈나는 대로 들어가 분석해보면, 특공 경쟁률이 상대적으로 낮은 것이 있는지, 사람들의 지역 선호도는 어떤지 등을 알 수 있어서 청약전략을 짜는 데 도움이 됩니다. 이렇게 조사해보는 경험이 쌓이다 보면 지역을 보는 안목도 생기고, 나에게 더 유리한 아파트를 골라내는 안목이 성장하게 됩니다.

14

알짜 청약정보 사이트 BEST 4

청약을 처음 준비하는 사람들은 대부분 인터넷 카페에서 정보를 얻으려고 합니다. 그런데 공식 자료나 언론보도를 공유하는 것은 좋지만, 세부적으로 들어갈수록 자산과 관련된 사항은 스스로 챙겨야 합니다.

청약은 한 번 알아두면 평생 써먹는 기술입니다. 청약과 관련된 정보를 얻고 해석하는 기술을 익히면 내집마련은 물론 자녀, 친지의 내집마련까지 미리 계획을 세우는 데 도움을 줄 수도 있습니다. 앞으로 소개한 청약홈 홈페이지 외에, 청약과 관련된 정보를 취합할 수 있는 4개 사이트를 추천합니다.

분양정보를 한눈에, 부동산 포털

저의 어머니는 꽤 늦은 나이에 내집마련을 했습니다. 2001년에 청약에 당첨됐으니 나이에 비해 꽤 늦은 편입니다. 아들이라도 빨리 내 집을 장만하길 바라셨는지, 어느 날 대뜸 '닥터 아파트' 사이트를 알려주었던 기억이 납니다. 닥터 아파트는 그만큼 오래 운영되고 있는 사이트입니다.

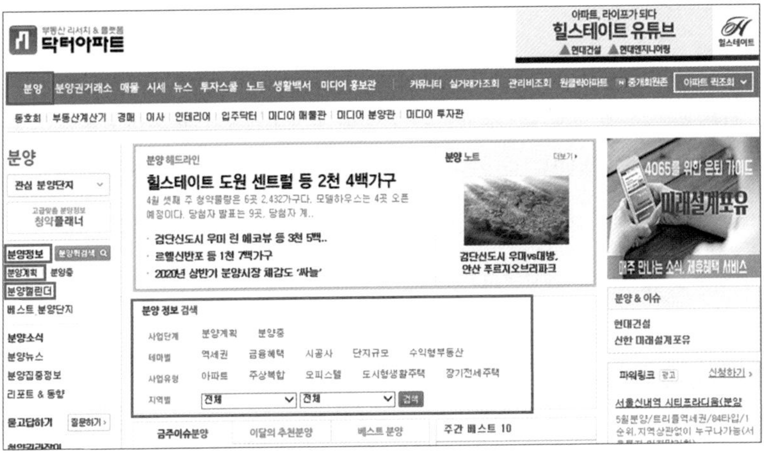

닥터아파트(www.drapt.com)의 분양 페이지로 들어가서 **[분양정보] → 분양계획**을 클릭하면, 내가 원하는 지역을 선택하여 향후 분양계획이 있는 분양단지들의 정보를 한눈에 볼 수 있습니다. 분양단지의 위치, 사업명, 면적, 총가구수, 분양시기 등을 알 수 있고 시공사의 연락처도 있습니다. 이외에도 부동산114(https://r114.com), 다음부동산(https://realty.daum.net), 네이버부동산(https://land.naver.com) 등 부동산 포털이 많으니 두루 둘러보고 각 사이트의 특징을 파악해서 잘 활용하면 좋겠습니다.

참고로 내가 관심 있는 지역의 아파트 실거래가를 확인하고 싶으면 '국토부 실거래가 조회 시스템'(https://rt.molit.go.kr)이 유용합니다. 그리고 대출을 고려해야 할 때 많은 대출 서비스들이 'KB부동산 시세'(https://kbland.kr)를 기준으로 대출금액을 책정하므로 이

사이트도 즐겨찾기를 해두는 게 좋습니다.

서울 공공분양 정보를 한눈에, SH 서울주택도시공사

서울에서 분양되는 국민주택(공공분양, 공공임대)에 대한 정보를 얻으려면 SH 서울주택도시공사 홈페이지(http://www.i-sh.co.kr)를 활용하면 편리합니다. **[청약정보]** 메뉴를 누르면 '공급계획' 항목에서 장기전세, 국민임대, 행복주택, 역세권 청년주택, 주택분양 등으로 나누어 정보를 제공하고 있습니다.

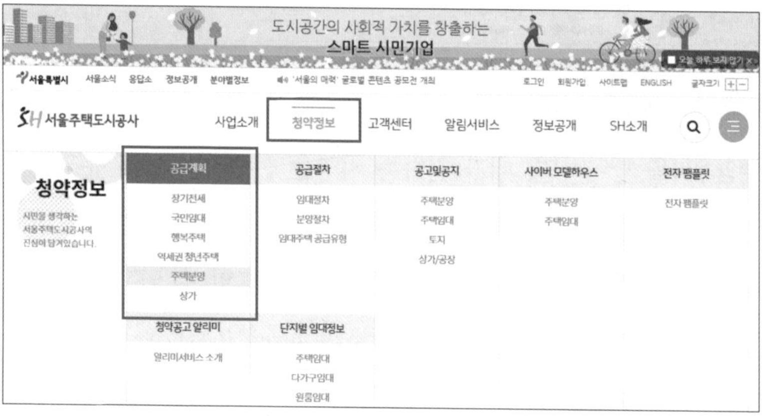

청약 기회가 보이는 LH청약센터

한국토지주택공사인 LH는 서울을 제외한 지역을 관할합니다. LH 청약센터(https://apply.lh.or.kr)에 접속하면 분양주택, 신혼희망타운, 임대주택, 매입임대/전세임대 등에 대한 정보를 모두 볼 수 있습니다. 여기서는 **[분양주택]**의 **분양정보**를 눌러보겠습니다.

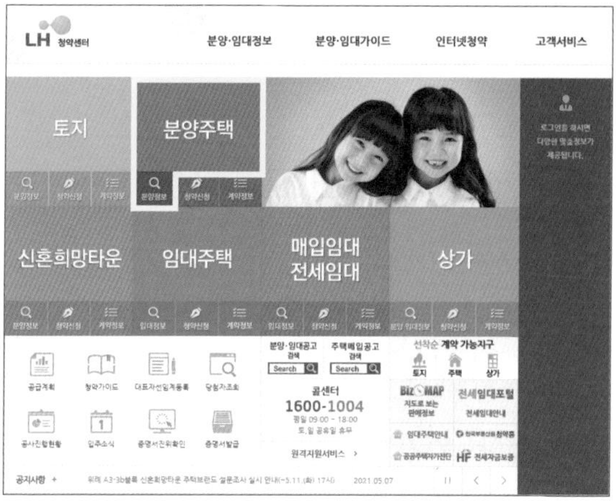

그런 다음 '분양·임대정보'가 열리면 **선착순계약가능지구**를 누르세요.

지금은 청약이 과열 양상이라고 할 정도로 열기가 뜨거워 매력적인 매물이 많지 않은데, 주택경기가 위축되거나 분위기가 반전된다면 기회를 많이 찾을 수 있는 메뉴입니다.

사전청약에 관심 있다면 3기 신도시 공식 사이트

3기 신도시에 관심이 있다면 최근에 만들어진 3기 신도시 공식 사이트(www.3기신도시.kr)에서 많은 정보를 얻을 수 있습니다. 사전청약 정보부터 주요 현황, 위치도, 교통대책, 항공 영상 등의 자료를 볼 수 있고 향후 이 사이트를 중심으로 자료가 모일 것으로 보입니다. 또한 사전청약 알림 서비스(SMS)를 신청하면 사전청약에 대한 정보를 문자로 미리 받아볼 수 있어 유용합니다. **[사전청약안내] → 청약일정알리미**로 들어가서 설정하면 됩니다.

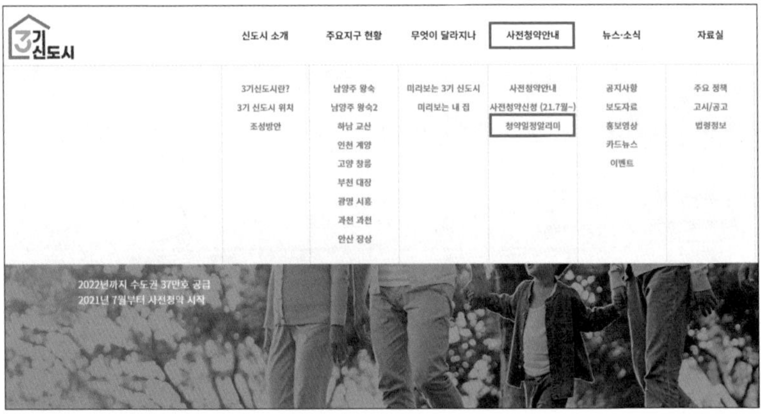

임성배의 실전 청약기술

Q&A 백인백색 청약이 궁금해

Q 청약저축에 꾸준히 납입하다가 3년 동안 미납했습니다. 미납회차를 채울 수 있나요?

A 청약저축에 미납한 기간만큼 회차를 채우는 것은 가능합니다. 그런데 미납금을 한꺼번에 입금하면 1회에 10만원만 납입인정금액으로 인정해줍니다. 그래서 10만원씩 나누어 입금해야 합니다.

인터넷 뱅킹이 가능한 사람은 은행 홈페이지의 청약통장 메뉴를 이용해 10만원씩 분할로 입금하면 됩니다. 복잡하게 느껴지면 청약통장과 현금을 들고 은행 창구로 가서 10만원씩 분할입금을 해달라고 하면 됩니다.

간혹 2만원씩 입금해왔는데 8만원씩을 채우는 방법이 없는지 문의하는 사람이 있습니다. 이 경우는 미납회차가 아니므로 추가로 입금할 방법이 없습니다.

Q 돈이 급하게 필요합니다. 지금 청약통장을 해지하면 나중에 후회할까요?

A 청약통장은 만기가 따로 없습니다. 그런데 돈이 급해서 청약통장에 있는 돈을 사용하려고 해지하는 사람들이 있습니다.

청약저축 통장을 10년 넘게 가지고 있던 지인에게 생활비가 부족해 청약통장을 해지했다는 얘기를 나중에 듣고 매우 안타까웠습니다. 중간에 미납이 있기는 했지만 10만원씩 10년 넘게 냈다고 합니다. 내 집을 마련하고 자산을 만드는 데 충분히 활용할 수 있었는데 기회를 놓쳐버린 것입니다.

앞에서도 누차 말했지만, 국민주택은 납입인정금액에 따라 당첨자를 뽑기 때문에 해약하고 새로 만들 경우 당첨권에서 그만큼 멀어집니다. 또한 민영주택 가점제에서도 청약통장 가입기간은 만점이 17점이나 되는 중요한 항목입니다.

누구나 살아가면서 계획하지 않은 일들이 일어나고 돈이 필요한 일들이 생기게 마련입니다. 청약통장 담보대출(예적금 담보대출)을 이용하면 청약통장에 납입된 금액의 약 80~95%까지 대출을 받을 수 있습니다. 대출을 받아도 청약통장의 효력은 그대로 유지되니 해약하지 말고 꼭 통장 담보대출을 이용하세요. 단순한 내용이지만, 실제로 현장에서 상담하다 보면 안타까운 경우를 자주 보게 되는 터라 거듭 강조한 것입니다.

Q 어머니가 본인 명의의 청약통장을 주고 싶다고 합니다. 제가 어머니의 청약통장을 활용할 수 있나요?

A 청약통장의 명의변경, 즉 증여는 앞에서도 살펴보았지요? 알아두면 꽤 쓸모있는 청약전략이기에 조금 더 살펴보겠습니다. 모든 청약통장이 증여가 가능한 것은 아닙니다. 사망으로

인한 상속은 모든 청약통장이 명의변경이 가능하지만, 증여는 특정한 청약통장만 가능합니다. 청약저축과 2000년 3월 26일 이전에 가입한 청약예금, 청약부금 통장은 증여할 수 있습니다.

무조건 증여가 가능한 것은 아니고, 한 세대 안에서 세대주를 변경하는 경우에 한해서만 가능합니다. 즉 아버지의 청약저축 통장을 아들에게 증여하려면, 아버지가 세대주인 상태에서 아들로 세대주를 바꾸고 증여해야 합니다.

청양통장 명의변경 가능 여부

구분		청약예금·부금 가입자		청약저축 가입자	주택청약종합 저축 가입자 (청년우대형 포함)
		2000년 3월 26일 이전 가입	2000년 3월 27일 이후 가입		
사유	사망	○	○	○	○
	개명	○	○	○	○
	혼인	○		○	
	배우자 또는 세대원으로 세대주 변경	○		○	

* 국민은행 및 주택도시기금 청약 가이드

Q 청약가점 계산이 틀리면 무조건 당첨이 취소되나요?

A 청약 신청 시 정보를 잘못 입력하면 부적격으로 처리되지만, 당첨이 모두 취소되는 것은 아닙니다.

청약가점을 정상적으로 계산했을 때 최저가점보다 높은 경우에는 당첨자의 지위가 유지됩니다. 청약자가 공급세대수보다 적은 경우에도 청약자격 요건을 갖추고 있으면, 비록 청약가점을 잘못 계산해 신청했더라도 당첨자의 지위가 유지됩니다.

Q 만 40세의 무주택 세대주입니다. 어머니와 함께 살고 있는데, 어머니는 만 68세이며 본인 명의의 아파트 3채로 임대사업을 하고 있습니다. 저는 청약 시 무주택자로 인정받을 수 있을까요?

A 이 경우 민영주택에 가점제 청약을 할 경우 무주택자로 인정됩니다. 같은 주민등록에 있는 부모, 조부모가 유주택자라도, 만 60세 이상이면 청약신청자를 무주택자로 봅니다. 부모가 여러 채의 주택을 소유하고 있는 다주택자여도 마찬가지입니다. 단, 노부모부양 특공에서는 부모가 주택을 소유하고 있으면, 부모의 나이와 상관없이 무주택자로 보지 않습니다. 즉 부모가 집이 있는 경우 노부모부양 특공에 신청할 수 없습니다.

Q 부양가족 수의 가점을 높이기 위해 부모님 중 한 명의 주소지를 제 주소로 옮겨도 될까요? 부모님은 두 분 모두 무주택입니다.

A 실제 거주하지 않는데 주소지만 옮기는 것은 위장전입에 해당합니다. 위장전입을 통해 입주자로 당첨된 사실이 적발될 경우 주택공급 질서 교란행위로 처벌받습니다. 주택법에 따라 당첨이 취소될 뿐만 아니라 3년 이하의 징역이나 3천만원 이하의

벌금형에 처할 수 있습니다.

Q 오피스텔을 여러 채 보유하고 있습니다. 이런 경우 저는 유주택자인가요?

A 오피스텔은 소유하더라도 청약에서는 '주택을 소유한 것'으로 보지 않습니다. 따라서 오피스텔(주거용 또는 업무용을 구분하지 않음)을 여러 채 가지고 있더라도, 청약제도에서는 무주택자로 봅니다.

Q 저는 청약저축 통장을, 아내는 주택청약종합저축 통장을 가지고 있습니다. 제 통장의 납입인정금액이 더 많은데요. 공공분양에 청약할 때는 저를 세대주로 하고, 민간분양에 청약할 때는 아내를 세대주로 해도 될까요? 이처럼 세대주를 계속 바꿔도 되나요?

A 가능합니다. 세대주 변경에는 특별한 제재가 없으므로, 청약 당첨 확률이 높은 사람을 따져보고 세대주로 바꿀 수 있습니다.

청약에 정답지가 있다면 바로 입주자 모집공고문입니다.
입주자 모집공고문에는 청약에 필요한 모든 정보가 담겨 있습니다.
청약은 준비하고 실제로 해보는 경험이 중요합니다.
경험이 쌓일수록 자산을 키우는 기술이 생깁니다.

PART

3

청약의 현장, 단숨에 완전정복!

01

민영주택 입주자 모집공고문 꼼꼼히 읽는 법

"입주자 모집공고문을 꼼꼼히 읽어보려니, 글자도 작고 내용도 많아서 뭐가 뭔지 모르겠어요."

입주자 모집공고문에는 모든 정보가 총망라되어 있습니다. 작은 글씨로 수십 장에 달해 처음 보는 사람은 읽을 엄두를 내지 못합니다. 그래도 차근차근 읽다 보면 중요한 용어들이 반복되기 때문에 여러 번 청약에 도전하는 과정에서 점점 익숙해집니다. 밑줄을 그으면서 여러 번 읽어보고, 더 궁금한 사항은 입주자 모집공고문에 나와 있는 안내번호나 청약홈 고객센터로 문의해서 확실하게 확인해야 합니다.

고양 덕은지구 호반써밋 DMC 힐즈(A3BL) 모집공고문 분석

– 청약과열지역 민영주택

청약과열지역 민영 아파트의 입주자 모집공고문을 함께 살펴볼까요? 다음은 2020년 11월 11일에 공고된 '고양 덕은지구 호반써밋 DMC 힐즈(A3BL)'의 모집공고문 중 일부입니다. 일단 모습을 살펴보세요. 뒤에서 차근차근 설명합니다.

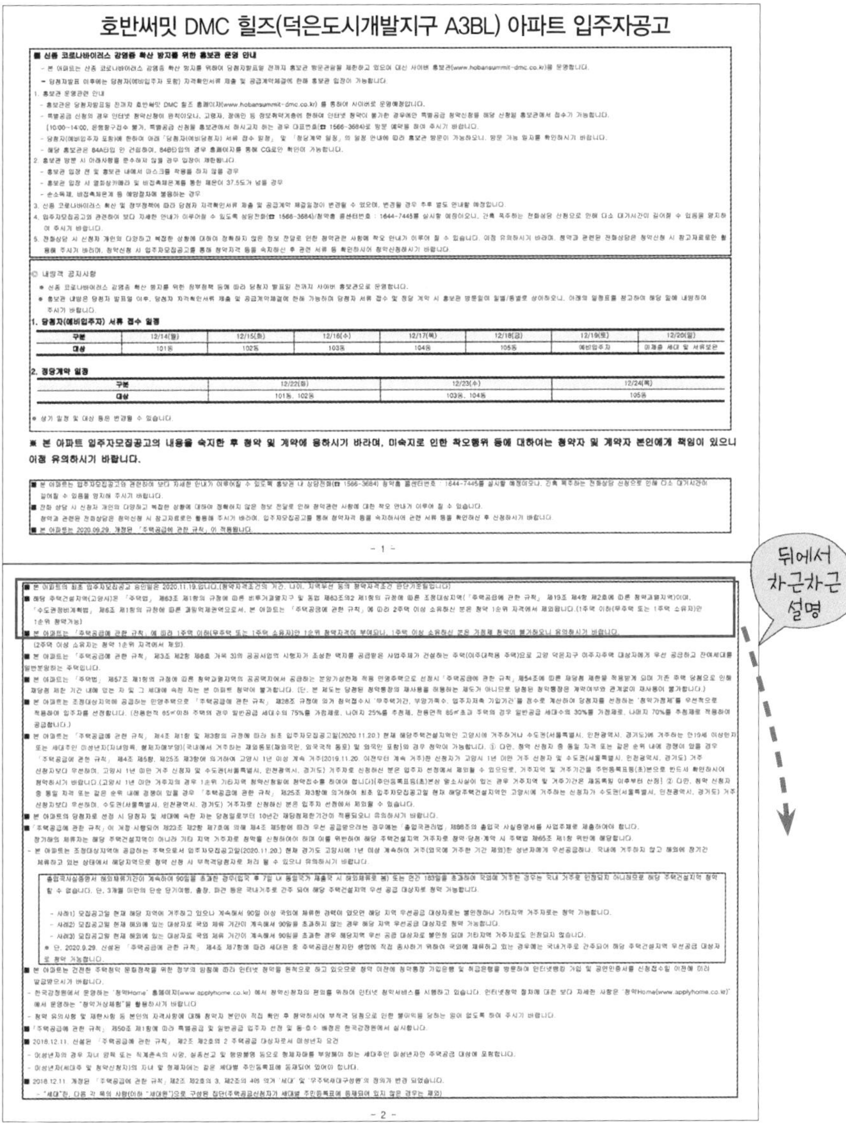

호반써밋 DMC 힐즈(덕은도시개발지구 A3BL) 아파트 입주자공고

■ 신종 코로나바이러스 감염증 확산 방지를 위한 홍보관 운영 안내

◎ 내방객 공지사항

1. 당첨자(예비입주자) 서류 접수 일정

구분	12/14(월)	12/15(화)	12/16(수)	12/17(목)	12/18(금)	12/19(토)	12/20(일)
대상	101동	102동	103동	104동	105동	예비입주자	미제출 세대 및 서류보완

2. 정당계약 일정

구분	12/22(화)	12/23(수)	12/24(목)
대상	101동, 102동	103동, 104동	105동

※ 상기 일정 및 대상 동은 변경될 수 있습니다.

※ 본 아파트 입주자모집공고의 내용을 숙지한 후 청약 및 계약에 응하시기 바라며, 미숙지로 인한 착오행위 등에 대하여는 청약자 및 계약자 본인에게 책임이 있으니 이점 유의하시기 바랍니다.

■ 본 아파트는 2020.09.29. 개정된 「주택공급에 관한 규칙」이 적용됩니다.

- 1 -

- 2 -

고양 덕은지구 호반써밋 DMC 힐즈(A3BL) 입주자 모집공고문

■ 해당 주택건설지역(고양시)은 「주택법」 제63조 제1항의 규정에 따른 비투기과열지구 및 동법 제63조의2 제1항의 규정에 따른 조정대상지역(「주택공급에 관한 규칙」 제19조 제4항 제2호에 따른 청약과열지역)이며, 「수도권정비계획법」 제6조 제1항의 규정에 따른 과밀억제권역으로서, 본 아파트는 「주택공급에 관한 규칙」에 따라 2주택 이상 소유하신 분은 청약 1순위 자격에서 제외됩니다.[1주택 이하(무주택 또는 1주택 소유자)만 1순위 청약 가능]

■ 본 아파트는 「주택공급에 관한 규칙」에 따라 1주택 이하(무주택 또는 1주택 소유자)만 1순위 청약자격이 부여되나, 2주택 이상 소유하신 분은 가점제 청약이 불가하오니 유의하시기 바랍니다.(2주택 이상 소유자는 청약 1순위 자격에서 제외).

입주자 모집공고문을 보면, 분양 당시를 기준으로 이곳은 비투기과열지구, 조정대상지역, 청약과열지역임을 알 수 있습니다.* 청약과열지역에서 공급되는 민영주택의 경우 전용면적 85㎡ 이하 일반공급은 분양물량의 75%를 가점제로, 나머지 25%를 추첨제로 당첨자를 뽑습니다. 85㎡ 초과 일반공급은 분양물량의 30%를 가점제로, 나머지 70%는 추첨제로 선발합니다. 그러니까 추첨제가 일부 있었던 물량입니다.

* 관심 지역이 투기과열지구나 청약과열지역인지 확인하려면 청약홈(www.applyhome.co.kr)의 **[청약제도안내] → 규제지역정보**를 조회해 보면 된다.

모집공고문을 보면 "1주택 이하(무주택 또는 1주택 소유자)만 1순위 청약자격이 부여되나, 2주택 이상 소유하신 분은 가점제 청약이 불가"라는 문구가 있습니다.

공고문에 따르면 무주택자와 1주택 소유자만 1순위 청약자격이 주어집니다. 따라서 고양 덕은지구는 당시 1순위 마감이 확실한 지역이었기 때문에 2주택자는 아예 청약 기회조차 없으리라는 것을 알 수 있습니다.

고양 덕은지구 호반써밋 DMC 힐즈(A3BL) 입주자 모집공고문

■ ① 다만, 청약신청자 중 동일 자격 또는 같은 순위 내에 경쟁이 있을 경우「주택공급에 관한 규칙」제4조 제5항, 제25조 제3항에 의거하여 고양시 1년 이상 계속 거주(2019. 11. 20. 이전부터 계속 거주)한 신청자가 고양시 1년 미만 거주 신청자 및 수도권(서울특별시, 인천광역시, 경기도) 거주 신청자보다 우선하며, 고양시 1년 미만 거주 신청자 및 수도권(서울특별시, 인천광역시, 경기도) 거주자로 신청하신 분은 입주자 선정에서 제외될 수 있으므로, 거주지역 및 거주기간을 주민등록표등(초)본으로 반드시 확인하시어 청약하시기 바랍니다.(고양시 1년 미만 거주자의 경우 1순위 기타지역 청약신청일에 청약 접수를 하여야 합니다.) [주민등록표등(초)본상 말소 사실이 있는 경우 거주지역 및 거주기간은 재등록일 이후부터 산정]

② 다만, 청약신청자 중 동일 자격 또는 같은 순위 내에 경쟁이 있으면「주택공급에 관한 규칙」제25조 제3항에 따라 최초 입주자 모집공고일 현재 해당 주택건설지역인 고양시에 거주하는 신청자가 수도권(서울특별시, 인천광역시, 경기도) 거주 신청자보다 우선하며, 수도권(서울특별시, 인천광역시, 경기도) 거주자로 신청하신 분은 입주자 선정에서 제외될 수 있습니다.

■ 본 아파트의 당첨자로 선정 시 당첨자와 세대에 속한 자는 당첨일로부터 10년간 재당첨 제한 기간이 적용되오니 유의하시기 바랍니다.

입주자 모집공고문에 따르면 이 단지는 고양시에 1년 이상 거주한 사람이 '당해 1순위'가 되며, 1년 미만 거주자는 '1순위 기타'가 됩니다.

또한 당첨자와 세대에 속한 자에게 '10년 재당첨 제한 기간'이 있다는 것도 알 수 있습니다. 주택에 청약할 때 항상 재당첨 제한이 적용되는 것은 아닙니다. 재당첨 제한에 대해서는 뒤에서 따로 자세히 다루겠습니다.

고양 덕은지구 호반써밋 청약의 결과는 당해 1순위 마감이었습니다. 1순위 기타지역은 당첨 기회가 없었으며, 2순위는 청약 기회조차 없었습니다. 일반분양을 살펴보면, 84A형은 청약경쟁률이 41.45 대 1로 당첨 최저가점은 59점이었고, 84B형은 36.49 대 1의 경쟁률로 당첨 최저가점은 56점이었습니다.

고양 덕은지구 호반써밋 DMC 힐즈 청약 결과

주택형	공급세대수	순위	경쟁률	당첨 최저가점
84A	181세대	1순위 당해지역	41.45 대 1	59점
		1순위 기타지역	-	-
84B	45세대	1순위 당해지역	36.49 대 1	56점
		1순위 기타지역	-	-

서울 은평구 DMC 센트럴자이 모집공고문 분석

–투기과열지구 분양가 상한제 민영주택

2020년 8월 분양된 서울 은평구의 DMC 센트럴자이는 일반공급으로 280세대, 특공으로 183세대로 총 463세대가 공급되었습니다.

다음의 입주자 모집공고문을 보면 이 아파트가 건설되는 서울시 은평구는 투기과열지구 및 청약과열지역입니다. 따라서 당시 서울시 2년 이상 거주자가 당해지역 1순위가 됐습니다. 2주택 이상 소유한 사람은 1순위에서 제외하며, 1주택 이상 소유한 사람은 가점제 청약이 불가능하다는 문구도 있습니다.

서울 은평구 DMC 센트럴자이 입주자 모집공고문

■ 「주택공급에 관한 규칙」 제28조에 의거 '무주택 기간, 부양가족 수, 입주자저축 가입기간, 본인과 세대원 주택 소유'를 점수로 계산하여 당첨자를 선정하는 '청약가점제도'가 적용됩니다.(주택형 전용 85㎡ 이하 주택은 일반공급 세대수의 100%를 가점제로 입주자를 선정함)

※ 본 아파트는 투기과열지구, 청약과열지역 주택으로 청약 1순위 자격을 제한합니다.(노부모 부양자 특공 포함) — 세대주가 아닌 자, 과거 5년 이내 다른 주택에 당첨된 자 및 세대에 속한 자(전 지역 해당), 2주택 이상을 소유한 자 및 세대에 속한 자는 1순위 청약이 불가함.(2순위로 청약 가능)

■ 해당 주택건설지역인 서울시 은평구는 「수도권정비계획법」 제6조 제1항의 규정에 의한 과밀억제권역이며, 「주택법」 제63조 및 제63조의 2에 의한 투기과열지구 및 청약과열지역 민간택지에서 공급되는 분양가

상한제 미적용된 민영주택으로서, 「주택공급에 관한 규칙」 제28조에 따라 2주택 이상 소유한 세대에 속하신 분은 청약 1순위 자격에서 제외됩니다. [1주택 이하(무주택 또는 1주택 소유자)만 1순위 청약 가능]

■ 본 주택건설지역(은평구)은 「주택법」 제63조 및 제63조의2에 의한 투기과열지구 및 청약과열지역으로서, 본 아파트는 「주택공급에 관한 규칙」에 따라 1주택 이상 소유하신 분은 가점제 청약이 불가하며, 2주택 이상 소유하신 분은 청약 1순위 자격에서 제외(2순위로 청약 가능)됩니다.

■ 「주택공급에 관한 규칙」 제4조, 제25조에 의거 주택건설지역인 서울특별시와 경기도 및 인천광역시 거주자까지 확대하여 공급합니다. 단, 동일 신청자격에서 경쟁이 있으면, 서울특별시 2년 이상 거주자가 서울특별시 2년 미만 거주자 및 수도권(경기도, 인천광역시) 거주자보다 우선하며, 서울특별시 2년 미만 거주자, 수도권(경기도, 인천광역시) 거주자로 신청하신 분은 입주자 선정 대상에서 제외될 수 있습니다. [서울특별시 2년 미만 거주자의 경우 1순위(기타) 청약일에 청약 접수를 하여야 합니다.]

또한 입주자 공고문을 보면, 전용 85㎡ 이하 주택은 일반공급 세대수의 100%를 가점제로 선발한다는 내용이 있습니다.

아울러 1순위 제한 조건에 관한 내용도 있습니다. 세대주가 아닌 사람, 과거 5년 이내에 다른 주택에 당첨되었거나 당첨된 세대에 속했던 사람은 1순위로 청약할 수 없습니다.

DMC 센트럴자이 청약경쟁률은 역대 가장 뜨거웠던 것 중 하나입니다. 280세대 모집에 무려 36,250명의 청약자가 몰려 평균 경쟁률이 128.7 대 1을 기록했습니다. 59B형은 경쟁률이 무려 308.3 대

1을 기록했습니다.

공급물량이 워낙 적다 보니 당첨가점도 대부분 70점대를 기록했습니다. 사람들이 선호하는 지역이고 가격경쟁력이 있으면서 공급물량이 적은 경우에는 가점이 높은 사람도 당첨을 안심할 수 없다는 것을 다시금 실감하게 해준 경우였습니다.

DMC 센트럴자이 청약 결과

당해
1순위 마감

주택형	공급세대수	청약 결과	당첨 최저가점
55A	5세대	187.4 대 1	69점
55B	21세대	165.76 대 1	69점
59B	4세대	308.5 대 1	71점
59C	10세대	233.5 대 1	74점
59D	6세대	118.93 대 1	70점
74	14세대	99.1 대 1	71점
84A	29세대	79 대 1	69점
84B	67세대	125.03 대 1	69점
84C	90세대	180.58 대 1	69점
84D	24세대	156.1 대 1	74점
84E	10세대	128.66 대 1	72점
합계	280세대		

02

국민주택 입주자 모집공고문 꼼꼼히 읽는 법

공공분양 아파트 역시 최근 청약이 진행된 곳 중에서 임의로 선정해보았습니다.

SH 위례지구 A1-5BL 모집공고 분석

–투기과열지구, 분양가 상한제 국민주택

입주자 모집공고문을 많이 보는 것도 청약의 기술을 익히는 좋은 전략 중 하나입니다. 처음에는 작은 글씨의 어려운 용어가 눈에 안 들어오지만 자꾸 보다 보면 핵심을 파악하게 되고 익숙해집니다.

2020년 11월 19일 입주자 모집공고가 나오고, 그해 12월 16일 당첨자 발표가 난 물량입니다. 투기과열지구의 분양가 상한제가 도입된 아파트로서, 일반분양의 경우 70세대 모집에 20,216명이 청약하여 288.8 대 1의 높은 경쟁률을 기록했습니다.

청약 자격자

입주자 모집공고문을 보면 무주택 세대 구성원이어야 하며, 일반공급 1순위, 노부모부양, 생애최초 특공은 세대주만 신청할 수 있다는 문구가 있습니다.

SH 위례지구 A1-5BL 공공분양 입주자 모집공고문

에게도 최하층이 배정될 수 있습니다.

■ 금회 분양되는 분양주택은 입주자모집공고일(2020.11.19.) 현재 서울특별시, 인천광역시 및 경기도 지역(주민등록표등본 기준)에 거주하는 무주택세대구성원(예비신혼부부는 혼인으로 구성될 세대를 말함. 이하 같음)**에게 1세대 1주택(1세대 1명)의 기준으로 공급하고**(1세대 2인 이상이 청약시 중복당첨항목을 참고하시기 바람.), 일반분양의 입주자로 선정된 분은 입주자모집공고일부터 **입주시까지 세대구성원 전원이 무주택 요건을 유지**하여야 하며, 이를 위반할 경우 계약체결 이후라도 계약을 해제하고 위약금[총 주택가격(발코니 확장비용 금액 포함)의 10%]을 공제합니다.

※ 민법상 미성년자는 자녀를 양육하는 경우 또는 직계존속의 사망, 실종선고 및 행방불명 등으로 형제자매를 부양하는 세대주만 신청가능하며, 자녀 및 형제자매는 미성년자와 같은 세대별 주민등록표에 등재되어 있어야 합니다.

■ 공급신청 자격자

주택공급 신청은 무주택 세대구성원 (**「주택공급에 관한 규칙」 제2조 제2의3호**) 중 1인만 가능합니다.

(단, 노부모부양, 생애최초 특별공급 및 일반공급 1순위의 경우 세대주만 신청 가능)

■ 무주택 세대구성원 (「주택공급에 관한 규칙」 제2조 제4호)

※ 주택소유여부, 자산, 소득, 중복청약, 재당첨 제한 여부 등의 검증대상 및 판단기준이 되는 개념으로, 본 공고문에서 '세대에 속한 자'라 함은 '무주택세대구성원' 전원을 의미합니다. 무주택세대구성원의 기준일은 공고일이며, 그 이후 등본상 세대구성원의 변경이 있는 경우(예시: 세대구성원의 주민등록이전 등) 공고일 기준 세대구성원을 증명할 수 있는 주민등록표등본 및 초본을 당첨자 서류와 같이 제출하여야 합니다.

순위별 자격요건을 보면, 1순위 우선 조건을 더 자세하게 알 수 있습니다. 세대주여야 하고, 청약저축에 가입한 지 2년이 지나고 24회 이상 납입해야 하며, 3년 이상 무주택을 유지하고 있는 사람이어야 합니다. '과거 5년 이내 무주택 세대 구성원 전원이 다른 주택에 당첨되지 않았을 것'이라는 재당첨 제한 사항도 보입니다.

당첨자 선발방식을 보면, 앞에서 소개한 민영주택과 확연한 차이를 볼 수 있습니다. '3년 이상 기간 무주택 구성원으로서 저축총액이 많은 사람' 순으로 당첨자를 뽑습니다.

SH 위례지구 A1-5BL 공공분양 입주자 모집공고문

■ 금회 분양주택은 투기과열지구에 위치하며 주거전용면적 85㎡ 이하의 주택으로 주택법령상 해당 주택의 입주자로 선정된 날(2020. 12. 16.)부터 10년 동안 전매가 제한됨. 또한 전매제한기간 내 해당주택의 소유권을 제3자에게 이전할 수 없다는 내용이 소유권에 관한 등기에 부기등기되며, 「주택법시행령」 제73조에서 정하는 전매가 불가피한 사유에 해당하는 경우 우리 공사가 우선 매입할 수 있음. 단, 「주택법 시행령」 [별표 3]의4(제73조 제1항 관련)에 따라 해당 주택에 대한 소유권이전등기를 완료한 경우에는 등기를 완료한 때에 3년이 지난 것으로 봄.

■금회 분양하는 주택은 분양가 상한제 적용 주택이자 투기과열지구에서 공급되는 주택으로 당첨자(최초로 예비입주자를 입주자로 선정하는 경우로서 동·호수를 배정받고 공급계약을 체결하지 아니한 자 포함)는 계약체결 여부와 관계없이 한국감정원에서 당첨자로 전산관리되며, 당첨자 본인은 물론 그 세대에 속한 자(「주택공급에 관한 규칙」 제2조 제2의3호에 따른 무주택 세대 구성원)는 당첨일로부터 향후 10년 동안 다른 분양주택(분양전환 공공임대주택 포함, 투기과열지구 및 청약과열지역이 아닌 지역에서 공급되는 민영주택 제외, 입주자저축을 사용하지 않는 무순위 또는 선착순 분양주택 제외)의 입주자 및 입주예약자로 선정될 수 없음.

* 향후 주택법 및 관계법령의 개정에 따라 변경될 수 있음

국민주택인 SH 위례지구 A1-5BL 청약조건 및 당첨자 선정방법

순위	순위별 자격요건
1순위	다음의 요건을 모두 충족하는 사람 · 청약저축 또는 주택청약종합저축에 가입하여 2년이 경과되고, 매월 약정 납입일에 월 납입금을 24회 이상 납입 · 세대주 · 무주택 세대 구성원으로서, 과거 5년 이내 무주택 세대 구성원 전원이 다른 주택의 당첨자가 되지 않았을 것
2순위	1순위에 해당되지 않는 사람으로, 청약저축 또는 주택청약종합저축에 가입한 사람에 한함 * 2순위도 당첨 시 계약체결 여부와 상관없이 당첨자로 명단이 관리되며, 통장 사용 불가

* 당첨자 선정방법은 3년 이상 기간의 무주택 세대 구성원으로서 납입인정금액이 많은 사람

SH 위례지구 A1-5BL 청약 결과 분석

SH 위례지구 A1-5BL의 분양물량은 특별공급 85%, 일반공급 15% 비율로 분양되었습니다. 특공 신청자에게는 좋은 기회였을 것입니다. 반면에 일반공급은 15%밖에 안 되기 때문에 당첨 최저가점이 혀를 내두를 정도로 높아져버렸습니다. 84㎡ 평형의 경우 납입인정금액이 2,990만원, 즉 25년 동안 납입한 청약자도 예비번호를 받은 경우가 나올 정도였습니다.

앞에서 말했듯 투기과열지구의 분양가 상한제 아파트는 당첨 이후에 지켜야 할 의무조건이 까다롭습니다.

투기과열지구 분양가 상한제 아파트, 당첨 후 의무 조건

① 먼저 입주자로 선정된 날부터 10년 동안 전매가 제한됩니다. 그러니까 10년 동안 매매할 수 없습니다.

② 의무 거주기간도 5년 있습니다. 쉽게 말해 아파트가 완공된 후 5년 동안 전세나 월세를 놓을 수 없고 직접 살아야 한다는 것이죠.

③ 재당첨 제한으로 향후 10년 동안 당첨자와 그 세대에 속한 사람은 다른 분양주택에 청약할 수 없습니다.

SH 위례지구 A1-5BL 단지는 5년 거주의무에 10년 전매제한이 있는 아파트이기 때문에 생활권이 너무 먼 사람들은 신중하게 청약해야 했던 단지였습니다. 그런데 분양가가 주변시세보다 4억~5억 정도 낮게 책정된 이른바 '로또 분양' 아파트였기 때문에 당첨선이 아주 높았던 것입니다.

이처럼 입주자 모집공고문에는 공급유형과 가격, 공급세대수는 물론 1순위 조건부터 당첨자 선발방식, 각종 제한 사항이 모두 들어 있습니다.

투기과열지구 분양가 상한제 국민주택, 위례지구 A1-5BL의 '일반분양' 당첨 하한선

주택형	당해 당첨자	수도권 당첨자
66㎡H	1순위, 3년 이상 무주택 세대 구성원, 납입인정금액 : 2,466만원	1순위, 3년 이상 무주택 세대 구성원, 납입인정금액 : 2,328만원
70㎡H	1순위, 3년 이상 무주택 세대 구성원, 납입인정금액 : 2,348만원	1순위, 3년 이상 무주택 세대 구성원, 납입인정금액 : 2,340만원
75㎡H	1순위, 3년 이상 무주택 세대 구성원, 납입인정금액 : 2,310만원	1순위, 3년 이상 무주택 세대 구성원, 납입인정금액 : 2,290만원
80㎡H	1순위, 3년 이상 무주택 세대 구성원, 납입인정금액 : 2,370만원	1순위, 3년 이상 무주택 세대 구성원, 납입인정금액 : 2,300만원
84㎡H	1순위, 3년 이상 무주택 세대 구성원, 납입인정금액 : 3,130만원	1순위, 3년 이상 무주택 세대 구성원, 납입인정금액 : 2,980만원

투기과열지구 분양가 상한제 국민주택, 위례지구 A1-5BL의 '특공' 당첨 하한선

주택형	다자녀 특공		신혼부부 특공		노부모부양 특공	
	당해지역	수도권	당해지역	수도권	당해지역	수도권
66㎡H	총점 75점 미성년 자녀수 3명	총점 75점 미성년 자녀수 3명	1순위 가점 11점에서 추첨	1순위 가점 11점에서 추첨	3년 이상 무주택 세대 구성원 납입금액 2,060만원	3년 이상 무주택 세대 구성원 납입금액 2,010만원
70㎡H	총점 75점 미성년 자녀수 3명	총점 75점 미성년 자녀수 3명	1순위 가점 11점에서 추첨	1순위 가점 11점에서 추첨	3년 이상 무주택 세대 구성원 납입금액 1,990만원	3년 이상 무주택 세대 구성원 납입금액 1,910만원
75㎡H	총점 75점 미성년 자녀수 3명	총점 75점 미성년 자녀수 3명	1순위 가점 12점에서 추첨	1순위 가점 11점에서 추첨	3년 이상 무주택 세대 구성원 납입금액 1,890만원	3년 이상 무주택 세대 구성원 납입금액 1,670만원
80㎡H	총점 75점 미성년 자녀수 3명	총점 75점 미성년 자녀수 3명	1순위 가점 12점에서 추첨	1순위 가점 11점에서 추첨	3년 이상 무주택 세대 구성원 납입금액 2,040만원	3년 이상 무주택 세대 구성원 납입금액 1,830만원
84㎡H	총점 85점 미성년 자녀수 3명	총점 85점 미성년 자녀수 3명	1순위 가점 12점에서 추첨	1순위 가점 12점에서 추첨	3년 이상 무주택 세대 구성원 납입금액 2,225만원	3년 이상 무주택 세대 구성원 납입금액 2,170만원

03

당첨을 결정짓는 당해와 인근지역

서울과 수도권, 전국 주요 도시의 청약물량은 대부분 1순위 당해지역에서 마감되고 있습니다. 당해는 아무리 강조해도 지나치지 않을 정도로 당첨에 핵심적인 요소입니다. 따라서 당해요건을 갖추는 청약전략을 만들어야 합니다.

사례 **"서울에서 살고 싶어요!"**

S씨는 경기도에서 10년을 넘게 살았지만 서울에서 살고 싶은 간절한 꿈을 가지고 있었습니다. 무엇보다 직장이 서울 종로구이다 보니 출근시간이 많이 걸려 힘들었습니다. 그래서 서울에 아파트 분양이 있을 때마다 주저하지 않고 청약을 했습니다. 하지만 결과는 항상 실패였습니다.

S씨는 오랫동안 청약에 도전했는데도 당첨이 되지 않자, 급기야 아파트 청약을 포기할 참입니다. S씨의 현명한 당첨 전략은 무엇일까요?

S씨가 항상 아파트 청약에서 떨어진 이유는 무엇일까요? 바로 지역 우선공급제를 이해하지 못했기 때문입니다.

지역 우선공급제는 해당 건설지역에 일정기간 이상 거주하고 있는 사람들에게 주택을 우선공급할 수 있도록 한 제도입니다. 한마디로 그 지역에서 사는 사람에게 당첨의 우선권을 주는 것이죠. 이 말을 바꾸어 생각해보면, 그 지역에서 살고 있지 않으면 당첨 기회가 아예 없는 경우가 대부분입니다.

흑석 리버파크 자이의 당해요건

다음은 2020년 5월에 있었던 흑석 리버파크 자이의 입주자 모집공고문에서 당해요건에 대한 설명입니다.

흑석 리버파크 자이 입주자 모집공고문

최초 입주자 모집공고일 현재 서울특별시에 2년 이상(2018. 05. 08. 이전부터 계속 거주) 거주하거나 서울특별시 2년 미만 거주자 및 수도권(인천광역시 및 경기도) 지역에 거주하는 만 19세 이상인 자 또는 세대주인 미성년자(자녀 양육, 형제자매 부양) 중 입주자저축 순위별 자격요건을 갖춘 자 [국내에서 거주하고 있는 재외동포(재외 국민, 외국 국적 동포) 및 외국인은 1순위 청약 불가하며, 2순위 청약 가능합니다.]

당해지역 1순위

기타지역 1순위

입주자 모집공고문에 따르면 흑석 리버파크 자이 청약에서는 "서울특별시에 2년 이상 거주한 사람"이 당해지역 1순위가 됩니다. 이 당해요건을 만족시키지 못한 사람, 즉 "서울특별시에 2년 미만 거주자 및 수도권 지역에 거주하는…" 사람은 1순위 기타가 됩니다.

흑석 리버파크 자이 청약경쟁률 분석

청약 결과를 볼까요? 흑석 리버파크 자이는 1순위 당해지역에서 마감되었습니다. 84.94㎡형은 1순위 당해지역의 청약경쟁률이 44.83 대 1에 달했고, 84.96㎡형은 37.29 대 1, 84.99㎡형은 63.79 대 1을 기록했습니다. 1순위 기타나 2순위는 청약을 신청할 기회조차 없었습니다. 다시 말해 서울특별시에서 2년 이상 거주한 사람만이 이 아파트 청약에 당첨될 수 있었던 것입니다.

유난히 청약 열기가 뜨거웠던 2020년을 돌아보면, 흑석 리버파크 자이처럼 핫했던 핵심 청약물량은 모두 1순위 당해 마감이었다 해도 과언이 아닙니다.

S씨가 서울지역 아파트 청약에 계속 떨어진 이유는 여기에 있습니다. S씨는 경기도에 거주했기 때문에, 서울에 공급되는 아파트에 청약할 때는 당해 1순위가 아닌 기타 1순위입니다. 당첨 가능성이 거의 없습니다.

만약 S씨가 당해지역 제도를 이해했다면 당첨 확률을 높이기 위해서 서울로 이사를 하거나, 또는 현재 거주지를 중심으로 한 당해지역 분양물량 중심으로 청약했을 것입니다. 즉, 일단 현재 거주지에서 유리한 분양물량에 청약하여 당첨된 후, 이 아파트의 가격이 오르면 팔고 여유자금을 보태 서울의 아파트를 사거나, 또는 이 아

흑석 리버파크 자이 84㎡형의 경쟁률과 당첨가점

1순위 당해지역 마감

주택형	공급 세대수	순위		청약자	경쟁률	최저가점
84.94㎡	70세대	1순위	당해지역	3,138명	44.83 대 1	60점
			기타지역	-	-	-
		2순위	당해지역	-	-	-
			기타지역	-	-	-
84.96㎡	172세대	1순위	당해지역	6,414명	37.29 대 1	59점
			기타지역	-	-	-
		2순위	당해지역	-	-	-
			기타지역	-	-	-
84.99㎡	39세대	1순위	당해지역	2,488명	63.79 대 1	60점
			기타지역	-	-	-
		2순위	당해지역	-	-	-
			기타지역	-	-	-

파트를 분양받은 후 거주조건을 갖춘 다음 전세를 놓고 서울에 살면서 서울지역의 청약 1순위 조건을 갖추는 방법이 있었겠죠. 하지만 S씨는 청약에 대한 막연한 지식과 기대로 세월만 보내는 사이 서울 아파트 가격이 크게 올라서 아쉬워 했습니다. "아는 만큼 보인다"고 했습니다. 청약공부를 5년, 단 3년만 일찍 시작했더라도 지

금보다는 사정이 나았을 것입니다. "늦었다고 생각할 때가 그나마 이른 때"라는 말도 있습니다. 지금이라도 청약공부를 시작하세요.

인근지역은 어디까지?

앞에서 말했듯 주택공급은 당해지역에 거주하는 신청자에게 우선 공급을 합니다. 여기서 당해지역은 주택이 건설되는 시, 군을 말합니다. 서울의 인근지역은 인천과 경기도이고, 지방도시의 인근지역은 해당 도시 인근의 도를 말합니다. 충청남도 공주시에서 분양되는 아파트의 당해지역은 공주시이고, 인근지역은 충청남도와 대전광역시, 세종시입니다. 전주시에 건설되는 아파트의 당해지역은 전주시이고, 인근지역은 전라북도입니다.

인근지역의 범위

- 서울특별시, 인천광역시 및 경기도 지역(이하 '수도권'이라 한다.)
- 대전광역시, 세종특별자치시 및 충청남도
- 충청북도
- 광주광역시 및 전라남도
- 전라북도
- 대구광역시 및 경상북도
- 부산광역시, 울산광역시 및 경상남도
- 강원도

* 단, 세종특별자치시, 도청 이전 신도시, 혁신도시개발지구, 기업도시개발구역, 산업단지, 주한미군 이전지역, 위축지역에서 공급되는 주택은 해당 및 인근지역에 거주하지 않아도 청약 가능

04

인근지역 청약까지 가능한 아파트는 따로 있다?

청약 열기가 뜨거운 요즘 같은 시기에는 인근지역까지 당첨 기회가 오는 경우가 거의 없습니다. 그런데 대규모 택지개발지구나 신도시가 개발되는 경우처럼 수천 호, 수만 호의 공급물량이 한꺼번에 쏟아지는 경우라면, 당해지역 주민에게만 당첨 기회를 주는 것이 불합리하지 않을까요? 그래서 특별한 경우에는 당해지역에 100% 우선공급을 하는 것이 아니라, 당해지역과 인근지역, 기타지역까지 주택공급 비율을 배정해놓습니다.

과천 푸르지오 오르투스의 청약경쟁률 분석

2020년 10월 22일 분양공고가 나왔던 과천 푸르지오 오르투스는 주택건설지역이 경기도이며, 공공주택지구, 대규모 택지개발지구였습니다. 입주자 모집공고문에 이런 문구가 있었습니다.

과천 푸르지오 오르투스 입주자 모집공고문

현재 과천시에 2년 이상 계속 거주한 자(2018. 10. 22. 이전부터 계속 거주)에게 일반공급 세대수의 30%를 우선공급하며, 경기도에 2년 이상 계속 거주한 자(2018. 10. 22. 이전부터 계속 거주)에게 20%를 공급(과천시 공급신청자가 공급량에 미달될 경우에는 경기도 2년 이상 거주한 자 공급물량에 포함)하고, 50%를 수도권 거주자(서울특별시, 인천광역시, 경기도 2년 미만)에게 공급합니다.

과천 푸르지오 오르투스의 당첨 결과를 보면 당해지역, 기타경기, 기타지역으로 나누어 당첨자를 뽑았다는 것을 알 수 있습니다. 이와 같은 원칙은 민영주택, 국민주택 모두 적용됩니다.

과천 푸르지오 오르투스 74A의 당첨 결과

1순위 마감

주택형	공급 세대수	순위		청약자	경쟁률	최저 당첨가점
74.95㎡	79세대	1순위	당해지역	558명	23.25 대 1	65점
			기타경기	7,879명	525.81 대 1	70점
			기타지역	10,619명	487.59 대 1	69점
		2순위	당해지역	–	–	–
			기타경기	–	–	–
			기타지역	–	–	–

추첨제 비율 체크하기

앞에서도 살펴보았지만 지역, 그리고 주택규모에 따라서 가점제와 추첨제의 비율이 달라집니다. 대부분 가점제로 선발하고, 추첨제 물량은 많지 않은 편입니다. 또한 전용 85㎡ 초과 주택에 추첨제의 비중이 높습니다(다만, 평형이 높아지면 대출가능 비율이 달라지는 경우가 있기 때문에 자금계획을 면밀하게 세우는 것이 중요합니다). 따라서 민영주택 청약 시 가점제와 추첨제 비율을 정확하게 알아야 전략적으로 청약할 수 있습니다.

기존주택 처분 조건의 3가지 요건

이미 1주택을 가지고 있는 사람이 기존주택을 처분한다는 조건으로 청약에 참여하는 것을 '주택처분 조건'이라 합니다. 다음 3가지

요건을 지켜야 합니다.

① 입주 이전에 기존주택의 소유권을 처분하는 조건을 승낙해야 합니다.

② 입주 예정일 이전에 기존주택의 소유권 처분 계약에 관하여 신고하거나 검인을 받아야 합니다.

③ 입주 가능일로부터 6개월 이내에 기존주택의 소유권 처분을 완료해야 합니다.

05

투기과열지구, 청약과열지역 여부부터 체크하자

"우리 시 아파트 가격이 많이 오르더니, 청약과열지역으로 지정된대."

"아, 요 앞 GTX 역 예정지 인근에 새로 분양하는 아파트에 청약하려고 했는데…. 청약과열지역으로 지정되면 뭐가 달라지나? 머릿속이 복잡해지네."

투기과열지구나 청약과열지역 등 규제지역은 주택가격의 안정을 위해 필요한 경우에 국토교통부 장관 또는 시·도지사가 지정합니다. 새로 지정되거나 해제되는 것이 반복되므로, 청약홈에서 가장 최근의 정보를 확인하는 것이 좋습니다(**[청약제도안내] → 규제지역정보**). 내가 청약하려는 지역이 갑자기 규제지역으로 지정된다면 많이 혼란스러울텐데, 청약자로서 우선 체크해야 할 사항을 알아보죠.

규제지역의 1순위 청약조건 강화

가장 먼저 달라지는 점은 1순위 청약조건이 엄격해진다는 것입니다.

민영주택 1순위 제한

다음 조건에 하나라도 해당하는 사람은 규제지역에서 민영주택 1순위 청약이 안 됩니다.

① 주택청약종합저축에 가입한 지 2년 미만인 사람

② 세대주가 아닌 사람

③ 본인이나 세대원들이 과거 5년 이내 다른 주택에 당첨된 적이 있는 사람

④ 2주택(청약주택이 토지임대주택인 경우 1주택) 이상을 소유하고 있는 세대에 속한 사람

국민주택 1순위 제한

다음 3가지 조건 중 하나라도 해당되는 사람은 규제지역에서 국민주택 1순위 청약이 안 됩니다.

① 주택청약종합저축에 가입한 지 2년(납입횟수 24회) 미만인 사람

② 세대주가 아닌 사람

③ 과거 5년 이내 다른 주택에 당첨된 사람이 속해 있는 무주택 세대 구성원

규제지역의 청약가점제 아파트는 무주택자만

규제지역에서 가점제 아파트는 무주택자만 청약할 수 있습니다. 1주택자는 1순위 자격은 있지만 추첨제로만 청약할 수 있습니다. 추첨제 분양에서도 당첨자의 75%를 먼저 무주택자에서 뽑고, 주택처

분 조건을 승낙한 1주택자가 나머지 추첨제 물량에 참여할 수 있습니다(주택 처분 조건은 뒤에서 설명합니다). 또한 청약가점제로 당첨자를 뽑는 비율도 높아집니다. 다시 말해 규제지역에서는 무주택자가 절대적으로 당첨에 유리해지는 것입니다.

규제지역 가점제 적용대상 제외자

다음의 조건에 하나라도 해당하는 경우 규제지역에서 가점제에 청약할 수 없습니다.

① 1호 또는 1세대의 주택을 소유한 세대에 속한 사람

② 본인이나 세대원이 과거 2년 이내 가점제로 다른 주택에 당첨된 적이 있는 사람

규제지역의 재당첨 제한

투기과열지구는 재당첨 제한이 10년, 청약과열지역은 7년인데, 본인은 물론 그 세대원들도 앞으로 재당첨 제한 기간 동안에는 다른 분양주택에 청약할 수 없습니다. 단, 투기과열지구 및 청약과열지역이 아닌 지역에서 분양되는 민영주택에는 청약할 수 있고, 청약통장을 사용하지 않는 무순위, 또는 선착순 분양주택에는 청약할 수 있습니다. 하지만 분양전환 공공임대주택에도 청약할 수 없습니다.

재당첨 제한은 당첨 후 실제 그 아파트를 계약했는지 여부와는 상관없습니다. 일단 아파트 청약에 당첨되면 한국부동산원에서 당

첨자로 전산관리를 하므로, 계약을 포기하더라도 재당첨 제한 기간 동안에는 다른 분양 아파트에 청약할 수 없습니다.

대출가능 금액이 달라진다

투기과열지구나 청약과열지역(조정대상지역)으로 지정되면 대출가능 금액이 달라집니다. 예를 들어 2021년 2월 현재 9억원 이하 주택의 경우 조정대상지역(청약과열지역)은 LTV가 50%, DTI가 50%이고, 투기과열지구는 LTV가 40%, DTI가 40%입니다. 이 수치는 시기에 따라 조정될 수 있고, 개인에 따라 대출가능 금액이 달라질 수 있기 때문에 청약 전에 미리 확인을 해두어야 합니다.

또한 규제지역으로 지정되면 2주택 이상 보유한 세대의 경우 주택 신규 구입을 위한 주택담보대출도 금지됩니다(2021년 5월 기준). 청약에서 대출가능 금액을 알아보고 자금마련 계획을 세우는 것은 매우 중요한데, LTV와 DTI, 그리고 대출가능 금액을 계산하는 법은 뒤에서 자세히 설명하니, 여기서는 투기과열지구, 청약과열지역 여부에 따라 대출가능 금액이 달라진다는 것 정도만 기억하고 넘어가도 됩니다. 투기과열지구 및 청약과열지역 등 규제지역은 상황에 따라 자주 바뀌는데, 청약홈 홈페이지에 오른쪽 하단의 **규제지역정보**를 누르면 최신 정보를 볼 수 있으니 자주 확

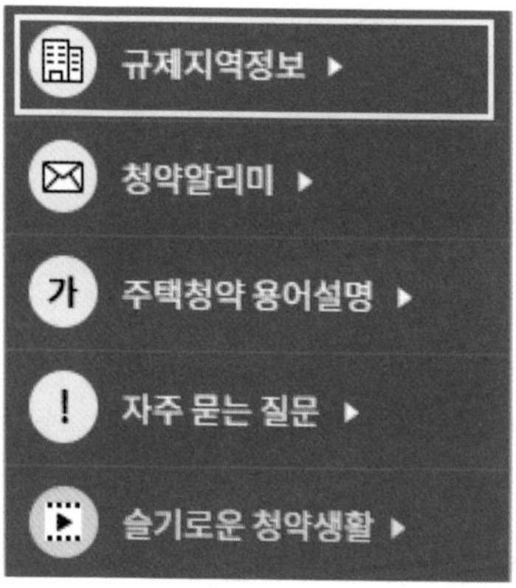

인해보세요.

투기과열지구와 청약과열지역의 다른 점

투기과열지구와 청약과열지역은 거의 비슷하다고 보아도 무방합니다. 1순위 제한사항도 동일합니다. 차이가 있다면 투기과열지구는 재당첨제한이 10년이고, 청약과열지역은 7년입니다. 또한 앞에서 말했듯, 대출가능금액이 다른데 청약과열지역은 LTV가 50%, DTI가 50%이고, 투기과열지구는 LTV가 40%, DTI는 40%로 청약과열지역보다 더 적습니다(참고로 2021년 7월부터 주택 관련 대출 기준이 좀 달라지는데, 뒤에서 자세히 설명하니 참조하세요).

투기과열지구 지정 현황

기준 : 2021년 5월 20일 | 출처 : 청약홈 홈페이지

지역	지정지역
서울특별시	전역(25개 구)
경기도	광명시, 과천시, 성남시 분당구·수정구, 하남시, 수원시, 안양시, 안산시 단원구, 구리시, 군포시, 의왕시, 용인시 수지구·기흥구, 화성시(동탄2만 지정)
인천광역시	연수구, 남동구, 서구
대구광역시	수성구
대전광역시	동구, 중구, 서구, 유성구
세종특별자치시	행정중심복합도시 건설 예정지역
경상남도	창원시 의창구(대산면 제외)

청약과열지역 지정 현황

기준 : 2021년 5월 30일 | 출처 : 청약홈 홈페이지

지역	지정지역
서울특별시	25개 구 전역
경기도	전역(일부 지역 제외) **제외지역:** 남양주시(화도읍·수동면·조안면), 용인시 처인구(포곡읍, 모현·백암·양지·원삼면 가재월·사암·미평·좌항·두창·맹리), 안성시(일죽·죽산·삼죽·미양·대덕·양성·고삼·보개·서운·금광면), 광주시(초월·곤지암읍, 도척·퇴촌·남종·남한산성면), 양주(백성읍, 남·광적·은현면), 김포시(통진읍, 대곶·월곶·하성면), 파주(문산·파주·법원·조리읍, 월롱·탄현·광탄·파평·적성·군내·장단·진동·진서면), 연천시, 동두천시, 포천시, 가평시, 양평시, 여주시, 이천시
인천광역시	중구(을왕·남북·덕교·무의동 제외), 동구, 미추홀구, 연수구, 남동구, 부평구, 계양구, 서구
부산광역시	해운대구, 수영구, 동래구, 연제구, 남구, 서구, 동구, 영도구, 부산진구, 금정구, 북구, 강서구, 사상구, 사하구
대구광역시	수성구, 중구, 동구, 서구, 남구, 북구, 달서구, 달성군(가창·구지·하빈면, 논공·옥포·유가·현풍읍 제외)
광주광역시	동구, 서구, 남구, 북구, 광산구
대전광역시	동구, 중구, 서구, 유성구, 대덕구
울산광역시	중구, 남구
세종특별자치시	행정중심복합도시 건설 예정지역
충청북도	청주시(낭성·미원·가덕·남일·문의·남이·현도·강내·옥산·북이면, 내수읍 제외)
충청남도	천안시 동남구(목천읍, 풍세·광덕·북·성남·수신·병천·동면 제외)·서북구(성환·성거·직산읍, 입장면 제외), 논산시(강경·연무·성동·광석·노성·상월·부적·연산·벌곡·양촌·가야곡·은진·채운면 제외), 공주시(유구·이인·탄천·계룡·반포·의당·정안·우성·사곡·신풍면 제외)
전라북도	전주시 완산구·덕진구
전라남도	여수시(돌산읍, 율촌·화양·남·화정·삼산면 제외), 순천시(승주읍, 황전·월등·주암·송광·외서·낙안·별량·상사면 제외), 광양시(봉강·옥룡·옥곡·진상·진월·다압면 제외)
경상북도	포항시 남구(구룡포·연일·오천읍, 대송·동해·장기·호미곶면 제외), 경산(하양·진량·압량읍, 와촌·자인·용성·남산·남천면 제외)
경상남도	창원시 성산구

06

꼭 챙겨봐야 할 전매 제한

사례 "전매제한 때문에 당첨을 포기합니다"

N씨는 20년 전 계약금만 가지고 청약에 당첨되어 큰 이익을 남긴 경험이 있습니다. 당첨 후 계약금만 지불하고 중도금은 집단대출로 내고, 잔금은 주택담보대출로 처리한 후에 수천만원의 프리미엄을 얻고 팔았습니다.

그 이후 무주택자가 되었던 N씨는 새로 청약통장을 만들었고, 올해 다시 청약에 도전했습니다. 그리고 당첨의 기쁨을 맛보았습니다. 그런데 이번에 당첨된 아파트는 전매제한이 있어 매도도 안 되고 거주의무가 있어 전세도 줄 수 없다고 합니다. 뒤늦게 자금마련 계획을 세워보던 N씨는 결국 당첨된 아파트를 포기해야 했습니다.

전매제한이란 새로 분양되는 주택에 당첨된 뒤 일정기간 사고팔지 못하도록 하는 조치를 말합니다. 주택법에 따라 결정되며, 전매제한이 있는 아파트도 있고 없는 아파트도 있습니다. 전매제한은 입주자 모집공고문에 분명하게 명기되어 있어 쉽게 확인할 수 있습니다.

2020년 12월에 분양이 진행되었던 '힐스테이트 리슈빌 강일'의 입주자 모집공고문에는 이런 문구가 있었습니다.

힐스테이트 리슈빌 강일 입주자 모집공고문

서울특별시 강동구는 투기과열지구 및 청약과열지역의 수도권 공공택지에서 공급하는 분양가 상한제 적용 주택으로 「주택법」 제64조 및 「주택법시행령」 제73조 규정에 의거 입주자로 선정된 날(당첨자 발표일 2021. 01. 07.)부터 8년까지 전매가 금지됩니다.(단, 향후 「주택법」 및 관계법령에 따라 조정될 수 있습니다.)

이와 달리 2020년 5월에 분양이 진행되었던 강원도 속초 디오션 자이의 모집공고문을 보면 이렇습니다.

속초 디오션 자이 입주자 모집공고문

- 본 아파트는 비투기과열지구 민간택지에서 공급하는 아파트로서 분양권 전매에 대한 제한은 없습니다.
- 청약신청자 중 같은 순위 내에 경쟁이 있을 경우 해당 주택건설지역인 속초시 3개월 이상 거주자(2020년 2월 14일 이전 계속 거주자)가 우선합니다.

서울 강동구는 투기과열지구 및 청약과열지역이어서 당시 8년까지 전매가 금지되었고, 반면에 강원도 속초는 비투기과열지구이기 때문에 분양권 전매가 가능했습니다.

서울시 강동구의 힐스테이트 리슈빌 강일은 분양가 상한제 아파트로서 로또 분양으로 꼽히던 단지였습니다. 평균 청약경쟁률이 255.5 대 1에 달했습니다.

한편 속초 디오션 자이의 경우 속초에서 3개월 이상 거주하면 당해요건을 인정해주었는데, 청약 결과는 전 평형이 1순위 당해 마감되었고, 최고경쟁률은 전용 131㎡형으로 89 대 1이었고, 최저경쟁률은 84㎡ D형으로 2 대 1이었습니다. 같은 84㎡형이라도 A, B, C, D 평형별로 청약경쟁률이 차이가 났습니다. 전매가 쉽기 때문에 구조가 좋은 주택형으로 쏠림현상이 두드러진 경우였습니다.

07

더 엄격해진 의무 거주기간

남편 : A 지역이 유망하다는데 청약 한 번 넣어볼까?

아내 : A지역은 내 출근시간이 2시간 넘게 걸리는데….

남편 : 당신 5년 후쯤 퇴사 고려하고 있었잖아. 그때까지 전세로 주고, 당신이 퇴사하면 그 아파트에 들어가면 되지.

아내 : 여보, 그 아파트는 의무 거주기간이 5년이야. 아파트가 완공되면 잔금을 치르고 우리가 바로 들어가서 살아야 해.

예전에는 새 아파트에 당첨되고 완공된 후 입주가 시작될 때 바로 들어가 살지 않는 경우가 많았습니다. 대화에 등장하는 남편은 아마 그런 기억 때문에, 완공 후 상황이 달라질 때까지 전세를 줄 생각이었던 것 같습니다.

하지만 거주의무 역시 규제지역 여부에 따라 달라집니다. 따라서 청약하려고 하는 아파트의 의무 거주기간을 반드시 확인해야 합니다.

청약에서 2021년부터 달라지는 가장 중요한 것 중 하나가 바로

'거주의무'입니다. 2021년 2월부터 수도권 분양가 상한제 아파트의 당첨자는 반드시 본인이 입주해야 합니다. 그러니까 아파트가 완공된 후 입주할 때 전세를 주고 자신은 다른 곳에 사는 것이 불가능합니다.

민간택지에 지어진 분양가 상한제 아파트는 의무 거주기간이 2~3년이고 공공택지는 3~5년입니다. 따라서 아파트에 청약할 때는 분양가 상한제 아파트인지 체크하고, 반드시 입주자 모집공고문에서 의무 거주기간을 꼼꼼히 확인해야 합니다.

분양가 상한제 아파트의 의무 거주기간

구분	인근지역 매매가 대비 분양가	의무 거주기간
공공주택	80% 이상 100% 미만	3년
	80% 미만	5년
민영주택	80% 이상 100% 미만	2년
	80% 미만	3년

08

재당첨 제한, 모르면 나만 손해!

앞에서 말했듯, 2018년부터 2020년 8월까지 부적격 당첨된 사례를 보면 총 4만 8,739명으로 전체 당첨자의 9.8%가 부적격이었습니다. 부적격 이유를 보면, 청약 점수를 잘못 계산한 경우가 74.7%로 압도적으로 많았는데, 그다음으로는 많은 것이 재당첨 제한 위반으로 인한 부적격 당첨으로 무려 4,352명, 부적격 사례의 8.9%에 달했습니다.

재당첨 제한이란 주택에 청약하여 당첨된 사람 및 그 세대에 속한 사람에게 주택 종류, 또는 지역별로 일정기간 다른 주택에 당첨되는 것을 제한하는 것을 말합니다. 재당첨 제한 사항이 있다고 무조건 청약을 하지 못하는 것은 아닙니다. 예를 들어 5년간 재당첨 제한 규정이 있는 아파트에 당첨이 되었더라도, 비규제지역의 민영주택에는 대부분 청약을 할 수 있습니다.

정확한 재당첨 제한 여부 및 기간은 청약홈 홈페이지에서 공동인증서로 로그인하여 확인하는 것이 좋습니다.

재당첨 제한 기간

출처 : 청약홈

<table>
<tr><th>구분</th><th colspan="3">적용기간(당첨일로부터)</th></tr>
<tr><td>· 투기과열지구
· 분양가 상한제 아파트</td><td colspan="3">10년</td></tr>
<tr><td>· 청약과열지역</td><td colspan="3">7년</td></tr>
<tr><td>· 토지임대주택
· 투기과열지구 내 정비조합
(제3조제2항제7호가목)</td><td colspan="3">5년</td></tr>
<tr><td rowspan="4">· 이전기관 종사자 특공 주택
· 분양전환 공공임대주택
· 기타 당첨자(제3조제2항제1·2·4·6·8호)</td><td rowspan="2">수도권내 과밀억제권역
(수도권정비계획법
제6조1항)</td><td>전용 85㎡ 이하</td><td>5년</td></tr>
<tr><td>전용 85㎡ 초과</td><td>3년</td></tr>
<tr><td rowspan="2">그 외</td><td>전용 85㎡ 이하</td><td>3년</td></tr>
<tr><td>전용 85㎡ 초과</td><td>1년</td></tr>
</table>

* 두 가지 이상의 제한기간에 해당하는 경우 그 중 가장 긴 제한기간을 적용

재당첨 제한 사례 보기

사례 "재당첨 제한에 걸려 당첨이 취소될까요?"

· A씨는 3년 재당첨 제한 규정이 있는 민영주택에 당첨되었는데, 3년이 채 되지 않아 국민주택에 다시 당첨되었습니다.

· B씨는 7년 재당첨 제한 규정이 있는 민영주택에 당첨되었고, 5년이 채 되지 않아 비조정지역의 민영주택에 다시 당첨되었습니다.

A씨의 경우는 재당첨 제한 규정이 있는 민영주택에 당첨된 지 3년이 되지 않아 국민주택에 당첨되었으므로, 재당첨 제한 규정을 어겨서 부적격 처리됩니다. B씨의 경우는 재당첨 제한이 있는 민영주택에 당첨되었지만, 이후 당첨된 아파트가 비조정지역이라서 재당첨 제한에 해당되지 않습니다.

재당첨 제한의 원칙

이제 재당첨 제한의 원칙을 정리해보겠습니다.

① 재당첨 제한이 있는 아파트에 당첨된 사람은 물론, 그 세대에 속한 사람 모두 재당첨 제한의 영향을 받습니다.

② 두 번째 당첨되는 주택이 국민주택인 경우에는 무조건 재당첨 제한이 적용됩니다.

③ 두 번째 당첨되는 주택이 투기과열지구 및 청약과열지역에서 공급되는 민영주택일 경우에도 재당첨 제한이 적용됩니다.

④ 비조정지역의 민영주택은 재당첨 제한이 적용되지 않습니다.

[문제] 다음 중 재당첨 제한을 받는 경우는?

① C씨: 국민주택에 당첨된 후 재당첨 제한 기간 내에 국민주택에 다시 당첨

② D씨: 민영주택에 당첨된 후 재당첨 제한 기간 내에 국민주택에 다시 당첨

③ E씨: 국민주택에 당첨된 후 재당첨 제한 기간 내 투기과열지구의 민영주택에 당첨

①과 ②는 두 번째 당첨되는 주택이 국민주택이므로 재당첨 제한을 받습니다. ③의 경우도 두 번째 당첨 주택이 투기과열지구의 민영주택이므로 역시 재당첨 제한을 받습니다.

과천 푸르지오 오르투스 모집공고문의 재당첨 제한

재당첨 제한에서 많은 분이 혼동을 느끼거나 놓치는 부분이 있습니다. 바로 기준이 '세대'라는 것입니다. 과천 푸르지오 오르투스의 입주자 모집공고문 중 특공과 관련한 청약 제한요건 일부를 보죠.

과천 푸르지오 오르투스 입주자 모집공고문

■ 「주택공급에 관한 규칙」 제54조에 의거 과거 투기과열지구 및 청약과열지역 등에서 당첨되어 재당첨 제한 기간에 속한 자 및 세대에 속한 자(배우자 또는 주민등록이 분리된 배우자 및 배우자와 동일한 세대를 이루고 있는 세대원)는 특공 청약 불가. 또한, 생애최초 주택구입자 및 노부모 부양자 특공의 경우 세대주가 아닌 자, 과거 5년 이내에 다른 주택에 당첨된 세대에 속한 자는 특공 청약 불가함.

이 경우에 청약자 본인은 물론 재당첨 제한 세대에 속한 경우에도 특공에 청약할 수 없다는 것을 알 수 있습니다.

09

미계약분 혹은 줍줍, 또 다른 기회

사례 **DMC 파인시티자이 무순위, 5억 로또 '줍줍'에 30만 명 몰려**

2020년 12월 29일, 서울시 은평구 수색 DMC 파인시티자이의 미계약 물량에 대한 무순위 신청을 했다. 미계약 물량은 59㎡ A형 1세대였다.

이번에 미계약된 59㎡형은 원래의 분양가인 5억 2,643만원(발코니 확장비 포함)에 무순위 신청을 받았는데, 인근 비슷한 평형의 실거래가보다 5억~6억원이나 낮은 가격이라 '로또'로 회자되었다. 1세대 모집에 무려 29만 8천여 명이 몰려 역대 최고 경쟁률을 기록했다. 건설사인 GS건설의 '자이 앱'으로 신청을 받았는데 신청자가 폭주하여 한때 접속에 장애가 생기는 진풍경을 연출하기도 했다.

_OO신문

2020년 12월 '줍줍'이라고 불리는 무순위 청약경쟁률이 경신되었습니다. 서울 은평구 수색6재정비촉진구역의 DMC 파인시티자이는 2020년 8월 분양에서 282세대 모집에 약 1만 3천 명이 몰려 평균 청약경쟁률이 45.3 대 1에 달했는데, 미계약 잔여 물량이 1세대 나오자 무려 29만 8천여 명이 몰린 것입니다.

줍줍이 뭐길래, 이렇게 많은 사람이 몰리는 걸까요?

'미계약분'이라고 불리는 줍줍은 '미분양'과는 다릅니다. '미분양'은 특공, 1순위, 2순위 신청까지 모두 받고도 잔여물량이 남아 있는 경우입니다. 사람들에게 별로 인기가 없는 아파트라는 뜻입니다.

반면 '미계약'은 다릅니다. 핵심지역 인기단지에서도 '미계약 잔여 세대'가 나옵니다. 일반공급 예비당첨자의 계약까지 모두 완료한 후에 부적격 당첨, 또는 도저히 자금여력이 되지 않아서 계약을 포기하는 사람이 생기는 것입니다.

화제가 되었던 DMC 파인시티자이의 줍줍 결과는 어떻게 되었을까요? 모두가 부러워한 이 행운을 거머쥔 사람은 20대 여성으로 알려졌습니다. 그런데 안타깝게도 이 여성분은 계약을 하지 못했습니다. 오전 10시 당첨 소식을 듣고, 오후 3시까지 계약금 1억 519만원을 마련해야 했는데 그러지 못한 듯합니다. 결국 행운은 1순위 예비당첨자에게 돌아갔습니다.

줍줍, 이젠 당해지역 무주택자만

미계약분에 대한 무순위 신청인 줍줍은 그동안 규제 없이 진행됐습니다. 청약통장이 없어도 되고, 거주지역 제한 없이 성년이기만 하면, 주택 유무와 상관없이 신청할 수 있었습니다. 최근까지 줍줍은 현장에서 직접 접수를 받았는데, 줍줍이 많이 발생한 곳은 단체로

고속버스를 타고 와서 접수하거나 계약하는 경우도 있었습니다.

그런데 2021년 5월 28일부터 공급되는 단지의 경우 줍줍에 대한 규정이 바뀌었습니다. 이제는 해당 주택건설지역의 무주택 세대 구성원인 성년자여야 하고, 규제지역에 공급되는 일반청약과 동일하게 재당첨 제한이 적용됩니다. 분양주택이 건설되는 지역의 무주택자에게 주택공급 기회를 확대하기 위한 것입니다.

줍줍, 무순위 신청 바뀐 내용

① 무주택 세대의 만 19세 이상

② 주택건설지역 거주자

③ 재당첨 제한 적용(투기과열지구 10년, 청약과열지역 7년)

10

"부부가 같이 청약해도 되나요?" 중복당첨의 세계

"부부가 한 아파트에 함께 청약해도 될까요?"

"아버지와 아들이 한 아파트에 함께 청약해도 될까요?"

"현재 모집공고가 난 아파트 중 관심이 있는 아파트가 2~3개 되는데요. 모두 청약을 넣어도 되나요?"

가족이 각각 청약통장을 가지고 있다 보니 모두 활용하고 싶은 생각이 듭니다. 청약통장이 여러 개이면 모두 활용해도 될까요?

중복당첨 처리방법은 본인과 세대원이 모두 연관이 있습니다. 가장 중요한 것은 당첨자 발표일과 규제지역 여부입니다.

중복당첨 체크리스트

① 당첨자 발표일이 같은가, 다른가?

② 투기과열지구나 청약과열지역인가?

③ 같은 단지인가, 다른 단지인가?

④ 특별공급인가, 일반공급인가?

투기과열지구나 청약과열지역 등 규제지역에서 본인이나 세대원이 당첨자 발표일이 같은 다른 단지에 동시청약을 하면 모두 부적격 처리됩니다. 단, 같은 단지, 같은 주택형의 특공과 일반공급에는 동시청약을 할 수 있습니다. 특공이 당첨되면 일반공급의 당첨은 자동으로 무효 처리됩니다. 즉, 규제지역이라면 당첨자 발표일이 같은 경우 동시청약을 할 수 없고, 같은 단지, 같은 주택형의 특공, 일반공급만 함께 청약할 수 있다고 기억하면 됩니다.

당첨자 발표일이 다른 경우에는 자유롭게 청약할 수 있는데, 먼저 당첨된 것이 우선합니다.

규제지역에서 중복당첨된 경우

사례 "서울과 과천에서 당첨됐어요"

세대분리가 되어 있는 G씨 부부는 최근 투기과열지구의 아파트에 둘다 일반분양 1순위로 청약해 당첨되었습니다. G씨의 당첨자 발표일은 7월 8일이고, 아내는 7월 10일입니다. G씨 부부의 아파트 당첨은 부적격 처리될까요? 단, G씨 부부는 과거 5년 이내 당첨 사실이 없고, 2주택자는 아닙니다.

G씨 부부는 규제지역에서 각각 일반분양 1순위로 청약해 당첨되었습니다. 둘의 당첨일은 서로 다릅니다. 이런 경우 먼저 당첨된 G씨의 일반분양 청약은 인정되고, 당첨일이 늦은 아내의 당첨은 부적격 처리될 뿐만 아니라 재당첨 제한을 받습니다.

다음 표에서 규제지역의 중복당첨 처리 규정을 살펴보죠.

투기과열지구(청약과열지역 포함) 중복당첨 처리 출처 : 국토교통부

구분		본인 중복당첨 (특공 + 1순위)	본인(특공) + 배우자(1순위) 중복당첨	본인(1순위) + 배우자(1순위) 중복당첨
당첨자 발표일 같은 경우	같은 단지	특공 당첨 인정 (1순위 무효)	특공 당첨 인정 (1순위 당첨시 부적격 처리, 재당첨 제한)	둘다 부적격 처리 (재당첨 제한)
	다른 단지	둘다 당첨 무효	둘다 부적격 처리 (재당첨 제한)	둘다 부적격 처리 (재당첨 제한)
당첨자 발표일 다른 경우	같은 단지	있을 수 없는 사례 (같은 단지일 경우 당첨자 발표일이 같음)		
	다른 단지	선당첨 인정 후당첨 부적격 (재당첨 제한) * 동일 통장 사용 처리 시 후당첨 무효 처리	선당첨 인정 후당첨 부적격 처리 (재당첨 제한)	선당첨 인정 후당첨 부적격 처리 (재당첨 제한)

* 2018년 5월 4일 공급규칙 개정에 따라 같은 단지의 경우 특공과 일반공급 당첨일이 동일합니다.
* 과거 5년 이내 당첨사실(세대원) 검색 기준일 : 모집공고일 현재 기준으로 과거 5년 이내 당첨사실 검색
* 재당첨 제한(세대원) 검색 기준일 : 당첨자 발표일을 기준으로 재당첨 제한 중인 세대원 검색
* 노부모부양 특공, 생애최초 특공 : 1순위와 동일하게 적용

규제지역과 그밖의 지역에서 중복당첨된 경우

사례 "강동구와 포천시에서 당첨됐어요"

H씨는 5월 3일에 서울 강동구에서 민영 아파트의 특공에 청약했는데 당첨자 발표일은 5월 18일입니다. 남편은 경기도 포천시의 일반공급에 5월 6일에 청약했는데 발표일은 5월 20일입니다.

H씨는 서울시 강동구 아파트가 가격 상승 여력이 훨씬 좋은데, 중복당첨으로 부적격 처리되면 어쩌나 걱정이 된다고 문의를 해왔습니다. 참고로 H씨 부부는 주말부부로 세대분리를 해서 각각 세대주이며, 과거 5년 이내 당첨 사실이 없고, 2주택자가 아닙니다.

서울시 강동구는 투기과열지구이고, 경기도 포천시는 규제지역이 아닙니다. 즉 H씨 부부는 본인과 배우자가 규제지역과 아닌 지

규제지역 및 그밖의 지역 중복당첨 처리

출처 : 국토교통부

구분		본인 + 본인 중복당첨	본인 + 배우자 중복당첨
당첨자 발표일 같은 경우 (다른 단지)	특공(투기지역 내) + 특공(투기지역 외)	둘 다 당첨 무효	특공 1회 제한 (모두 부적격 처리)
	특공(투기지역 내) + 1순위(투기지역 외)	둘 다 무효	둘다 당첨 인정 • 단, 민영 + 국민 = 둘다 부적격 • 민영 + 민영(분양가 상한제) = 민영 부적격 처리
당첨자 발표일 다른 경우	특공(투기지역 내) + 특공(투기지역 외)	선당첨(특공) 인정 • 특공(통장) + 특공(통장) = 후당첨 무효 • 특공(통장) + 특공(미통장) = 후당첨 부적격(1회 제한)	특공 1회 제한 (선당첨 인정, 후당첨 부적격 처리)
	특공(투기지역 내) + 1순위(투기지역 외)	선당첨(특공) 인정 • 특공(통장) + 1순위 = 1순위 무효 • 특공(통장) + 1순위(미통장) = 둘 다 인정	둘다 당첨 인정
	1순위(투기지역 내) + 특공(투기지역 외)	선당첨(1순위) 인정 • 1순위 + 특공(통장) = 특공 무효 • 1순위 + 특공(미통장) = 둘 다 인정	둘다 당첨 인정
	1순위(투기지역 내) + 1순위(투기지역 외)	선당첨 인정 [1순위(투기지역 외) 무효]	둘다 당첨 인정

역에서 중복당첨된 사례입니다. 이 경우 당첨자 발표일이 다르면 둘다 당첨으로 인정됩니다.

앞의 표에서 규제지역과 그 외 지역에서 중복당첨된 경우의 당첨 인정 및 부적격 처리 원칙을 소개합니다.

일반지역에서 중복당첨된 경우

질문 T씨는 경북 김천시에 살고 있는데 인근 구미시에서 105㎡ 민영 아파트의 일반공급 1순위에 청약을 신청해 당첨됐습니다. 그런데 며칠 후 김천시의 85㎡ 국민주택에도 당첨됐습니다. 중복당첨으로 부적격 처리되지 않을까요?

T씨는 규제지역이 아니라 일반지역인 구미시의 민영 아파트와 김천시의 국민주택에 중복당첨이 되었습니다. T씨의 경우 먼저 당첨된 구미시 민영 아파트의 당첨이 인정되며, 다른 제한사항은 없습니다.

다음 페이지의 표에서 일반지역에서 중복당첨된 경우 각 상황별로 당첨 인정 및 무효 또는 부적격 처리에 대해 알아보겠습니다.

일반지역 중복당첨 처리

출처 : 국토교통부

구분		본인 + 본인 중복당첨	본인 + 배우자 중복당첨
당첨자 발표일 같은 경우 (다른 단지)	특공(일반지역) + 특공(일반지역)	둘 다 당첨 무효	둘다 부적격 처리 (특공 1회 제한)
	특공(일반지역) + 1순위(일반지역)		둘다 당첨 인정
	1순위(일반지역) + 1순위(일반지역)		
	1순위(일반민영 상한제) + 1순위(일반지역 국민주택)		상한제 주택 인정 국민주택 부적격 처리
당첨자 발표일 다른 경우	특공(일반지역) + 특공(일반지역)	선당첨(특공) 인정 • 특공(통장) + 특공(통장) = 후당첨 무효 • 특공(통장) + 특공(미통장) = 후당첨 부적격(1회 제한)	선당첨 인정, 후당첨 부적격 처리 (특공 1회 제한)
	특공(일반지역) + 1순위(일반지역)	선당첨(특공) 인정 • 특공(통장) + 1순위 = 1순위 무효 • 특공(통장) + 1순위(미통장) = 둘 다 인정	둘 다 당첨 인정
	1순위(일반민영 상한제) + 1순위(일반지역 국민주택)	선당첨(1순위) 인정 • 1순위 + 특공(통장) = 특공 무효 • 1순위 + 특공(미통장) = 둘 다 인정	둘 다 당첨 인정
	1순위(일반민영 상한제 국민주택) + 1순위(일반지역 국민주택)	선당첨 인정	선당첨 인정 후당첨 부적격 처리 (재당첨 제한)
	1순위(일반지역 국민주택) + 1순위(일반지역 상한제)	선당첨 인정	둘 다 당첨 인정 (후당첨인 분양가 상한제 주택은 재당첨 제한×)

임성배의 실전 청약기술

Q&A 청약 신청, 이럴 땐 어떻게?

Q 아파트 최하층 우선 배정을 신청하면 당첨에 유리한가요?

A 최하층 우선 배정이란 아파트 등 공동주택에서 맨 아래층 주택을 우선 배정하는 것을 말합니다. 어떤 아파트는 1층이 최하층이고, 어떤 아파트는 2층이 최하층이 되기도 합니다. 그런데 최하층 여부는 청약 당첨자를 먼저 선정하고, 그 다음에 동호수를 결정하는 과정에서 선택하게 됩니다. 그러므로 최하층 우선 배정을 신청해도 당락에 전혀 영향을 주지 않습니다.

최하층 우선 배정은 말 그대로 최하층을 선호하는 사람만 신청하면 됩니다. 단, ① 65세 이상, ② 장애인 등록증 소지자, ③ 미성년 자녀 3인 이상인 신청자에게 우선 배정을 한 후 동호수를 추첨합니다.

Q 몇 년 전 즉흥적으로 청약을 했다가 경쟁률이 낮은 아파트에 덜컥 당첨된 적이 있습니다. 계약을 하지는 않았어요. 이번에는 특공으로 청약에 도전하려고 하는데요. 저 같은 경우도 재당첨 제한을 받나요?

A 이번에 청약하려는 아파트의 입주자 모집공고문에 '과거 당첨 사실에 대한 재당첨 제한의 영향을 받는다'고 명기되어 있다면 재당첨 제한을 받습니다.

누차 얘기했듯 청약 당첨자는 계약 체결 여부와 상관없이 청약자격의 제한을 받으며, 재당첨 제한 규정도 그대로 적용되니 반드시 주의해야 합니다. 참고로 청약에 당첨됐던 통장은 사용할 수 없기 때문에, 계약을 하지 않았다고 해도 해지하고 새로 만들어야 합니다.

Q 2주택자도 1순위로 청약을 신청할 방법이 있나요?

A 국민주택은 1세대 1주택이 원칙이기 때문에 1주택 이상 소유자는 청약을 할 수 없습니다. 반면 민영주택은 다주택 소유자도 1순위로 청약할 수 있습니다. 단, 규제지역, 수도권 내 공공주택지구 주택, 전용 85㎡ 초과 공공건설 임대주택에는 2주택 이상을 소유한 세대에 속한 사람은 1순위에 청약할 수 없습니다.

Q 갑자기 주택을 상속받게 되었습니다. 아직 팔지 않았는데요. 상속주택이 거주지에서 멀기 때문에 제가 살 집은 청약으로 마련하고 싶습니다. 무주택자로서 1순위 청약을 신청할 수 있나요?

A 상속주택의 경우, 먼저 다른 형제자매와 공유지분 형태로 상속받았는지, 아니면 단독상속을 받았는지를 살펴봐야 합니다.

만약 주택을 공동으로 상속받았다면, 청약 전에 상속지분을 처분하면 무주택자로 청약할 수 있으며, 이 경우 무주택 기간에 영향이 없습니다. 또는 청약 당첨 후 부적격 통보를 받은 날부터 3개월 내에 상속지분을 처분해도 무주택자로 인정받을 수 있습니다.

만약 주택을 단독상속을 받았다면 1주택자로 봅니다. 따라서 무주택자로서 1순위 청약은 불가능합니다.

단, 다음 3가지를 모두 충족하면 단독상속을 받은 경우에도 무주택자로 인정받을 수 있습니다.

① 상속주택이 도시지역이 아닌 지역, 또는 면의 행정구역(수도권 제외)에 있는 경우

② 사용승인 후 20년 이상 지난 단독주택, 또는 85m² 이하 단독주택(아파트, 빌라는 해당 사항 없음)

③ 상속자가 거주하다가 사망한 경우

상속주택이 위의 3가지 요건에 모두 해당하는 경우, 단독상속을 받았더라도 청약 시 주택 수에 넣지 않으며, 청약자 및 그 세대원들이 모두 무주택자라면 무주택자로 인정합니다.

임성배의 Case Study

과천 푸르지오 오르투스(S1)의 일반공급 경쟁률 분석

이제 역대급 청약경쟁률을 보였던 과천 푸르지오 오르투스(S1)의 일반공급 청약경쟁률을 분석해보죠. 이 단지는 경기도 과천시의 대규모 택지개발지구에서 분양되었기 때문에 당해지역에 30%를 우선 배정하고, 기타경기에는 20%, 그리고 서울, 인천 등 기타지역에 50%를 배정해 당첨자를 뽑았습니다.

일반공급 1순위 분석

1순위 청약경쟁률은 84B형이 가장 치열했습니다. 당해지역의 경쟁률은 139 대 1이었고, 기타경기는 무려 5,219 대 1이었으며, 기타지역(수도권)은 3,624 대 1을 기록했습니다. 정말 엄청난 경쟁률이라는 것을 다시금 실감하게 됩니다. 또한 경기지역(기타경기)이나 수도권지역(기타지역)보다 당해지역인 과천에 거주하는 경우 당첨 확률이 훨씬 높음을 알 수 있습니다.

과천 푸르지오 오르투스(S1) 1순위 일반공급 경쟁률

1순위 마감

순위	지역	74A	74B	74C	84A	84B
1순위	당해지역	23.25 대 1	28.00 대 1	34.90 대 1	106.42 대 1	139.00 대 1
	기타경기	525.81 대 1	509.20 대 1	520.57 대 1	2,894.25 대 1	5,219.00 대 1
	기타지역	487.59 대 1	406.79 대 1	513.88 대 1	2,281.90 대 1	3,624.00 대 1

주택형별 분석

이제 당해지역(과천에 2년 이상 계속 거주)의 주택형별 경쟁률을 좀 더 자세히 볼까요?

74형과 84형의 경쟁률이 크게 차이납니다. 당해지역뿐만 아니라 기타경기, 기타지역(수도권)의 경우도 74형의 경쟁률이 현저하게 낮습니다. 이로써 아파트 청약 시 어떤 주택형을 선택하느냐에 따라 경쟁률을 낮출 수 있음을 알 수 있습니다.

전용 84㎡인 84B형은 분양가가 8억 2,810만원이었는데, 2020년 11월 당시 인근 과천 래미안 슈르 같은 주택형(전용 84㎡)의 실거래가는 14억원이 넘었습니다. 푸르지오 오르투스 84B형이 시세보다 약 6억원 저렴했던 것입니다.

과천 래미안 슈르 84TB 실거래가

계약월	매매가(계약날짜, 층)
2020년 11월	14억 4,000만원(11일, 16층), 14억 9,500만원(4일, 4층)
2020년 10월	14억원(21일, 16층), 14억원(15일, 4층)
2020년 9월	14억 3,500만원(5일, 10층)

청약자들은 이처럼 분양가가 시세보다 훨씬 저렴한 경우 74㎡형보다 더 큰 84㎡형이 삶의 질이 더 높고 가격상승 여력도 더 크다고 봤기에 경쟁률이 압도적으로 높았다고 볼 수 있습니다.

당첨 가점 분석

당첨 가점이 낮은 경우는 74A/74B/74C형의 당해지역 거주자로 최저가점이 65점입니다. 84m²형의 당해지역 최저가점은 69점으로 74m²형보다 4점이 높았습니다.

기타경기의 경우 74B/74C 형은 최저가점이 69점이었습니다. 이는 '4인 가족의 부양가족 수 20점 + 무주택 기간 32점 만점 + 청약통장 가입기간 17점 만점'의 조건을 갖추어야 하는 높은 점수입니다.

과천 푸르지오 오르투스(S1) 1순위 청약가점 분석

지역	74A			74B			74C			84A			84B		
구분	최저	최고	평균	최저	최고	평균	최저	최고	평균	최저	최고	평균	최저	최고	평균
당해지역	65점	69점	68점	65점	69점	66점	65점	69점	67점	69점	69점	69점	69점	69점	69점
기타경기	70점	74점	71점	69점	69점	69점	69점	73점	70점	74점	74점	74점	72점	74점	73점
기타지역	69점	74점	70점	69점	70점	69점	69점	71점	69점	74점	74점	74점	69점	74점	71점

과천 푸르지오 오르투스(S1)
일반분양 기타경기 최저가점 69점 분석

· 부양가족 수: 4인 가족 = 25점

· 무주택 기간: 15년 이상 = 32점(만점)

· 청약통장 가입기간: 15년 이상 = 17점(만점)

역대급 경쟁률을 기록한 과천 푸르지오 오르투스(S1)의 일반 분양은 이처럼 역대급으로 높은 최저가점을 기록했습니다. 핵심입지의 분양 아파트는 청약가점이 65점이 넘어야 당첨 가능성이 높다는 것을 알 수 있습니다.

청약의 길은 하나가 아니다?

과천 푸르지오 오르투스(S1)를 포함한 과천 지식정보타운의 경쟁률은 정말 치열했습니다. 3곳 동시청약이 가능했고, 핵심 입지의 아파트였기 때문에, 많은 사람이 청약을 신청했다가 당첨자 발표일에 실망했습니다. 사람들은 1순위 534.9 대 1의 높은 경쟁률을 보면서 이렇게 말하기도 했습니다.

"이제 정말 아파트 청약 포기가 답이다."

여러분들은 경쟁률을 보니 어떻게 생각되나요? 정말 청약 포기가 답일까요?

그런데 과천 푸르지오 오르투스(S1) 일반공급의 경쟁률은 2002년 이후 역대 청약경쟁률 상위 5위에 꼽힐 만큼 높은 것입니다. 많은 사람이 그만큼 관심을 갖고 있던 입지, 가격, 자연환경, 미래가치를 품은 것이었죠.

어쩌면 사람들은 눈앞에 있는 단순한 경쟁률만을 보고 아파트 청약을 포기할지도 모르겠습니다.

누구나 다 원하는 최고의 아파트?

프리미엄이 많이 붙을 수 있는 아파트?

이런 역대급으로 경쟁률이 높은 아파트에 당첨될 수 있다면 좋겠지요. 특히 무주택 기간이 15년 전후인 사람들이 당첨되는 것인 만큼 마땅히 축하해주어야 합니다.

그런데 청약가점을 이처럼 만점에 가깝게 만들어 한 번에 최고 아파트에 당첨되는 길만 있는 것은 아닙니다. 프리미엄이 크지 않아도 자산을 만들고 전략적으로 늘려가는 길도 있기에 청약을 아예 포기할 이유는 없습니다. 무엇을 준비할 것인가 하는 선택의 문제가 아닐까 합니다.

과천 푸르지오 오르투스(S1) 1순위 청약경쟁률

출처 : 청약홈

주택형	공급 세대수	순위		접수 건수	경쟁률	최저가점	최고가점	평균 가점
74A	79세대 (1순위 마감)	1순위	당해지역	558건	23.25 대 1	65점	69점	68.08점
			기타경기	7,879건	525.81 대 1	70점	74점	71.88점
			기타지역	10,618건	487.59 대 1	69점	74점	70.56점
		2순위	당해지역	0	–			
			기타경기	0	–			
			기타지역	0	–			
74B	27세대 (1순위 마감)	1순위	당해지역	224건	28.00 대 1	65점	69점	66.63점
			기타경기	2,330건	509.20 대 1	70점	69점	69점
			기타지역	3,154건	406.79 대 1	69점	70점	69.21점
		2순위	당해지역	0	–			
			기타경기	0	–			
			기타지역	0	–			
74C	33세대 (1순위 마감)	1순위	당해지역	394건	34.90 대 1	65점	69점	67.4점
			기타경기	3,305건	520.57 대 1	69점	73점	70.14점
			기타지역	4,58건	513.88 대 1	69점	71점	69.19점
		2순위	당해지역	0	–			
			기타경기	0	–			
			기타지역	0	–			
84A	44세대 (1순위 마감)	1순위	당해지역	1,277건	106.42 대 1	69점	69점	69점
			기타경기	21,889건	2894.25 대 1	74점	74점	74점
			기타지역	24,774건	2281.90 대 1	74점	74점	74점
		2순위	당해지역	0	–			
			기타경기	0	–			
			기타지역	0	–			
84B	12세대 (1순위 마감)	1순위	당해지역	556건	139.00 대 1	69점	69점	69점
			기타경기	9,886건	5216.00 대 1	72점	74점	73점
			기타지역	11,308건	3624.00 대 1	69점	74점	71점
		2순위	당해지역	0	–			
			기타경기	0	–			
			기타지역	0	–			

예쁜 가정을 꾸린 신혼부부에게, 중소기업에서 오래 근무한 직장인에게,
노부모부양으로 집이 꼭 필요한 사람에게, 아이가 여럿인 부모에게,
청약의 문은 조금 더 크게 열려 있습니다.
혹시 나도 특공 대상자는 아닐까요?
일반공급과는 조금 다른
특공으로 가는 길을 시작해봅니다.

PART

4

특공의
모든 것

01

혹시 나도 특공 대상자 아닐까?

일반공급의 경쟁률이 나날이 높아지다 보니 특별공급(특공)에 대한 관심이 뜨겁습니다. 특별공급은 이름 그대로 '일반'적인 공급이 아니라 '특별'한 조건을 갖춘 사람을 위한 특별한 분양을 말합니다.

특공은 경쟁률이 대체로 낮다

특공은 일반공급에 비해 경쟁률도 낮고, 상대적으로 당첨가점도 낮은 경우가 많습니다.

2020년 12월 로또 분양으로 관심을 끌었던 위례 A1-5BL의 70A형을 보면, 일반공급의 경쟁률은 1순위 당해지역이 193 대 1이었고, 1순위 기타지역은 330 대 1의 놀라운 경쟁률을 기록했습니다.

그런데 같은 단지, 같은 평형의 특공 경쟁률을 보면, 100세대 모집에 1,884명이 청약하여 평균 18.8 대 1의 경쟁률을 보였습니다. 공급대상별로 보면 다자녀 특공의 경쟁률은 3.1 대 1이었고, 신혼부부 특공은 16.9 대 1, 생애최초 특공은 28.6 대 1, 노부모부양 특공은 13.7 대 1이었습니다. 일반공급의 경쟁률은 모두 세 자릿수였는데, 특공의 경쟁률은 대부분 한두 자릿수였던 것입니다.

위례 A1-5BL의 청약경쟁률

70A형					
특공				일반공급	
다자녀	신혼부부	생애최초	노부모부양	당해지역	기타지역
3.1 대 1	16.9 대 1	28.6 대 1	13.7 대 1	193 대 1	330 대 1

평균 경쟁률 18.8 대 1

당시 특공 경쟁률이 상대적으로 낮은 데는 여러 이유가 있었습니다.

첫째, 전체 분양물량에서 특공이 차지하는 비중이 절반을 꽤 웃돌 정도로 높았습니다. 국민주택은 특공 물량이 전체 분양물량의 85%를 차지했고, 공공택지의 민영주택은 전체 공급세대 중에서 58%, 민간택지의 민영주택은 50%가 배정됐습니다.

둘째, 특공 물량이 이처럼 많은데, 각 특공에 해당되는 사람의 수가 적기 때문에 경쟁률이 당연히 낮아졌습니다.

특공에 청약한 사람은 같은 물량에 대해 일반공급으로 한 번 더 청약할 수 있기 때문에 절대적으로 유리한 위치에 있습니다. 특공은 자격조건, 당첨자 선정방식 등에서 일반공급과 다릅니다. 따라서 자신에게 해당되는 특공이 있는지 꼼꼼하게 체크해두어야 합니다.

특공의 주요 대상과 청약통장 보유 유무는?

특공은 대상별로 세분화되어 있습니다. 신혼부부, 생애최초, 노부모부양, 다자녀(3자녀 이상), 기관추천(국가유공자·독립유공자 등, 장기복무군인, 장애인, 중소기업 근무자 등), 이전기관 종사자 등입니다.

특공 청약자도 청약통장을 가지고 있어야 하며, 해당 특공에서 요구하는 조건을 입주자 모집공고일 전에 갖추어야 합니다. 단, 장애인, 철거민, 국가유공자, 이전기관 종사자, 외국인 등은 청약통장 없이 신청할 수 있습니다.

평생 한 번, 세대당 1명만

신혼부부, 생애최초, 노부모부양, 다자녀, 기관추천 등 각 특공의 자격요건과 특성은 뒤에서 자세히 살펴보기로 하고, 여기서는 특공의 공통된 특성을 알아보겠습니다.

① 특공은 평생 단 한 번만 당첨될 수 있습니다. 예를 들어 신혼부부 특공으로 당첨된 사람은 나중에 노부모부양이나 생애최초, 다자녀 등 다른 특공에 도전할 수 없습니다.

② 특공 신청자는 무주택 세대원이어야 하고, 해당지역 거주자를 우선하여 당첨자를 뽑습니다.

③ 동일 주택에 한하여 한 사람이 특공과 일반공급에 모두 청약할 수 있습니다. 예를 들어 진달래 아파트 74A형의 특공에 신청한 사람은 같은 아파트, 같은 평형의 일반공급에 한 번 더 신청할 수 있습니다. 같은 아파트라 해도 다른 평형의 일반공급에는 신

청할 수 없고, 특공에 당첨되면 일반공급 당첨에서는 자동 제외 됩니다.

소득 및 자산 기준이 있는지 확인하자

일반공급과 달리 어떤 특공은 소득기준, 자산기준이 정해져 있습니다. 내가 청약하려는 특공에 소득기준이나 자산기준이 있는지 반드시 확인해야 합니다. 최근에 소득기준이 바뀌어 2021년 3월부터 완화된 기준이 적용되고 있으니, 이전에 특공을 알아보고 소득기준 때문에 포기한 사람이라면 다시 확인하기 바랍니다.

02

7년의 기회, 신혼부부 특공

신혼부부 특공은 혼인신고 이후 딱 7년 동안만 이용할 수 있습니다. 이를테면 한정상품이죠. 사람이 살아가는 모습이 다양하다 보니 규정을 적용할 때 어찌되는지 헷갈리는 부분이 많습니다. 모두 알 필요는 없고, 나와 관련이 있는 부분만 정리해놓으면 됩니다. 신혼부부 특공과 관련해서 가장 많이 받는 질문을 살펴보겠습니다.

"제 소득과 자산으로 신혼부부 특공에 신청할 수 있나요?"
"결혼 후 시댁에서 살고 있습니다. 신혼부부 특공이 가능한가요?"
"결혼 전에 주택을 보유한 적이 있어도 신혼부부 특공이 가능한가요?"
"1주택자여도 기존주택 처분 조건으로 신혼부부 특공에 신청할 수 있나요?"

신혼부부 특공 물량 및 대상주택은?

신혼부부 특공은 국민주택의 경우 전체 분양물량의 30%, 공공택지의 민영주택은 20%, 민간택지의 민영주택은 20%가 배정됩니다. 신규주택의 상당부분을 신혼부부들에게 공급하는 것이지요.

신혼부부 특공은 85㎡ 이하 분양주택(국민주택, 민영주택)에 적용됩니다. 단, 투기과열지구 내의 9억원 초과 주택은 제외됩니다.

신혼부부 특공 공급물량

· 국민주택 : 분양물량의 30% 이내

· 민영주택 : 분양물량의 20% 이내

대상주택

· 국민주택, 민영주택(전용 85㎡ 이하)

· 단, 투기과열지구 내 분양가 9억원 초과 주택 제외

신혼부부 특공, 청약통장의 조건은?

청약통장이 다음의 요건을 충족해야 합니다.

① 청약통장에 가입한 지 6개월 이상 지나야 합니다.

② 통장 종류에 따른 청약조건을 만족해야 합니다.

- 청약부금 : 매월 약정 납입일에 납입한 금액이 지역별 85㎡ 이하 청약통장 예치금 이상
- 청약저축 : 월 납입금 6회 이상 납부
- 청약예금 : 지역별 예치금에 해당하는 금액 예치
- 주택청약종합저축 : 주택 종류에 따라 월 납입금 6회 이상 납부, 또는 지역별 예치금 예치

신혼부부 특공의 자격 조건

① 입주자 모집공고일 기준으로 혼인기간이 7년 이내만 가능합니다. 민영주택은 예비부부는 인정하지 않고, 국민주택은 예비부부도 2순위로 지원할 수 있습니다.

② 신혼부부 둘다 모두 혼인 신고일부터 지금까지 주택을 소유한 적이 없어야 합니다. 기점은 혼인 신고일부터입니다. 결혼 전 주택의 소유 유무는 상관없습니다.

③ 세대원이 모두 무주택이어야 합니다.
같은 주민등록에 있는 직계존비속이 모두 무주택이어야 합니다. 아내와 남편이 분리된 배우자 분리세대는 각각의 주민등록에 있는 직계존비속이 모두 무주택이어야 합니다. 단, 직계존속이 만 60세 이상이면 유주택자라도 상관없습니다.

④ 신혼부부 특공에 신청하려면 소득기준과 자산기준에 맞아야 하는데 차근차근 살펴보겠습니다.

신혼부부 특공 소득기준

소득기준은 공공분양과 민간분양의 기준에 약간의 차이가 있고, 전년 소득이 기준이며, 기준금액은 매년 조금씩 변합니다.

전용 85㎡ 이하 국민주택의 신혼부부 특공은 외벌이 가구인 경우 도시근로자 가구 월평균소득의 100% 이하, 맞벌이는 120% 이하 가구에 특공 물량의 70%를 우선공급하고, 우선공급 탈락자, 그리고 외벌이의 경우 도시근로자 가구 월평균소득의 130%, 맞벌이는

140% 이하 가구에 나머지 30%의 물량을 공급합니다.

민영주택인 경우 외벌이는 도시근로자 가구 월평균소득의 140% 이하(맞벌이 160% 이하)이면 신혼부부 특공에 신청할 수 있습니다. 마찬가지로 도시근로자 가구 월평균소득의 100% 이하(맞벌이 120% 이하) 청약자에게 우선공급을 한 후에, 우선공급 탈락자와 나머지 청약자에게 나머지 30%의 물량을 공급합니다.

국민주택 신혼부부 특공 소득기준

기준 : 2021년 3월 1일~2022년 2월 28일

공급유형		소득 기준	도시근로자 가구원수별 월평균소득 기준						
			2인	3인	4인	5인	6인	7인	8인
우선 공급 (70%)	외벌이	100% 이하	4,562,535원	6,240,520원	7,094,205원	7,094,205원	7,393,647원	7,778,023원	8,162,399원
	맞벌이	120% 이하	5,475,042원	7,488,624원	8,513,046원	8,513,046원	8,872,376원	9,333,628원	9,794,879원
일반 공급 (30%)	외벌이	130% 이하	5,931,296원	8,112,676원	9,222,467원	9,222,467원	9,611,741원	10,111,430원	10,611,119원
	맞벌이	140% 이하	6,387,549원	8,736,728원	9,931,887원	9,931,887원	10,351,106원	10,889,232원	11,427,359원

* 4인가구 소득액을 5인가구에도 동일하게 적용합니다.
* 도시근로자 가구당 월평균소득은 매해 3월 1일부터 이듬해 2월 28일까지 적용됩니다. 정부홈(http://jungbuhome.com)에서 검색하면 됩니다.

민영주택 신혼부부 특공 소득기준

기준 : 2021년 3월 1일~2022년 2월 28일

공급유형		소득 기준	도시근로자 가구원수별 월평균소득 기준						
			2인	3인	4인	5인	6인	7인	8인
우선 공급 (70%)	외벌이	100% 이하	4,562,535원	6,240,520원	7,094,205원	7,094,205원	7,393,647원	7,778,023원	8,162,399원
	맞벌이	120% 이하	5,475,042원	7,488,624원	8,513,046원	8,513,046원	8,872,376원	9,333,628원	9,794,879원
일반 공급 (30%)	외벌이	100% 초과 140% 이하	4,562,536원 ~6,387,549원	6,240,521원 ~8,736,728원	7,094,206원 ~9,931,887원	7,094,206원 ~9,931,887원	7,393,648원 ~10,351,106원	7,778,024원 ~10,889,232원	8,162,400원 ~11,427,359원
	맞벌이	120% 초과 160% 이하	5,475,043원 ~7,300,056원	7,488,625원 ~9,984,832원	8,513,047원 ~11,350,728원	8,513,047원 ~11,350,728원	8,872,377원 ~11,829,835원	9,333,629원 ~12,444,837원	9,794,880원 ~13,059,838원

* 4인가구 소득액을 5인가구에도 동일하게 적용합니다.
* 도시근로자 가구당 월평균소득은 매해 3월 1일부터 이듬해 2월 28일까지 적용됩니다. 정부홈(http://jungbuhome.com)에서 검색하면 됩니다.

신혼희망타운 소득기준

신혼희망타운은 LH에서 전용 60㎡ 이하로 지어 전량을 신혼부부, 예비 신혼부부, 한부모가족에게 공급하는 주택입니다. 국토교통부는 주거복지로드맵에 따라 2022년까지 총 15만 호(사업승인기준)를 공급할 예정입니다. 2021년 3기 신도시 등 사전청약 물량 30,200호 중 14,000호가 신혼희망타운입니다.

신혼희망타운은 도시근로자 가구 월평균소득의 130%(맞벌이 140%) 이하 가구가 청약할 수 있습니다. 이 또한 도시근로자 가구 월평균소득의 100% 이하인 청약자에게 분양물량의 70%를 우선공급하고, 우선공급 탈락자와 130%(맞벌이 140%) 이하 청약자에게 나머지 물량인 30%를 공급합니다.

신혼희망타운 소득기준

기준 : 2021년 3월 1일~2022년 2월 28일

공급 유형	소득 기준	도시근로자 가구원수별 월평균소득 기준						
		2인	3인	4인	5인	6인	7인	8인
외벌이	130% 이하	5,931,296원	8,112,676원	9,222,467원	9,222,467원	9,611,741원	10,111,430원	10,611,119원
맞벌이	140% 이하	6,387,549원	8,736,728원	9,931,887원	9,931,887원	10,351,106원	10,889,232원	11,427,359원

단, 신혼부부 특공 및 신혼희망타운의 소득기준은 휴직 등 예외사유가 있을 경우는 다음과 같이 소득을 추정합니다.

① 전년도에 일부 휴직한 경우는 정상 근무했을 때를 가정해 월평균소득을 추정하고, 전년도 전체를 휴직한 경우는 근로자원천징수부와 재직증명서를 청구하여 월평균소득을 추정합니다. 또한 이렇게도 산정이 어려우면 같은 직장, 같은 직급이나 초봉인 사람

의 근로소득원천징수영수증과 재직증명서를 제출받아 월평균소득을 추정합니다.

② 군 복무로 소득이 없을 경우(직업군인 제외) 배우자의 소득만 합산합니다. 군복무 확인서와 의료보험 자격득실 확인서를 내야 합니다.

③ 목회자나 승려(교회나 사찰이 청약자 앞으로 등록되어 있고 소득신고나 국민연금 가입 의무가 없는 사람) 등은 대표자가 무보수임을 증명하는 정관 등을 첨부해 제출해야 합니다.

④ 프리랜서 등 소득이 불규칙한 경우 종합소득세를 기준으로 하고, 종합소득세 신고를 하지 않은 경우 계약서상 계약금액으로 월평균소득을 추정합니다.

공공주택 특별법 적용 국민주택의 신혼부부 특공 자산요건

공공주택 특별법이 적용되는 국민주택은 신혼부부 특공에 청약하려면 자산기준을 충족해야 합니다. 하지만 민영주택, 그리고 공공주택 특별법이 적용되지 않는 국민주택은 자산기준이 적용되지 않습니다. 공공주택 특별법이 적용되는 국민주택인지 여부는 입주자모집공고문에서 확실하게 확인할 수 있습니다. 청약홈에서 **[청약일정 및 통계]→APT(아파트)**로 들어가면 분양정보가 나오는데 관심있는 분양주택의 이름을 클릭하면 '모집공고문 보기'가 있습니다.

공공주택 특별법이 적용되는 국민주택의 신혼부부 특공은 2021년 기준 부동산 2억 1,550만원, 자동차 3,496만원 이하여야 신청할 수 있습니다. 자산기준은 부동산과 자동차 두 가지만 봅니다.

> 공공주택 특별법 적용 국민주택의
> 신혼부부 특공 자산기준 = 부동산 가액 + 차량가액

부부 및 세대원의 자산을 모두 더해 계산합니다. 이때 아파트냐 오피스텔이냐에 따라 부동산 가액 산정법이 다릅니다. 토지는 소유하고 있는 면적에 개별공시지가를 곱해 구합니다.

부동산 가액 산정 기준

구분			가액선정 기준
주거용 건물	단독주택		공시가격
	공동주택		공시가격
	오피스텔		시가표준액(부속토지가액 포함)
비주거용 건물	공장, 상가 (오피스텔)	건물	시가표준액
		부속토지	개별공시지가

참고로 내 부동산의 공시가격이나 시가표준액, 개별공시지가는 국토교통부 부동산 공시가격 알리미(www. realtyprice.kr)에서 볼 수 있습니다.

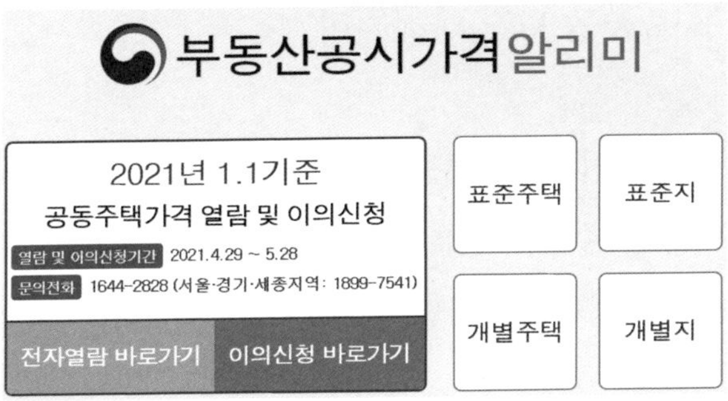

부동산 가액을 알 수 있는 부동산 공시가격 알리미

자동차 가격은 보건복지부에서 정하는 차량기준가액을 기준으로 하는데요. 영업용 자동차는 감안하지 않으며, 자동차를 2대 이상 가진 경우 가격이 높은 자동차의 가액만 해당됩니다. 보건복지부 홈페이지에서 '사회보장차량기준가액'으로 검색하면 다음과 같이 차량가액을 알아볼 수 있는 화면이 나옵니다.

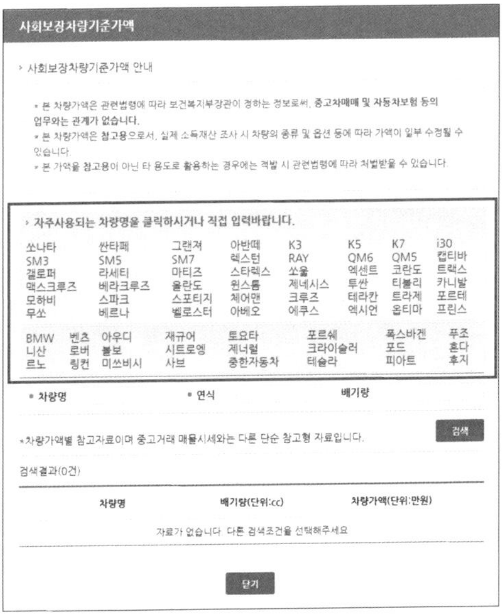

보건복지부 사이트에서 차량가액 알아보기

신혼부부 특공은 누가 당첨될까?

"아이가 없으면 신혼부부 특공에 당첨되기 어렵다"고들 합니다. 신혼부부 특공의 1순위 요건은 당해지역과 자녀의 수입니다. 1순위에서 당첨자 선정방법은 국민주택이든 민영주택이든 다음과 같습니다.

① 당해 주택건설지역 거주자

② 미성년 자녀 수가 많은 사람(임신, 입양자녀 및 재혼한 경우 전 배우자와의 사이에서 출산한 자녀 포함)

③ 미성년 자녀 수가 같은 경우 추첨

신혼부부 특공 체크포인트

① 청약통장 : 가입 후 6개월, 청약통장별 기준 참고

② 혼인기간 : 혼인신고 후 만 7년 이내

③ 무주택 : 혼인신고 후 무주택 유지

④ 소득 및 자산 기준 : 있음

⑤ 선발방식 : 당해, 자녀 많은 순

공공임대, 분양전환 임대주택도 신혼부부 특공이 있다?

공공임대나 분양전환 임대주택에도 신혼부부 특공이 있습니다. 입주자 모집공고일 현재 혼인기간이 7년 이내인 신혼부부, 만 6세 이

하 자녀(태아 포함)를 둔 한부모 가족, 예비 신혼부부가 대상입니다.

① 현재 혼인신고가 되어 있는 배우자와의 사이에서 출산한 미성년 자녀가 있는 경우 1순위가 됩니다. 현재 임신한 경우 태아도 포함되며, 입양한 자녀도 포함됩니다. 단, 재혼한 경우 전 배우자와의 사이에서 출산 입양한 자녀는 제외합니다.

② 한부모 가족 1순위 : 한부모로서 만 6세 이하 자녀(태아 포함)를 둔 경우 1순위가 됩니다.

③ 예비 신혼부부는 공공임대나 분양전환 임대주택 청약에서 2순위가 됩니다.

같은 순위에 있는 경우 다음 배점표에 따라 당첨자를 선발합니다. 신혼부부의 청약가점, 즉 점수를 매기는 기준점들입니다.

공공임대, 분양전환 임대주택 신혼부부 특공의 가점 항목

배점 요소	배점 기준	가점
가구소득	도시근로자 가구 월평균소득의 80%(맞벌이 100%)	1점
	배점 기준소득 초과	0점
미성년 자녀 수	3명 이상	3점
	2명	2점
	1명	1점
해당지역 거주기간	3년 이상	3점
	1년 이상 ~ 3년 미만	2점
	1년 미만	1점
	당해지역에 거주하지 않는 경우	0점
혼인기간	3년 이하	3점
	3년 초과 ~ 5년 이하	2점
	5년 초과 ~ 7년 이하	1점
	예비 신혼부부	0점
한부모 가족의 자녀 나이	만 2세 이하(태아 제외)	3점
	만 3세 또는 4세	2점
	만 5세 또는 6세	1점
	태아	0점
청약통장 납입횟수	24회 이상	3점
	12회 이상 ~ 24회 미만	2점
	6회 이상 ~ 12회 미만	1점
만점		31점

03

100% 추첨제!
생애최초 특공

"지금껏 무주택으로 살았는데도, 청약에서는 당첨권이 아니래요."

40대 Y씨는 무주택 기간이 길어서 당첨될 줄 알았는데 번번이 탈락하고 있습니다. 아이가 하나밖에 없으니 아무래도 가점제에서는 불리한가 봅니다.

무주택 기간을 오래 유지하고도 가점이 낮거나 납입인정금액이 적다면 당첨 확률이 낮아집니다. 이런 경우 가점제가 아닌 추첨제로 당첨자를 선발하는 분양물량을 찾아야 하는데요. 가점제도 경쟁률이 높지만, 추첨제로 당첨되는 것 또한 하늘의 별따기입니다.

따라서 세대원이 모두 주택을 소유한 적이 없다면, 생애 단 한 번도 주택을 보유한 적이 없는 사람들만 청약할 수 있는 생애최초 특공을 눈여겨볼 만합니다. 생애최초 특공은 100% 추첨제로 당첨자를 선발하기 때문입니다.

서울 핵심지역의 핵심단지의 경우 가점이 60점 후반대, 심지어 70점대를 넘어 만점에 가까워야 당첨권이지만, 생애최초 특공은 이보다 가점이 꽤 낮아도 운이 좋으면 당첨되는 경우가 있었습니다. 100% 추첨제이기 때문입니다. 이처럼 가점이 낮더라도 운이 좋으면 당첨될 수도 있는 만큼, 생애최초 특공의 조건이 된다면 적극적으로 청약해보는 것이 좋습니다.

늘어나는 생애최초 특공 물량, 대상주택은?

생애최초 특공은 가구의 소득기준, 자산기준까지 충족시켜야 하는 등 조건이 까다롭습니다. 하지만 청약가점이 낮은 무주택자에게는 놓칠 수 없는 기회이기 때문에 청약 열기가 뜨겁습니다.

정부는 무주택자의 내집마련을 돕기 위해 분양물량에서 생애최초 특공의 비중을 높이는 정책을 펴고 있습니다. 2021년 3월 말부터 국민주택의 경우 생애최초 특공 물량이 기존 20%에서 25%로 늘어났습니다.

늘어난 생애최초 특공 비중

구분			일반공급	특별공급					
				신혼	생애최초 (100% 추첨제)	다자녀	노부모부양	기관추천	합계
국민주택	종전		20%	30%	20%	10%	5%	15%	80%
	변경		15%	30%	25%	10%	5%	15%	85%
민영주택	종전		57%	20%	–	10%	3%	10%	43%
	변경	공공택지	42%	20%	15%	10%	3%	10%	58%
		민간택지	50%	20%	7%	10%	3%	10%	50%

또한 과거에는 민영주택의 경우 생애최초 특공이 없었으나, 이제 공공택지에 지어지는 민영주택은 생애최초 특공에 분양물량의 15%를 배정해야 하고, 민간택지에 건설되는 민영주택은 7%를 배정해야 합니다.

전용 85㎡ 이하 국민주택, 민영주택 분량물량에 생애최초 특공이 있습니다. 투기과열지구 내의 9억원 초과 주택은 제외됩니다.

생애최초 공급물량

· 국민주택 : 분양물량의 25% 이내

· 민영주택 : 공공택지의 경우 15% 이내, 민간택지의 경우 7% 이내

대상주택

· 국민주택, 민영주택(전용 85㎡ 이하)

· 단, 투기과열지구 내 분양가 9억원 초과 주택 제외

생애최초 특공의 자격요건

생애최초 특공은 자격요건이 꽤 까다롭습니다.

① 생애최초 특공의 무주택 요건

가장 두드러진 특징은 무주택 요건입니다.

생애최초 특공은 청약신청자는 물론 세대원이 모두 단 한 번도 집을 가진 적이 없어야 합니다. 상속, 증여, 신축, 분양권, 소형 저

가주택을 막론하고 소유한 이력이 있으면 안 됩니다. 다만, 부모나 조부모와 함께 사는 경우 만 60세 이상이라면 주택을 소유하고 있어도, 본인은 생애최초 특공에 청약할 수 있습니다.

② 생애최초 특공의 청약통장 요건

국민주택의 경우 일반공급 1순위인 무주택 세대의 세대주나 세대원으로서 주택청약종합저축이나 청약저축 통장에 매월 약정 납입일에 월 납입금을 24회(지역에 따라 6~24회) 이상 내고, 저축액이 선납금을 포함하여 600만원 이상이어야 합니다.

민영주택은 따로 선납금 조건은 없고, 청약부금이나 청약예금, 주택청약종합저축 통장에 주거지역에 따른 예치금이 있으면 됩니다(단, 청약부금의 월 납입인정금액은 10만원입니다).

③ 입주자 모집공고일 현재 혼인 중이거나 자녀가 있어야 합니다.

④ 입주자 모집공고일 현재 근로자 또는 자영업자로서 5년 간 소득세를 납부한 이력이 있어야 합니다. 다시 말해 소득세를 납부한 이력이 부족하면 생애최초 특공에 청약할 수 없습니다.

⑤ 생애최초 특공의 소득기준

생애최초 특공은 소득기준을 충족해야 합니다. 생애최초 특공 분양의 경우, 국민주택은 도시근로자 가구 월평균소득의 100% 이하에게 70%를 우선공급하고, 우선공급 탈락자와 100% 초과 130% 이하에 나머지 30%를 공급합니다.

민영주택은 도시근로자 가구 월평균소득의 130% 이하 청약자에게 70%를 우선공급하고, 우선공급 탈락자와 130% 초과 160% 이하 가구에 나머지 30%를 공급합니다. 도시근로자 가구당 월평균소득에 대해서는 227쪽에서 상세히 설명했으니 참고하세요.

생애최초 특공 소득기준

공급유형	소득기준(도시근로자 가구 월평균소득)	
국민주택	우선공급(70%)	100% 이하
	일반공급(30%)	130% 이하
민영주택	우선공급(70%)	130% 이하
	일반공급(30%)	160% 이하

⑥ 생애최초 특공 자산기준

공공주택 특별법이 적용되는 국민주택(공공임대, 분양전환 임대주택)의 생애최초 특공에 청약하려면 자산기준을 충족해야 합니다. 자산기준은 부동산(건물+토지) 가액 2억 1,550만원, 차량가액은 3,496만원 이하입니다. 부동산 가액 및 차량가액을 계산하는 방법은 신혼부부 특공에서 상세히 설명했으니 231쪽을 참조하세요. 이 자산기준은 민영주택과 공공주택 특별법이 적용되지 않는 국민주택은 해당되지 않습니다.

⑦ 투기과열지구, 청약과열지역 등 규제지역의 생애최초 특공에는 세대주만 청약할 수 있습니다.

위의 조건들을 만족하는 청약자 중에서 추첨제로 당첨자를 뽑습니다. 100% 추첨제라는 측면이 청약가점이 낮은 사람들에게 매력적인 부분입니다. 생애최초 특공의 자격이 된다면, 가점이 꽤 낮은 사람도 운이 좋으면 당첨될 확률이 있으니 꼭 활용해 보셨으면 합니다.

04

아이 셋이면 OK, 다자녀 특공

"과거에 집을 소유한 적이 있어도 다자녀 특공이 가능한가요?"

"이혼한 한부모 가정도 다자녀 특공에 신청할 수 있나요?"

"민영주택의 다자녀 특공에 지원하려고 하는데, 소득기준을 충족해야 하나요?"

아이가 세 명 이상인 무주택 세대라면 다자녀 특공에 신청할 수 있습니다. 다자녀 특공에 신청자격이 되면서 다른 특공에도 신청자격이 되는 사람이 있을 텐데요. 특공은 세대당 평생 1번만 당첨될 수 있습니다. 따라서 여러 가지 특공에 모두 지원할 수 있는 상황이라면, 어떤 특공이 가장 유리할지 따져보고 한 가지만 골라야 합니다.

다자녀 특공 물량 및 대상주택은?

국민주택도 민영주택도 전체 분양물량의 10%를 다자녀 특공에 배정해야 합니다. 단 투기과열지구 내의 9억원 초과 주택은 제외됩니다.

다자녀 특공은 당해지역이 아닌 인근지역 거주자에게도 50%를 우선공급을 하기 때문에, 그지역에 거주하고 있지 않아도 당첨될 수 있는 기회가 있는 것도 장점입니다.

다자녀 특공의 분양물량

· 국민주택 & 민영주택 : 분양물량의 10% 이내
(승인권자가 인정하는 경우 15%)

대상주택

· 국민주택, 민영주택
· 단, 투기과열지구 내 분양가 9억원 초과 주택은 제외

다자녀 특공을 위한 청약통장 조건

청약통장에 가입한 지 6개월이 지나고, 다음의 요건을 충족한 사람이어야 다자녀 특공에 청약할 수 있습니다.

- 청약부금 : 매월 약정 납입일에 납입한 금액이 지역별 85m² 이하 예치금 이상
- 청약저축 : 매월 약정 납입일에 월 납입금 6회 이상 납부
- 청약예금 : 지역별 예치금에 상당하는 금액 예치
- 주택청약종합저축 : 주택 종류에 따라 월 납입금 6회 이상 납부, 또는 지역별 예치금 예치

다자녀 특공 자격요건

다음의 조건을 모두 만족해야 다자녀 특공에 신청할 수 있습니다.

① 입주자 모집공고일 현재 미성년 자녀 3명 이상을 둔 사람이어야 합니다. 태아, 입양자녀도 자녀 수에 포함됩니다.

② 무주택 세대 구성원이어야 합니다.
주민등록에 함께 올라 있는 사람들이 모두 주택뿐만 아니라 분양권을 가지고 있지 않아야 합니다.

③ 공공주택 특별법이 적용되는 국민주택은 다자녀 특공의 소득 및 자산 기준에 적합해야 합니다(공공주택 특별법 적용 국민주택인지는 입주자 모집공고문을 확인하세요). 단, 민영주택, 그리고 공공주택 특별법이 적용되지 않는 국민주택은 소득 및 자산 기준이 적용되지 않습니다.
공공주택 특별법이 적용되는 국민주택은 가구의 월평균소득이 전년도 도시근로자 가구당 월평균소득의 120% 이하여야 합니다. 자산기준은 신혼부부 특공이나 생애최초 특공처럼 건물과 토지를 포함한 부동산 가액이 2억 1,550만원 이하여야 하고, 차량가액도 3,496만원 이하여야 합니다.

다자녀 특공에 당첨되는 사람은?

다자녀 특공은 배점기준표에 따라 점수가 높은 순으로 당첨자를 선정합니다. 배점기준은 다음과 같습니다.

다자녀 특공 배점기준표

평점 요소	배점기준	점수
미성년 자녀 수	5명 이상	40점
	4명	35점
	3명	30점
영유아 자녀 수	3명 이상	15점
	2명	10점
	1명	5점
세대 구성	3세대 이상	5점
	한부모 가족	5점
무주택 기간	10년 이상	20점
	5년 이상 10년 미만	15점
	1년 이상 5년 미만	10점
해당 시·도 거주기간	10년 이상	15점
	5년 이상 10년 미만	10점
	1년 이상 5년 미만	5점
청약통장 가입기간	10년 이상	5점

다자녀 특공에서 동점자가 나올 경우에는 다음과 같은 순으로 당첨자를 선정합니다.

① 미성년 자녀 수가 많은 사람

② 자녀 수가 같은 경우에는 청약자의 연령(연월일 계산)이 높은 사람

05

만 65세 이상 부모님 모시는 분! 노부모부양 특공

만 65세 이상의 부모나 조부모를 3년 이상 부양하고 있는 무주택 세대주라면 노부모부양 특공을 고려해볼 만합니다. 배우자의 부모나 조부모를 부양하는 경우에도 마찬가지입니다.

노부모부양 특공 물량 및 대상주택은?

노부모부양 특공은 국민주택은 총 분양물량의 5%가 배정되고, 공공택지의 민영주택은 3%, 민간택지의 민영주택은 3%가 배정됩니다.

노부모부양 특공의 대상주택은 국민주택, 민영주택 모두 해당되는데, 단 투기과열지구 내의 9억원 초과 주택은 제외됩니다.

노부모부양 특공의 분양물량

· 국민주택 : 분양물량의 5%
· 민영주택 : 공공택지의 경우 3%, 민간택지의 경우 3%

노부모부양 특공의 대상주택

· 국민주택, 민영주택
· 단, 투기과열지구 내 분양가 9억원 초과 주택은 제외

노부모부양 특공 자격요건 및 주의점

노부모부양 특공의 자격요건과 특히 주의할 점에 대해 알아보죠.

① 일반공급 1순위에 해당하는 사람으로서, 본인이나 배우자의 만 65세 이상의 부모나 조부모를 같은 주민등록에 올라온 상태에서 3년 이상 연속해서 부양해야 합니다.

② 노부모부양 특공은 무주택 세대주만 신청할 수 있고, 세대원은 신청할 수 없습니다.

③ 세대주뿐 아니라 세대원이 모두 무주택자여야 합니다. 주택뿐 아니라 분양권도 없어야 합니다. 배우자 분리세대라면 각자의 주민등록에 올라 있는 직계존비속이 모두 무주택자여야 합니다.

④ 주의할 점은 규제지역에서 노부모부양 특공에 청약할 경우, 본인이나 세대원이 과거 5년 이내에 다른 주택에 당첨된 적이 없어야 한다는 것입니다.

같은 주민등록에 올라와 있는 만 60세 이상의 부모나 조부모가 주택을 소유하고 있는 경우에 대해 헷갈려하는 사람들이 많습니다. 모든 일반공급과 대부분의 특공에서는 같이 사는 만 60세 이상의 부모나 조부모가 주택이 있어도 청약자는 무주택 세

대로 인정합니다. 단, 노부모부양 특공과 공공임대주택 분양에서는 만 60세 이상 부모나 조부모가 주택을 소유한 경우 무주택으로 인정하지 않습니다.

⑤ 청약통장 가입 후 지역 및 주택 종류에 따라 6~24개월이 지나고, 청약부금은 매월 약정 납입일에 납입한 금액이 지역별 85㎡ 이하 청약예금의 예치금 이상인 사람, 청약저축은 월 납입금을 24회(지역에 따라 6~24회) 이상 납입한 사람, 청약예금은 지역별 예치금 이상을 예치한 사람이어야 합니다. 주택청약종합저축은 주택 종류에 따라 월 납입금 24회(지역에 따라 6~24회) 이상 납부, 또는 지역별 예치금을 예치해야 합니다.

⑥ 공공주택 특별법이 적용되는 국민주택의 경우 소득 및 자산 기준을 충족해야 합니다. 즉, 가구의 월평균소득이 도시근로자 가구당 월평균소득의 120% 이하여야 하며, 모든 세대원의 자산을 합했을 때 부동산 가액은 2억 1,550만원 이하, 차량가액은 3,496만원 이하여야 합니다. 민영주택의 경우에는 소득 및 자산과 상관없습니다.

노부모부양 특공, 어떻게 뽑을까?

노부모부양 특공은 국민주택과 민영주택이 당첨자를 뽑는 방법이 다르니 각별히 주의해야 합니다.

국민주택 노부모부양 특공은 순차제

① 국민주택의 노부모부양 특공은 무주택 기간이 3년 이상인 사람 중에서 우선 선발합니다. 40㎡ 초과 주택은 납입인정금액이 많은 순으로 당첨자를 선발하고, 40㎡ 이하 주택은 납입횟수가 많은 순으로 당첨자를 뽑습니다. 참고로 노부모부양 특공에서 무주택 기간을 계산할 때는 부모나 조부모가 주택을 소유하고 있었던 기간은 제외합니다.

② ①처럼 우선 선발을 한 후 잔여물량이 있으면, 40㎡ 초과 주택은 납입인정금액이 많은 순으로, 40㎡ 이하 주택은 납입횟수가 많은 순으로 뽑습니다.

국민주택 노부모부양 특공 당첨자 선정방법(순차제)

순차	전용 40㎡ 초과 주택	전용 40㎡ 이하 주택
①	무주택 기간이 3년 이상이며 납입인정금액이 많은 사람	무주택 기간이 3년 이상이며 납입횟수가 많은 사람
②	납입인정금액이 많은 사람	납입횟수가 많은 사람

민영주택 노부모부양 특공은 가점제로

민영주택의 노부모부양 특공은 가점제 기준에 따라 가점이 높은 순으로 당첨자를 뽑습니다.

민영주택 노부모부양 특공 당첨자 선정방법(가점제)

구분	무주택기간	부양가족 수	청약통장 가입기간
배점	최저: 2점(1년 미만) ~최대: 32점(15년 이상)	최저: 5점(0명) ~최대: 35점(6명)	최저: 1점(6개월 미만) ~최대: 17점(15년 이상)

* 피부양자 및 피부양자의 배우자가 주택을 소유하고 있었던 기간은 무주택 기간에서 제외

노부모부양 특공 자주 하는 3가지 질문

사례 "저도 노부모부양 특공 되나요?"

서울에 사는 B씨는 어머니를 4년째 모시고 살고 있습니다. 어머니는 B씨의 주민등록에 올라와 있습니다. B씨와 어머니는 집을 소유한 적이 없습니다. 고향에는 아버지가 할머니를 모시고 살고 있는데, 고향집은 26평 아파트로 1억 4천만원 정도 합니다. B씨는 노부모부양 특공에 신청할 수 있을까요?

B씨처럼 어머니를 부양하고 있고 유주택자인 아버지가 분리세대인 경우, B씨의 주민등록에 아버지가 올라와 있지 않더라도 노부모부양 특공에 청약할 수 없습니다.

사례 "저는 무주택 기간이 얼마죠?"

D씨는 4년 전 19평 아파트를 팔고, 서울에서 40평대 아파트를 전세로

얻어 홀로 된 어머니와 살림을 합쳤습니다. 2년 뒤 전세금이 오르자, 어머니는 본인 소유의 빌라를 팔아 전세금을 보태주었습니다. 어머니를 모시고 산 지 4년이 된 D씨는 노부모부양 특공에 신청하려고 합니다. D씨의 무주택 기간은 얼마일까요?

노부모부양 특공에서 무주택 기간을 산정할 때, 부모가 주택을 소유하고 있던 기간은 제외됩니다. 따라서 D씨의 무주택 기간은 2년입니다.

사례 "10년 같이 살았는데, 왜 노부모부양 특공 안돼요?"

맞벌이 부부인 G씨네는 감사하게도 어머니가 서울에 올라와 아이를 봐주신다고 하여, 10년 전에 고향집을 정리하고 살림을 합쳤습니다. 그런데 2년 전에 고향에 홀로 사시는 큰이모가 집을 새로 짓자 같이 살겠다며 내려가셨다가 1년 후 다시 올라오셨습니다. 근데 G씨는 노부모부양 특공이 안 된다고 합니다. 왜 그럴까요?

청약자와 부모가 연속해서 3년 동안 같은 주민등록에 있어야 노부모부양 특공에 신청할 수 있습니다. G씨처럼 잠시 세대분리가 된 경우라면 무주택 기간을 다시 합한 시점부터 계산합니다. 따라서 G씨는 부양기간이 1년으로 계산되기에, 3년이 안 되어 노부모부양 특공에 신청할 수 없습니다.

06

틈새 혜택을 찾아보자! 기관추천 특공

"특공은 남의 일인 줄 알았어요. 아버지가 한국전쟁 참전유공자로 기관추천 특공이 되는데…. 진즉 청약공부를 했더라면 특공 신청을 했을텐데 너무 아쉬워요."

"중소기업 근무자도 신청할 수 있는 특공이 있다고요?"

기관추천 특공은 누가 신청할 수 있을까?

기관추천 특공은 관계기관 기관장의 추천을 받은 사람이 신청할 수 있습니다. 위의 예처럼 특공 신청자격이 되는데도 모르고 활용하지 못하는 사람이 의외로 많습니다.

그럼, 기관추천 특공 대상이 어떤 사람인지 구체적으로 살펴보죠. 국가유공자, 독립유공자, 보훈대상자, 5.18유공자, 특수임무유공자, 참전유공자, 장기복무(제대)군인, 북한이탈주민, 납북피해자, 일본군위안부, 장애인, 영구귀국과학자, 올림픽 등 입상자, 중소기업 근무자, 공공사업 등의 의사상자 등, 철거주택 소유자 또는 거주자, 다문화가족(국민주택), 탄광근로자(국민주택), 재외동포(국민주택), 해외취업 근로자(민영주택) 등인데, 구체적인 대상자는 관심 있는 분양주택의 입주자 모집공고문을 참조하는 것이 좋습니다.

이수 스위첸 포레힐즈의 기관추천 특공 경쟁률 분석

이제 2019년 10월 22일 분양신청을 받은 서울시 동작구의 이수 스위첸 포레힐즈의 입주자 모집공고문을 통해 기관추천 특공에 대해 좀더 자세히 살펴보죠. 이 단지의 59B형에서는 기관추천 특공으로 서울시 장애인, 국가유공자 외(보훈처 추천), 중소기업 근로자, 10년 이상 장기복무 군인(국방부 추천) 등 각 1명씩 배정되었습니다.

이수 스위첸 포레힐즈 기관추천 특공

II. 특별공급 신청자격 및 당첨자 선정방법

■ 특별공급 신청자격별 · 주택형별 공급세대수

구분		59B	합계
일반(기관추천) 특별공급	서울시 장애인	1	1
	국가유공자 외(보훈처 추천)	1	1
	중소기업 근로자	1	1
	10년 이상 장기복무 군인(국방부 추천)	1	1
	계	4	4

이수 스위첸 포레힐즈는 청약 열기가 뜨거워 일반공급의 경우 1순위에서 마감되었고, 청약경쟁률이 평균 44.6 대 1이었습니다. 특공 경쟁률도 신혼부부 특공은 무려 195.57 대 1, 다자녀 특공은 13 대 1, 노부모부양 특공은 51대 1이었습니다. 참고로 앞에서 말했듯, 특공 자격이 될 경우 같은 단지, 같은 주택형의 특공과 일반분양에 모

두 신청할 수 있지요. 2번의 당첨 기회가 있는 것입니다. 그래서 인기단지는 특공 경쟁률도 높습니다.

그런데 이 단지의 기관추천 특공은 4세대 모집에 1명만 청약하여 미달을 기록했습니다. 같은 주택형인 59B의 신혼부부 특공은 206 대 1을 기록했음에도 말입니다.

이수 스위첸 포레힐즈의 특공별 청약경쟁률 비교

주택형	공급 세대수	지역	접수건수			
			신혼부부 특공	다자녀 특공	노부모부양 특공	기관추천 특공
59B	13세대	배정세대수	5세대	3세대	1세대	4세대
		당해지역	866명	20명	43명	1(2)명
		기타지역	164명	19명	8명	-
75.9A	1세대	배정세대수	1세대	-	-	-
		당해지역	153명	-	-	-
		기타지역	38명	-	-	-
75.9B	1세대	배정세대수	1세대	-	-	-
		당해지역	119명	-	-	-
		기타지역	29명	-	-	-
청약경쟁률			195.57 대 1	13 대 1	51 대 1	0.25 대 1

기관추천 특공은 이처럼 미달이 되는 경우가 더러 있습니다. 입주자 모집공고가 나기 1,2개월 전에 기관에서 추천 대상자를 모집하다 보니 분양가를 모르는 상태에서 신청자를 모집하는 깜깜이 전

형인 것도 한 이유입니다.

물론 기관의 추천을 받는 것이 쉽지는 않습니다. 서울의 경우 중소기업 근로자 기관추천을 받기 위해 서울중소벤처기업청에 백 명도 넘는 사람들이 신청하기도 한다고 합니다. 하지만 부지런한 새가 먹이를 먹는 법이지요. 경쟁률이 치열하고 준비가 좀 어렵다고 하더라도 반드시 기관추천도 점검하고 넘어가길 바랍니다.

기관추천 특공의 당첨자는 관련기관의 장이 정하는 우선순위에 따라 결정합니다. 따라서 당첨자 선정방식에 대해서는 직접 기관에 문의하는 것이 좋습니다.

기관추천 특공 물량 및 대상주택은?

기관추천 특공은 국민주택과 민영주택 각각 10%가 배정됩니다. 85㎡ 이하의 국민주택, 민영주택에 모두 해당됩니다. 단, 투기과열지구 내의 9억원 초과 주택은 제외됩니다.

기관추천 특공의 공급물량

· 국민주택 : 분양물량의 10%

· 민영주택 : 분양물량의10%

기관추천 특공의 대상주택

· 국민주택, 민영주택(전용 85㎡ 이하)

· 단, 투기과열지구 내 분양가 9억원 초과 주택은 제외

기관추천 특공의 청약통장 조건

청약통장에 가입한 지 6개월이 지나고, 다음의 요건을 충족해야 기관추천 특공에 신청할 수 있습니다. 단, 국가유공자 및 장애인의 경우에는 청약통장이 없어도 신청할 수 있습니다.

- 청약부금 : 납입인정금액이 지역별 전용 85m² 이하 청약예금 예치금 이상
- 청약저축 : 매월 약정 납입일에 월 납입금 6회 이상 납부
- 청약예금 : 지역별 예치금에 상당하는 금액 예치
- 주택청약종합저축 : 주택 종류에 따라 월 납입금 6회 이상 납부, 또는 지역별 예치금 예치

특공 유형별 청약가격 총정리

＊ 주택 종류 등에 따라 조금씩 다를 수 있으니 꼭 이 책의 해당 쪽을 참조하세요.

구분	신혼부부	생애최초	다자녀	노부모부양	기관추천, 국가유공자
신청자격	혼인기간 7년 이내, 또는 예비 신혼부부 및 한부모 가정	세대구성원이 모두 주택을 소유한 적이 없고, 과거 5년 이상 소득세를 납부했으며, 현재 혼인중이거나 미혼인 자녀가 있는 사람	미성년 자녀 3명 이상	만 65세 이상의 피부양 직계존속을 3년 이상 부양	해당기관에서 추천을 받은 사람
통장 종류	청약저축, 주택청약종합저축				
통장 요건	6개월, 6회 이상	24개월, 24회, 600만원 이상	6개월, 6회 이상	24개월, 24회 이상	6개월, 6회 이상 (장애인, 국가유공자 등 제외)
자산·소득요건	부동산(건물+토지) 가액 2억 1,150만원 이하, 차량가액 3,496만원 이하				×
재당첨 제한	재당첨 제한 적용됨				
무주택 여부	세대구성원 모두 무주택				
세대주 요건	×	세대주	×	세대주	×

과천 푸르지오 오르투스(S1)의 역대급 특공 경쟁률 분석

2020년 11월 분양한 과천 푸르지오 오르투스(S1)는 평균 경쟁률이 534.9 대 1로, 2002년 이후 역대 4위를 기록했습니다.

참고로, 2002년 이후 평균 청약경쟁률 1위는 성남 판교 봇들 1단지 풍성신미주 아파트(2006년 4월 분양)로 682 대 1에 달했습니다. 2위는 대구의 힐스테이트 황금동 아파트(2015년 9월 분양)로 622.2 대 1이었고, 3위는 서울 고덕 아르테스 미소지움 아파트(2020년 10월 분양)로 537.1 대 1을 기록했습니다.

2002년 이후 청약경쟁률 상위 5개 단지

출처 : 부동산114

순위	위치	단지명	분양시기	평균 경쟁률	신청자 수
1위	성남 판교	봇들1단지 풍성신미주	2006년 4월	682.9 대 1	17만 4,818명
2위	대구 황금	힐스테이트 황금동	2015년 9월	622.2 대 1	12만 2,563명
3위	서울 상일	고덕 아르테스 미소지움	2020년 10월	537.1 대 1	1만 3,964명
4위	과천 갈현	과천 푸르지오 오르투스	2020년 11월	534.9 대 1	10만 2,693명
5위	부산 명륜	명륜 자이	2016년 9월	523.6 대 1	18만 1,152명

2020년 11월 청약을 실시했던 과천 푸르지오 오르투스(S1) 아파트는 투기과열지구 및 청약과열지역으로 분양가 상한제가 적

용되었습니다. 재당첨 제한 기간은 당첨일로부터 10년입니다.

경기도의 대규모 택지개발지구로 과천시 거주자(2년 이상 계속 거주)에게 분양물량의 30%를 우선공급하고, 경기도 거주자(2년 이상 계속 거주)에게 20%를 배정하고, 서울, 인천, 그리고 경기도 2년 미만 거주한 사람에게 50%가 배정되었습니다. 가점제 100%로 당첨자를 뽑았으며, 추첨제 물량은 없었습니다.

특공 물량은 신혼부부, 생애최초, 다자녀, 노부모부양, 기관추천 등으로 243세대를 분양했습니다.

과천 푸르지오 오르투스(S1)의 특공 공급세대수

출처 : 청약홈

주택형	신혼부부	생애최초	다자녀	노부모부양	기관추천	이전기관	기타	계
74A	36세대	27세대	18세대	5세대	18세대	0	0	104세대
74B	11세대	8세대	4세대	1세대	5세대	0	0	29세대
74C	15세대	11세대	8세대	2세대	8세대	0	0	44세대
84A	19세대	14세대	10세대	3세대	9세대	0	0	55세대
84B	4세대	3세대	2세대	0세대	2세대	0	0	11세대

신혼부부 특공, 왜 84㎡형의 경쟁률이 높았을까?

신혼부부 특공의 경우 84A형은 234.47 대 1, 84B형은 241 대 1로, 84㎡형이 높은 경쟁률을 보였습니다.

과천 푸르지오 오르투스(S1) 신혼부부 특공 경쟁률

주택형	74A	74B	74C	84A	84B
평균 경쟁률	105.36 대 1	47.63 대 1	64.86 대 1	234.47 대 1	241 대 1

신혼부부는 자금여력이 많지 않기 때문에 상대적으로 면적이 작은 74㎡형의 경쟁률이 높을 것이라고 예상한 사람들이 있었습니다. 하지만 과천 푸르지오 오르투스(S1)는 분양가가 주변 시세에 비해서 엄청 낮았습니다. 입지가 좀 차이가 있지만, 당시 인근의 과천 래미안슈르 84㎡형은 실거래가가 14억 4,000~9,500만원 정도였는데, 이 단지의 분양가는 84㎡형이 8억 2,810만원으로 실거래가보다 거의 6~7억원이 낮았습니다.

게다가 74㎡(7억 4,350만원)형과 84㎡형의 분양가 차이가 8,460만원에 불과했습니다. 따라서 앞으로 아파트 가격상승 여력이 더 큰 84㎡형의 특공 경쟁률이 훨씬 높았던 것으로 분석됩니다.

생애최초 특공, 왜 다른 특공보다 경쟁률이 월등히 높았을까?

가장 눈에 띄게 높은 경쟁률을 보인 것은 생애최초 특공입니다. 특히 이중에서 84A형의 경쟁률이 448.35 대 1로 가장 높았습니다. 다자녀, 신혼부부, 노부모부양, 기관추천 특공에 비해서 청약경쟁률이 훨씬 높았습니다.

과천 푸르지오 오르투스(S1) 생애최초 특공 경쟁률

주택형	74A	74B	74C	84A	84B
평균 경쟁률	237.62 대 1	94.62 대 1	128.27 대 1	448.35 대 1	399.66 대 1

2020년 9월 29일부터 '주택공급에 관한 일부 개정안'과 '공공주택 특별법 시행규칙' 개정안이 시행되면서 국민주택 분양에서 생애최초 특공의 비중이 기존 20%에서 25%로 커졌습니다. 또한 예전에는 민영주택은 생애최초 특공이 없었는데, 이제 법이 개정되면서 생애최초 특공이 생겼습니다. 공공택지의 민영주택은 생애최초 특공으로 분양물량의 15%를 우선공급하고, 민간택지의 민영주택은 7%를 우선 배정합니다.

과천 푸르지오 오루트스(S1)는 공공택지에 지어진 민영주택입니다. 따라서 생애최초 특공 물량이 15%가 우선 배정되면서 관심이 높았습니다. 생애최초 특공은 추첨제 100%로 당첨자를 선정합니다. 추첨제는 청약가점이 낮은 사람도 운이 좋으면 당첨될 수 있지요. 따라서 청약자들이 몰려 이렇게 높은 경쟁률을 기록한 것입니다.

다자녀 특공, 왜 역발상 전략이 유효했을까?

다자녀 특공도 84㎡형의 경쟁률이 월등히 높았습니다. 84A형은 117.9 대 1, 84B형은 130 대 1의 경쟁률을 기록했습니다. 다자녀 특공은 자녀가 3명 이상이어야 하기 때문에 상대적으로 넓은 84㎡형의 경쟁률이 높았다고 볼 수 있습니다.

과천 푸르지오 오르투스(S1) 다자녀 특공 경쟁률

주택형	74A	74B	74C	84A	84B
평균 경쟁률	19.55 대 1	24.25 대 1	30.37 대 1	117.9 대 1	130 대 1

다자녀 특공 신청자들은 자녀가 많기에 누구나 더 넓은 주택형을 원할 것입니다. 하지만 경쟁률 분석에서 보듯, 넓은 주택은 경쟁률이 너무 높으므로, 남들과 다른 역발상으로 74㎡형에 청약했다면 당첨 확률이 좀더 높았을 것입니다. 좁아서 당장 살기는 좀 불편할 수 있겠지만, 청약에서 계속 떨어지는 것보다는 일단 당첨되어 시세차익을 누리고 나중에 더 넓은 아파트로 옮겨가는 전략을 쓸 수도 있습니다. 더구나 과천 푸르지오 오르투스(S1)처럼 분양가가 시세보다 수억원이 싸서 로또 청약이라 불린 경우에는 말입니다. 청약도 유연한 전략적 사고와 계획이 필요하다는 것을 다시금 느끼게 되는 대목입니다.

노부모부양 특공, 과다경쟁이 나타난 이유

노부모부양 특공의 경쟁률 역시 84A형이 219.66 대 1로 월등히 높았습니다.

과천 푸르지오 오르투스(S1) 노부모부양 특공 경쟁률

주택형	74A	74B	74C	84A	84B
평균 경쟁률	99.8 대 1	47 대 1	59.5 대 1	219.66 대 1	배정 없음

84B형은 노부모부양 특공에 우선 배정된 세대수가 없기에, 84A형에서 과다경쟁이 나타났다고 볼 수 있습니다. 하지만 노부모부양 특공 역시 다자녀 특공과 같은 맥락에서 세대 구성원이 많기에 넓은 주택형의 경쟁률이 높습니다. 이런 경우 희소성이 있는 84A형을 피해서, 74형 중에서 선택해서 청약했다면 당첨 확률을 좀더 높였을 것으로 판단됩니다.

기관추천 특공은 다른 특공보다 경쟁률이 낮다

과천 푸르지오 오르투스(S1)의 장애인 특공은 경기도청, 서울시청, 인천시청으로 나누어 당첨 물량이 배정되었습니다. 국가보

과천 푸르지오 오르투스(S1) 기관추천 특공 출처 : 푸르지오 홈페이지

구분		74A	74B	74C	84A	84B	합계
장애인	경기도청	4세대	–	2세대	2세대	–	8세대
	서울시청	2세대	–	1세대	1세대	–	4세대
	인천시청	2세대	–	1세대	1세대	–	4세대
국가 보훈처 추천	국가유공자 등	3세대	1세대	1세대	2세대	1세대	8세대
	장기복무 제대군인	2세대	1세대	–	–	–	3세대
10년 이상 복무군인		1세대	1세대	–	–	1세대	3세대
중소기업 근로자		1세대	1세대	1세대	–	–	3세대
철거주택 소유자		3세대	1세대	2세대	3세대	–	9세대
합계		18세대	5세대	8세대	9세대	2세대	42세대

훈처 추천은 국가유공자 등이나 장기복무 제대군인으로 나누어 당첨 물량을 배정했고, 외에도 10년 이상 복무 군인, 중소기업 근로자, 철거주택 소유자를 대상으로 특별분양을 했습니다.

기관추천 특공은 84B형이 2 대 1이었고, 나머지 주택형은 대부분 미달이었습니다. 기관추천 특공의 경쟁률은 일반적으로 다른 특공보다 다소 낮습니다.

과천 푸르지오 오르투스(S1) 기관추천 특공 경쟁률

주택형	74A	74B	74C	84A	84B
평균 경쟁률	0.77 대 1	0.8 대 1	0.75 대 1	0.55 대 1	2 대 1

Q&A 특공, 더 알려주세요!

Q 민영 아파트의 신혼부부 특공에 청약하려고 합니다. 민영 아파트의 신혼부부 특공은 자녀가 많은 순서대로 당첨된다고 들었는데요. 자녀가 한 명이면 신혼부부 특공으로 당첨되는 경우가 아예 없나요?

A 신혼부부 특공의 경우 서울 및 수도권, 주요 지역이라면 보통 2자녀 이상이 당첨권이라고들 합니다. 그런데 모든 청약에는 미계약으로 나오는 물량이 있을 수 있습니다.

미계약 물량은 예비당첨자에게 기회가 돌아갑니다. 그런데 예비당첨자는 가점순이 아니라 추첨으로 뽑습니다. 따라서 자녀가 한 명인 사람도 운이 좋으면 당첨되기도 합니다. 확률이 높지는 않겠지만 기회가 아예 없는 것은 아닙니다.

Q 생애최초 특공이 공공분양에만 있다고 들었는데요. 민간분양에도 있나요?

A 예전에는 생애최초 특공이 공공분양에만 있었습니다. 하지만 2020년 7.10 부동산대책의 후속조치로 민간분양에도 생애최초 특공이 생겼습니다. 공공택지의 민영주택은 분양물량의 15%, 민간택지의 민영주택은 7%가 배정되니, 생애최초 특공 요건이 되는 사람들은 청약을 고려해 보세요. 생애최초 특공은

당첨자를 100% 추첨제로 뽑기에 청약가점이 낮은 사람도 운이 좋으면 당첨될 수 있는 것이 장점입니다.

Q 다자녀특공을 신청했는데, 가점을 계산해서 80점으로 신청했습니다. 그런데 사업주체에서 다시 산정한 결과 75점이라고 합니다. 제가 가점을 잘못 계산한 것 같습니다. 당첨 커트라인(최저가점)이 75점이라면, 저의 당첨 여부는 어떻게 되나요?

A 가점을 잘못 계산해 청약한 경우 무조건 부적격 처리가 되는 것은 아닙니다. 제대로 계산한 점수가 당첨 커트라인(최저가점)보다 낮은 경우만 부적격으로 처리되고, 당첨 커트라인보다 높으면 당첨자로 인정됩니다.

그런데 사례자는 가점이 75점으로 당첨 커트라인과 똑같습니다. 다자녀 특공, 노부모부양 특공에서 동점자가 발생하면, 다음과 같은 순으로 입주자를 선정합니다.

① 미성년 자녀 수가 많은 사람

② 자녀 수가 같을 경우 청약신청자의 연령(생년월일)이 높은 사람

따라서 이 사례의 청약자는 바로 부적격으로 처리되지 않고, 가점이 75점인 사람들 중에서 미성년 자녀 수가 많은 순, 그다음은 청약자의 연령을 비교하여 높으면 당첨자가 될 수도 있습니다. 이렇게 하여 당첨자로 선정되면 계약을 하면 되고, 낙첨자가 되면 부적격 처리가 됩니다.

Q 자금계획도 없이 신혼부부 특공에 신청했어요. 가점이 높지 않아 연습 삼아 청약했는데 덜컥 당첨이 된 거예요. 자금을 마련하기도 어렵고 출퇴근하기에 너무 멀어서 포기해야 할 것 같습니다. 어떤 불이익이 있나요?

A 특공에 당첨되었다가 계약하지 않는 경우에도 일반분양과 똑같이 패널티가 주어집니다.

아파트에 당첨된 사실만으로는 유주택자로 인정되지 않기 때문에 무주택 기간은 유지됩니다. 그러나 당첨된 청약통장은 다시 사용할 수 없습니다. 재당첨 제한도 그대로 적용되는데, 분양가 상한제, 투기과열지구 아파트의 경우에는 재당첨 제한이 10년까지 적용됩니다. 또한 규제지역이든 비규제지역이든 가점제 아파트에 당첨된 경우에는 향후 2년 간 가점제 분양 아파트에 청약할 수 없습니다. 그러므로 청약할 때는 신중하게 결정해야 합니다.

Q 장애인 특공은 어떻게 신청하나요?

A 장애인 특공은 각 지방자치단체별로 추천을 하기 때문에 해당 주민센터를 통해 문의하면 됩니다. 예를 들어 서울시의 경우 서울에 3개월 이상 거주하고 있고, 입주자 모집공고일 현재 무주택 세대 구성원인 장애인을 대상으로 배점기준표에 의해 선정하고 있습니다.

청약의 언어에 익숙해졌나요?
머리로 아는 것을 이제 실행해봅시다.
분양물량을 분석하고 당첨 가능성을 고려하여 청약할 곳을 선택합니다.
대출을 활용하고 레버리지를 활용하는 계획도
구체적으로 세워봅니다.
경험은 다시 지식이 되어 내집마련의 힘이 됩니다.

PART

5

드디어 내집마련의 꿈에 성큼, 청약하는 날

01

청약통장부터 입주까지, 청약과정을 한눈에!

"청약? 운이 좋은 사람만 당첨되는 거잖아요."

"어렵고 복잡해서 하다 말았어요."

주택청약에 관해 이야기하면 이런 반응들이 많습니다. 청약은 내집마련을 위한 가장 좋은 방법이지만 복잡하고 당첨도 쉽지 않습니다. 청약, 매매, 경매 모두 내집마련에 쉬운 것이 없지만, 그중에도 중도포기자가 속출하는 것이 바로 청약입니다.

"시험 삼아 청약해보았는데 덜컥 당첨되었어요. 인기가 없는 곳이었나 봐요. 계약해도 될까요?"

"오늘 청약해야 하는데 신랑이 공동인증서를 가지고 출장 갔어요. 바빠서 청약 못 해준다고 해요. 저 이렇게 포기해야 하나요? 방법이 없을까요?"

청약 열기가 뜨겁다고 하니 '설마 내가 되겠어' 하는 마음으로 아무 곳이나 클릭해서 청약했다가 덜컥 당첨된 예도 있습니다. 당첨되고 나니 직장에서도 멀고 선호하는 지역도 아니고 경쟁률이 낮은 걸 보니 미래가치도 없어 보입니다. 결국 아까운 청약통장만 잃고 재당첨 제한까지 걸리고 맙니다. 당첨된 통장은 사용할 수 없어 해약하고 새로 만들어야 하니 손해가 이만저만이 아닙니다. 그러므로 청약의 전 과정이 어떻게 진행되는지 이해하고, 단계별로 꼭 챙겨야 하는 일이 무엇인지 꼼꼼하게 정리해두는 일이 필요합니다.

청약의 전체 과정부터 살펴보겠습니다.

[아파트 청약과정]

1. 청약통장 가입하기
   주택청약종합저축
2. 청약 가능 리스트 작성하기
   관심지역의 분양 아파트 정보 확인, 리스트 작성, 청약 당첨 전략 수립
3. 분양공고 확인하기
   입주자 모집공고문
4. 청약 신청하기
   인터넷 청약신청(청약홈, 가입은행 영업팀에서 접수 가능)
5. 아파트 당첨! 계약하기
   계약금 10~20% + 옵션 계약금
6. 중도금 납부하기
   중도금 대출(집단대출)
7. 아파트 완공 잔금 납부하기
   (감정가 재책정, 부동산담보대출)
8. 입주 및 전입신고

청약통장 가입하기(청약자격 발생)

현재 가입할 수 있는 통장은 주택청약종합저축 한 가지입니다. 이외에도 판매는 중단되었지만 통용되고 있는 청약통장으로는 청약부금, 청약저축, 청약예금이 있습니다.

청년우대형 청약통장도 있는데, 주택청약종합저축에 금리 혜택

만 추가된 상품입니다. 만 19세부터 만 34세 이하의 청년이라면 가입할 수 있습니다.

1순위 통장 만들기

청약통장에 가입한 후에는 1순위 통장으로 만드는 일을 시작해야 합니다. 민영주택에 청약할 사람은 납입회차와 지역별 예치금을 맞추어야 하고, 공공주택에 청약할 사람은 납입인정금액을 성실하게 쌓아나가야 합니다. 자세한 내용은 2장에서 설명했습니다.

청약 가능 리스트 작성하기

① 당해지역이나 대규모 택지개발지구 등 내가 1순위로 청약할 수 있는 아파트에 대한 정보를 수집합니다.

　아파트 분양정보는 청약홈, 네이버나 다음 부동산, 닥터아파트, 직방 등의 사이트에서 확인할 수 있습니다. 3기 신도시 관련 정보는 3기 신도시 공식 사이트에 따로 정리되어 있습니다.

② 내가 가지고 있는 조건을 따져보고, 청약이 가능한 아파트의 리스트를 작성해봅니다.

③ 일단 특공 해당 사항부터 확인해 봅니다. 특공은 일반분양보다 경쟁률이 낮은 경우가 많고, 한 단지의 같은 주택형에는 특공, 일반공급에 동시에 신청할 수 있기에 당첨 확률을 높여줍니다.

④ 과거 분양 결과를 참고해서 당첨 가능한 전략을 모색해보는 것도 좋습니다. 일반공급이라면 비교적 물량이 많은 지역의 비선

호 주택형을 공략하는 전략도 고려해볼 만합니다.

분양공고(입주자 모집공고) 확인하기

청약홈에서 입주자 모집공고를 확인합니다. 입주자 모집공고에는 분양일정, 시행사, 시공사, 분양면적, 분양가, 공급세대수, 일반공급과 특공의 비율 및 선발방식, 납부일정, 청약자격 등 청약과 관련된 정보가 총망라되어 있습니다. 분양공고를 읽을 때 절대 놓치지 말아야 할 것들을 정리해보죠.

입주자 모집공고문에서 절대 놓치지 말아야 할 것들

① 1순위 우선 조건, 거주기간 요건

② 당첨자 선정 기준

③ 특공, 일반공급 물량 확인

④ 규제지역 여부

⑤ 중도금대출가능 범위

⑥ 전매제한 사항

⑦ 실거주 의무 여부

⑧ 발코니 확장비 및 옵션 비용

⑨ 당첨 제한 등 부적격 기준 관련 조항 확인

청약 신청하기

입주자 모집공고문이 나면서 주택전시관이 오픈합니다. 청약 신청은 청약홈에서 하면 됩니다. 미리 모의연습을 해보고, 당첨 제한 등 혼동이 되는 부분이 있으면 안내전화로 직접 문의하는 것이 좋습니다. 청약홈 사용법은 144쪽에서 자세히 설명했습니다.

청약은 특공, 1순위, 2순위 순으로 진행되고, 1순위에서 마감되면 2순위는 모집하지 않습니다. 당첨되면 다다음 주 정도에 계약이 진행되기 때문에 계약금은 반드시 미리 마련해두어야 합니다.

청약 관련 일정표

일	월	화	수	목	금	토
1	**2** 입주자 모집공고	3 주택전시관 오픈	4	5	6	7
8	**9** 특공	**10** 1순위 (당해)	**11** 1순위 (기타)	**12** 2순위	13	14
15	16	17	**18** 당첨자 발표	19	20	21
22	23	24	25	26	27	28
29	30	**1** 계약1일	**2** 계약2일	**3** 계약3일	4	5

아파트 당첨! 계약하기

청약을 신청한 후 보통 일주일 후에 당첨자가 발표됩니다. 당첨자 발표는 청약홈과 해당 건설사나 분양 홈페이지에서 확인할 수 있습니다. 문자로 개별 통보도 해줍니다.

당첨자 발표 후 계약까지는 2주 정도의 기간이 있습니다. 이 기간 동안에 부적격 여부를 심사하며, 심사에 통과하면 최종적으로 계약을 통보합니다.

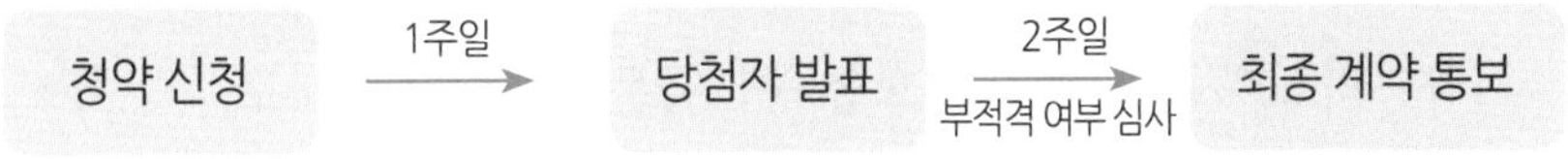

당첨된 청약통장은 다시 사용할 수 없습니다. 따라서 당첨된 후 바로 해약하지 말고, 부적격 심사가 끝나고 정당계약(최초 청약당첨자가 실제 계약을 체결하는 것)을 통보받을 때까지는 유지하는 것이 좋습니다.

계약금은 보통 분양가의 10~20%인데, 추가로 들어가는 발코니 확장비를 비롯한 옵션 비용은 대부분 계약할 때 계약금 형식으로 조금 내고 아파트가 완공된 후 잔금을 치를 때 지불합니다. 발코니 확장비 등 옵션 비용은 입주자 모집 공고문에서 확인할 수 있습니다.

옵션을 하는 것이 유리한가

각자 취향이 다르고 상황도 다양하니 일률적으로 말할 수는 없습니다. 다만, 최근 주거를 오피스 겸용 형태로 사용하는 빈도가 높아지면서 생활 편의를 위한 다양한 옵션을 추가하는 추세입니다. 내게 꼭 필요 없는 옵션이라 하더라도, 나중에 집을 팔 때 많은 사람들에게 필요한 옵션이라면 추가를 고려하는 것도 좋습니다.

중도금 납부하기

계약금을 낸 후에 아파트가 완공되기까지는 보통 2년 6개월에서 3년 정도 걸립니다. 3년이라는 기간 동안 중도금을 내야 하는데, 분양가의 60% 정도입니다. 보통 중도금은 4~6차례 정도로 나누어 냅니다.

중도금은 은행에서 입주자들이 집단으로 대출을 받아 해결하는 경우가 많습니다. 중도금대출은 아파트 완공 전에 대출을 받는 것이므로, 주택담보대출이 아니라 신용대출로 볼 수 있습니다. 일반적으로 주택도시보증공사(HUG)와 한국주택금융공사(HF)에서 보증을 해줍니다.

그런데 분양가 9억원 초과 아파트, 규제지역 여부에 따라 중도금

주택도시보증공사(HUG) 중도금대출 보증금액 한도

출처 : 주택도시보증공사(HUG)

구분	2017년 12월 31일 이전	2018년 1월 1일 이후	비고
보증한도	6억원(수도권·광역시)/ 3억원(기타)	5억원(수도권·광역시)/ 3억원(기타)	1인당 총 보증한도 5억원, 건별 보증신청금액 기준, 세대원의 보증금액 미합산
보증대상	분양가 9억원 이하	분양가 9억원 이하	

집단대출이 가능한 비율이 달라집니다. 또한 대출은 시기와 개인 여건에 따라서 변동성이 있습니다. 청약 전 자금마련 계획을 세울 때 미리 확인해두어야 합니다.

2021년 1월 기준 중도금대출가능 금액은 투기과열지구는 분양가의 40%, 조정대상지역은 50%, 이외 지역은 60%입니다. 단, 분양가 9억원 초과 아파트는 중도금대출이 되지 않으니 주의해야 합니다.

중도금대출가능 금액

투기과열지구	조정대상지역	그 밖의 지역	분양가 9억원 초과 아파트
분양가의 40%	분양가의 50%	분양가의 60%	중도금대출 안됨

잔금 납부하기

아파트가 완공되어 잔금을 내야 할 때가 되면 감정가가 새롭게 정해집니다. 3년 정도의 시간이 흐른 뒤이기 때문에 아파트 가격이 상승하는 경우가 많겠지요? 잔금대출은 통상적으로 입주 시 KB부동산시세를 기준으로 이루어집니다.

아파트 가격이 상승한 경우 KB부동산시세가 분양가보다 높기 때문에 부동산담보대출 금액이 늘어납니다. 만약 완공 후 전매제한으로 매매 건수가 없어 KB부동산시세가 형성되지 않은 경우에는 주변 아파트 시세의 담보가치인 감정가 또는 분양가로 결정됩니다.

분양가 3억원 아파트 당첨 시, 계약금과 중도금, 잔금

구분	비율	금액	납입 시기	자금 마련
계약금	10%	3천만원	계약일	종잣돈 필요
중도금	60%*	1억 8천만원	계약 후 ~ 완공 전	중도금 집단대출 + 자기 돈
잔금	30%	9천만원	입주 직전	주택담보대출 (KB부동산시세로 산정) + 자기 돈

* 중도금 집단대출은 투기과열지구는 분양가의 40%, 조정대상지역은 분양가의 50%

입주 및 전입신고

잔금을 납부하고 입주한 후에는 전입신고를 하고 취득세를 납부하고 소유권 이전등기를 하면 됩니다. 이때 취득세는 '취득가'를 기준으로 산정되는데, 취득가는 분양가에 옵션가를 포함한 금액을 말합니다.

내집마련 최종 과정

취득세 계산법

취득세율은 1주택을 취득할 때는 큰 차이가 없습니다. 주택가액 6억원 이하는 취득세율이 1%, 6억원 초과~9억원 이하는 1~3%에서 차등 부과되고, 9억원 초과는 3%입니다. 여기에 농어촌특별세와 지방교육세가 덧붙여집니다. 다주택자의 취득세는 여기에 중과가 됩니다. 조정대상지역의 2주택자는 취득세율이 8%이고, 3주택자와 법인은 12%로 꽤 높습니다.

취득세율

<table>
<tr><th colspan="2">구분</th><th>비조정대상지역</th><th>조정대상지역</th></tr>
<tr><td rowspan="4">개인</td><td>1주택</td><td rowspan="2">주택가액에 따라
1~3%</td><td>주택가액에 따라
1~3%</td></tr>
<tr><td>2주택</td><td>8%</td></tr>
<tr><td>3주택</td><td>8%</td><td rowspan="3">12%</td></tr>
<tr><td>4주택
이상</td><td>12%</td></tr>
<tr><td colspan="2">법인</td><td>12%</td></tr>
<tr><td colspan="2">주택 증여</td><td>3.5%</td><td>시가표준액
3억원 이상 12%</td></tr>
</table>

* 취득세를 낼 때는 농어촌특별세와 지방교육세도 함께 부과됩니다. 주택수에 따라 농특세가 0.2~1%까지 붙고, 지방교육세는 0.1~0.4%까지 부과됩니다. 단, 85㎡ 이하 주택은 농특세가 붙지 않습니다.

질문 **K씨는 조정대상지역에서 주택가액 5억원의 아파트에 청약해 입주를 앞두고 있습니다. 취득세가 얼마나 나올까요?**

만약 K씨가 조정대상지역의 1주택자라면 주택가액 6억원 이하의 취득세율은 1%이므로 500만원을 납부하면 되고, 2주택자라면 취득세율이 8%이므로 4천만원을 내야 합니다. 3주택자라면 세율이 12%이므로 취득세로 6천만원을 내야겠죠(농어촌특별세와 지방교육세 추가). 취득세 계산 시 주택가액뿐 아니라 옵션 비용도 추가해야 하지만 계산의 편의를 위해서 여기서는 생략했습니다.

질문 W씨는 조정대상지역의 주택가액 10억원의 아파트에 입주 예정입니다. 소유권 이전등기를 위해 취득세를 내려고 하는데 얼마일까요?

W씨가 1주택자라면 9억원 초과 주택의 취득세율은 3%이므로 취득세로 3,000만원을 내야 하고, 2주택자라면 8% 세율을 적용받아 8,000만원을 내야 합니다. 3주택자라면 취득세율이 12%이므로 1억 2,000만원을 취득세로 내야 됩니다(농어촌특별세, 지방교육세 추가).

참고로, 이사 등으로 인해 일시적으로 2주택자가 되는 경우에는 조정대상지역은 1년, 비조정대상지역은 3년의 유예기간이 있습니다. 조정대상지역에서 이사 등으로 인해 일시적으로 2주택자가 되었을 경우, 1년 이내에 기존주택을 처분하면 취득세는 1~3%의 세율이 적용됩니다. 따라서 기존주택 처분 조건으로 아파트에 청약하여 완공으로 인해 2주택자가 되는 경우는 입주 전후에 기존주택을 처분하면 취득세를 아낄 수 있습니다.

02

내집마련에 드는 돈을 계산해봅니다

아파트 청약을 통해서 내집마련을 하는 데 실제로 돈이 얼마나 들어갈까요?

가장 혼동하는 경우를 먼저 정리해볼게요. 단, 대출에 대한 부분은 수시로 바뀌며, 개인 사정에 따라서 대출가능금액이나 조건이 달라질 수 있습니다. 따라서 사전에 반드시 해당 건설사 및 담당은행을 통해 확인해야 합니다.

많은 사람들이 중도금대출과 잔금대출을 헷갈려 합니다. 중도금대출은 쉽게 말해 건설사의 보증으로 건설사 협약 은행에서 집단대출을 해주는 것입니다. 만약 중도금대출을 최대 60%까지 해주었다면 이 대출금은 아파트가 완공된 후 입주 시에 갚아야 합니다.

분양받은 아파트에 입주할 때, 실제로 가지고 있는 자기 돈으로 중도금대출을 갚는 경우보다, 은행에서 주택담보대출을 받아 중도금대출을 갚고 잔금도 납부하는 경우가 훨씬 많습니다.

계약금과 중도금은 얼마나 필요할까?

사례 **"중도금 대출과 잔금대출이 될까요?"**

K씨는 얼마 전 투기과열지구의 분양가 5억원 아파트에 당첨됐습니다. 아파트에 입주하기 전에 얼마가 필요할까요? 단, 계약금 20%, 중도금 60%, 잔금 20%의 조건이며, 입주 시 감정가는 8억원입니다.

① 계약금이 분양가의 20%이므로 필요한 계약금은 1억원입니다.

계약금 = 분양가의 20%

= 5억원 × 20% = 1억원

② 중도금은 분양가의 60%로 3억원이 필요합니다. 그런데 투기과열지구이기 때문에 중도금대출을 분양가의 40%, 즉 2억원밖에 받을 수 없습니다. 따라서 중도금대출에서 모자라는 나머지 20%인 1억원은 자기 돈으로 내야 합니다.

중도금 = 분양가의 60%

= 5억원 × 60% = 3억원 (필요금액)

중도금대출가능 금액 = 분양가의 40% (투기과열지구여서)

= 5억원 × 40% = 2억원 (중도금대출 금액)

나머지 중도금 = 분양가의 20%
= 5억원 × 20% = 1억원 ── 현금 필요

③ 따라서 입주 전에 필요한 자기 돈은 계약금 20%(1억원), 중도금 20%(1억원)를 합한 2억원입니다.

단, 비규제지역일 경우 중도금대출이 분양가의 60%까지 가능하기 때문에 필요 최소자금은 계약금 1억원이겠지요.

참고로, 중도금은 여러 번에 나누어 내게 되는데, 먼저 앞 회차들에서는 집단대출로 중도금을 내고, 나중 회차에서 남은 부분을 자기 돈으로 내는 것이 좋습니다. 규제지역의 분양권은 전매가 제한되지만, 앞날은 누구도 장담할 수 없습니다. 나중에 혹시라도 분양권을 팔게 될 경우 매수자들은 은행의 중도금 집단대출이 많이 낀 분양권을 선호합니다. 분양권을 살 때 대출이 많이 끼어 있으니 자기 돈이 덜 들기 때문이죠. 지금 현금이 있다고 중도금을 내 돈으로 모두 내면, 분양권 매수자가 그만큼 많은 현금을 주고 사야 해서 이런 분양권은 잘 팔리지 않는 경향이 있습니다.

실제 입주 시 얼마나 필요할까요?

분양가가 5억원이었던 이 아파트가 완공 후 입주 시 감정가가 8억원으로 올랐다고 하죠. 지금부터 입주 시 주택담보대출가능 금액을 계산해보겠습니다. 우선 그 전에 주택 관련 대출제도부터 알아보겠습니다. 아파트 청약에서는 청약 당첨 전략뿐만 아니라 자금마련 전략이 매우 중요합니다. 그러려면 현재의 대출제도를 잘 이해하는 것이 중요합니다.

03

주택담보대출의 기준 LTV, DTI, DSR을 한눈에

주택가격이 비싸다 보니 집을 살 때 대부분 구입자금의 일부를 대출을 받게 됩니다. 그런데 우리가 대출을 신청한다고 은행이 필요한 만큼 모두 빌려주는 것은 아닙니다. 은행은 돈을 빌려주고 못 받을까봐 담보가 되는 주택의 가격, 대출자의 부채상환 능력을 따져봅니다. 또한 정부는 주택가격이 오르고 가계대출이 급증하자 관련 대출을 억제하는 정책을 펴고 있습니다. 주택 관련 대출을 받을 때 적용되는 3가지 기준인 LTV, DTI, DSR에 대해 알아보죠.

내 아파트 시세의 얼마까지 대출 가능? -LTV

LTV(Loan To Value ratio)는 '주택담보대출비율'이라고 합니다. 쉽게 말하면 주택담보대출을 시세 대비 얼마까지 받을 수 있는지를 정해놓은 비율입니다. 이때 시세는 아파트의 경우 KB부동산시세를 주로 사용합니다.

주택담보대출비율인 LTV는 크게 3가지 기준에 따라 달라집니다.

① 투기과열지구, 조정대상지역 등의 규제지역인가, 그 외의 지역인가?

② 담보대출을 받으려는 주택의 시세가 9억원 이하인가? 9억원 초과인가? 아니면 15억원 초과인가?

③ 대출을 받으려는 사람이 서민실수요자인가, 무주택자인가, 1주택자나 1주택 예외인가, 2주택 이상인가?

예를 들어 투기과열지구에서 내가 분양받은 아파트의 KB부동산시

주택담보대출의 LTV, DTI 비율 * 2021년 7월 1일부터 규제지역 6억원 초과 주택은 DSR 적용(288쪽 참조)

<table>
<tr><th rowspan="3">시가</th><th rowspan="3">대출자 유형</th><th colspan="4">규제지역</th><th colspan="2" rowspan="2">이 외 지역</th></tr>
<tr><th colspan="2">투기과열지구</th><th colspan="2">조정대상지역</th></tr>
<tr><th>LTV</th><th>DTI</th><th>LTV</th><th>DTI</th><th>LTV</th><th>DTI</th></tr>
<tr><td rowspan="5">공시 가격 9억원 이하</td><td>서민·실수요자*</td><td>~6억원 60%
6억~9억원 50%</td><td>60%</td><td>~5억원 70%
5억~8억원 60%</td><td>60%
DSR: 은행권 40%,
비은행권 60%</td><td rowspan="2">70%</td><td rowspan="2">60%</td></tr>
<tr><td>무주택</td><td>40%</td><td>40%</td><td>50%</td><td>50%</td></tr>
<tr><td>1주택</td><td>0%</td><td>–</td><td>0%</td><td>–</td><td rowspan="3">60%</td><td rowspan="3">50%</td></tr>
<tr><td>1주택 예외*</td><td>40%</td><td>40%</td><td>50%</td><td>50%</td></tr>
<tr><td>2주택 이상</td><td>0%</td><td>–</td><td>0%</td><td>–</td></tr>
<tr><td rowspan="2">공시 가격 9억원 초과</td><td>예외: 9억원 구간</td><td>40%</td><td rowspan="2">40%</td><td>50%</td><td rowspan="2">50%</td><td colspan="2" rowspan="2">시가 9억원 이하 기존과 동일</td></tr>
<tr><td>예외: 9억원 구간</td><td>20%</td><td>30%</td></tr>
<tr><td>공시 가격 15억원 초과</td><td>–</td><td>0%</td><td>–</td><td colspan="4">해당 없음</td></tr>
</table>

* 서민실수요자는 부부 합산 연소득 9천만원 이하의 무주택 세대주로, 투기과열지구는 주택가격이 9억원 이하, 조정대상지역은 8억원 이하일 때 적용

* 1주택 예외는 1주택자의 실거주를 위한 주택 신규 구입(일시적 2주택), 직장 이전, 자녀의 분가나 부모의 별거봉양을 위한 목적 등을 입증하면 됩니다.

세가 8억원이고 무주택자라면 LTV는 40%를 적용받게 됩니다. 따라서 아파트 시세 8억원의 40%인 3억 2천만원까지만 부동산담보대출을 받을 수 있습니다(실제 대출가능 금액은 대출자의 DTI나 DSR도 따져봐야 하는데, 여기서는 쉽게 설명하기 위해 LTV 조건만 따졌습니다).

질문 J씨의 분양가 7억 5천만원, 감정가 10억원 아파트, 대출이 얼마나 나올까요? 단, J씨의 아파트는 투기과열지구에 있습니다.

주택가액 9억원 이하 부분에는 LTV 40%가 적용되고, 9억원 초과 부분에는 20%가 적용됩니다. 따라서 감정가 10억원인 J씨 아파트의 경우, 9억원에 대해서는 LTV가 40%가 적용되어 3억 6천만원이 대출 가능 금액이고, 9억원 초과 부분인 1억원에 대해서는 LTV 20%가 적용되어 2천만원의 대출이 가능합니다. 둘을 합하면 감정가 10억원인 J씨 아파트의 주택담보대출가능 금액은 3억 8천만원입니다(LTV만 고려 시).

감정가 10억원 아파트의 주택담보대출가능 금액(LTV만 고려 시)

9억원 이하 부분 : 9억원 × 40%(LTV) = 3억 6천만원

9억원 초과 부분 : 1억원 × 20%(LTV) = 2천만원

대출가능 금액 합계 : 3억 8천만원

보통 계약금은 자기 돈으로 내고, 중도금은 일부 자기 돈과 중도금 대출로 충당합니다. 그리고 입주 시 잔금은 일부 자기 돈과 주택담

보대출로 마련하게 됩니다. 잔금을 치를 때 중도금대출까지 합해서 주택담보대출로 바꾸는 것이지요.

J씨는 계약금(분양가의 20%) 1억 5천만원이 자기 돈이라고 가정하면, 잔금을 낼 때 최종 주택담보대출가능 금액인 3억 8천만원을 제외한 금액에 대한 추가 자금계획이 필요합니다.

7억 5천만원(분양가) - 1억 5천만원(계약금) - 3억 8천만원(주택담보대출)
= 2억 2천만원 — 자금계획 필요

그런데 실제로 주택담보대출가능 금액은 주택담보대출비율인 LTV뿐만 아니라 DTI나 DSR 비율까지 따져봐야 알 수 있습니다. 여기서는 이해를 돕기 위해 LTV 비율만으로 설명한 것입니다.

내 소득으로 얼마까지 상환 가능? –DTI

DTI(Debt To Income)는 '총부채상환비율'이라고 합니다. 은행에 갚아야 할 원금과 이자를 연소득으로 따져서 대출한도를 정하는 비율입니다. 쉽게 말해 한해 동안 은행에 갚아야 할 원리금(원금+이자)이 연소득의 일정 비율을 넘지 않아야 합니다. 주택담보가치가 높더라도, 즉 주택의 시세가 높아서 LTV를 계산했을 때 주택담보대출가능 금액이 크더라도, 대출받는 사람의 소득이 높지 않으면 DTI 비율이 낮아 대출이 많이 안 나옵니다. DTI 또한 규제지역 여부, 주택가격, 그리고 대출자의 여건에 따라 비율이 달라집니다.

예를 들어 284쪽의 표를 보면 연봉이 7천만원인 무주택자 T씨가 투기과열지구인 경기도 과천시에서 시가 8억원 아파트로 주택담보대출을 받는다면 DTI가 40%가 적용됩니다. 이 경우 T씨는 LTV로는 주택 시세 8억원의 40%인 3억 2천만원 정도를 대출받을 수 있지만, DTI 비율까지 감안하면 연소득의 40%로 원금과 이자를 갚을 수 있을 만큼만 대출을 받을 수 있습니다.

내가 얼마나 대출을 받을 수 있을지 계산하기가 복잡하지요? 부동산 계산기 사이트(www.부동산계산기.com)에서 연소득에 따른 DTI를 계산해 대출가능 금액을 알아볼 수 있습니다(291쪽 참조).

주의할 점은 2021년 7월부터 모든 규제지역의 6억원 초과 주택에는 DTI보다 한층 강화된 DSR이 적용된다는 것입니다. 그럼, DSR에 대해서 살펴보겠습니다.

DTI보다 강화된 DSR, 2021년 7월부터 단계별 도입

DSR(Debt Service Ratio)은 '총부채원리금상환비율'이라고 합니다. 대출을 받는 사람(개인)의 총금융부채에 대한 원리금 상환액 부담을 연소득 대비로 보여줍니다. 쉽게 말하면 대출을 받으려고 할 때, 기존의 다른 주택담보대출, 신용대출, 학자금대출, 토지대출, 상가대출 등 모든 대출을 몽땅 합한 다음, 대출자의 연소득으로 원리금(원금+이자)을 갚아나갈 수 있겠느냐를 따지는 것입니다. DTI보다 더 강화된 개념으로, 심각하게 늘어나는 가계부채 위험을 막기 위해

정부가 대출을 한층 옥죄는 정책을 펴고 있는 것입니다.

앞으로 주택담보대출은 DSR을 기준으로 대출을 해주는 것으로 단계별로 바꿀 것이므로, 아파트에 청약하려는 사람들은 반드시 살펴봐야 합니다. 당장 2021년 7월부터 DSR을 확대 도입할 계획입니다.

주택담보대출의 경우 지금은 투기과열지구의 9억원 초과 주택에만 DSR을 적용해왔지만, 2021년 7월부터는 모든 규제지역의 6억원 초과 주택에 적용됩니다. 청약시장에서 관심을 끌 만한 웬만한 아파트에는 모두 DSR이 적용된다고 보면 됩니다. 또한 총대출액이 2억원이 넘는 경우에도 DSR을 적용하게 됩니다. 그리고 2023년 7월부터는 주택담보대출이든 신용대출이든 총대출액이 1억원을 초과하면 DSR을 적용하게 됩니다.

DSR 단계적 도입 출처 : 국토교통부

<table>
<tr><th>구분</th><th>현행
2021년 6월 30일까지</th><th>1단계
2021년 7월 1일부터</th><th>2단계
2022년 7월 1일부터</th><th>3단계
2023년 7월 1일부터</th></tr>
<tr><td>주택담보대출</td><td>투기과열지구
9억원 초과 주택</td><td>① 모든 규제지역
6억원 초과 주택</td><td rowspan="2">총대출액
2억원 초과
(①/② 유지)</td><td rowspan="2">총대출액
1억원 초과
(①/② 폐지)</td></tr>
<tr><td>신용대출</td><td>연소득 8천만원 초과
& 1억원 초과</td><td>② 1억원 초과</td></tr>
</table>

그렇다면 DSR을 적용 시 나는 얼마나 대출을 받을 수 있을까요? 291쪽부터 초간단 계산 프로그램으로 계산하는 방법을 설명합니다. DSR이 어떻게 적용되는지 쉽게 이해할 수 있는 계기도 될 것입니다.

서민·실수요자를 위한 LTV, DTI, DSR 완화

한편 이처럼 대출을 억제하다 보니 서민 무주택자가 대출을 받아 아파트를 분양받기가 매우 어려워졌습니다. 이에 따라 정부에서는 서민·실수요자의 경우에는 LTV와 DTI, DSR 비율을 최대 20%포인트 완화해줄 계획입니다. 그 요건은 다음과 같습니다.

① 무주택 세대주여야 합니다.

② 부부 합산 연소득이 9천만원 이하여야 합니다. 단, 생애최초 특공 구입자는 부부 합산소득이 1억원 이하면 됩니다.

③ 투기과열지구는 주택가격이 9억원 이하, 조정대상지역은 주택가격이 8억원 이하여야 합니다.

서민실수요자를 위한 LTV, DTI, DSR 완화 요건

구분	투기과열지구	조정대상지역
우대조건	· 무주택 세대주	· 무주택 세대주
소득기준	· 부부 합산 연소득 9천만원 이하 (생애최초 특공 구입자 1억원 이하)	· 부부 합산 연소득 9천만원 이하 (생애최초 특공 구입자 1억원 이하)
주택가격	· 9억원 이하	· 8억원 이하
LTV	· ~6억원 60%(+10%p) 6~9억원 구간 50%	· ~5억원 70%(+10%p) 5~8억원 구간 60%
DTI* 우대	60%	60%
DSR	은행권 40% / 비은행권 60%	

* DSR이 적용될 경우에는 DSR을 적용(288쪽 표 참조)
* 총대출금액은 4억원까지만 가능

앞의 조건에 모두 해당하는 서민·실수요자는 LTV, DTI, DSR 비율이 완화되어 대출을 더 받을 수 있습니다.

투기과열지구에서는 주택가격 6억원까지는 LTV를 10%p 완화하여 60%로 하고, 이를 초과하는 6~9억원 구간에 대해서는 50%로 하며, 조정대상지역에서는 5억원까지는 LTV 비율을 10%p 완화하여 70%로 하고, 이를 초과하는 5~8억원 구간에 대해서는 60%가 적용됩니다. 단, 총대출금은 4억원까지만 가능합니다.

내용을 쉽게 이해할 수 있도록 예를 들어볼게요. 만약 서민·실소유자가 투기과열지구인 서울에서 5억원 아파트의 주택담보대출을 받는다면, LTV 60%를 적용받아 3억원이 대출가능 금액이 됩니다(만약 서울에서 6억원 초과 아파트라면 2021년 7월 1일부터 DSR의 적용을 받았을 것입니다. 288쪽 표 참조). 그러나 실제 대출금액은 소득에 따른 DTI나 DSR 비율에 따라 이보다 적을 수 있습니다.

이처럼 부동산 대출 관련 정책은 자주 바뀌고, 또 개인의 소득, 규제지역 여부, 은행에 따라 달라질 수 있으므로 대출 관련 내용은 전체 흐름을 이해하는 정도로 받아들이고, 실제 자금마련 계획을 세울 때는 반드시 은행에서 상담해야 합니다.

04

DSR 적용 시, 나는 얼마나 대출받을 수 있을까?

- 초간단 계산 프로그램 활용

사례 **잔금 낼 날이 닥친 J씨, 2억원 대출 가능할까?**

연소득이 8천만원인 J씨는 분양받은 7억원 아파트의 잔금을 내고 인테리어도 하기 위해 2억원 정도를 대출을 받으려고 합니다. J씨의 아파트는 광명역 근처에 있습니다. DSR 40%까지만 대출받을 수 있는데, 원금균등상환으로 10년 간 3.3% 금리로 갚을 예정입니다. J씨는 과연 2억원을 대출을 받을 수 있을까요? 참고로 J씨는 전세자금 기존 대출이 2천만원 있습니다.

J씨의 분양 아파트가 있는 광명은 투기과열지구로서 규제지역입니다. 이처럼 규제지역의 6억원 초과 아파트를 담보로 대출받을 때는 2021년 7월부터는 DSR 40%까지만 대출을 받을 수 있습니다. 그럼 J씨는 2억원 대출이 가능할까요? 저처럼 수학에 약한 사람들을 위해 LTV, DTI, DSR 비율에 따른 대출가능 금액을 계산해주는 프로그램을 사용하면 간단히 계산할 수 있습니다.

① **부동산계산기** 사이트(www.부동산계산기.com)에 접속해 [DTI·LTV]→DSR을 선택하세요.

② '총부채원리금상환비율(DSR) 계산' 화면이 열리면, 먼저 원리금 상환방법을 선택하세요. '만기일시, 원금균등분할, 원리금균등분할' 중에서 선택하면 됩니다.

③ 그런 다음 '연소득' 항목에 증빙이 가능한 소득액을 입력하세요. 직장인이라면 월급, 프리랜서라면 소득을 신고할 때의 금액, 그리고 그 외 월세 등 증빙이 가능한 금액을 모두 더해 입력해주면 됩니다.

④ '기타 부채' 항목에서는 전세금 대출 잔액이 있다면 입력하세요.

⑤ 그런데 기존에 이미 대출을 가진 사람들도 있겠지요? 이런 경우에는 화면의 아래에서 '대출금액, 대출기간, 대출이율'을 선택하고 〈+〉 단추를 누르세요. 대출이 여러 건이라면 그것들을 모두 〈+〉 단추를 눌러가며 입력하면 됩니다. 이때 대출금액은 전체 대출금액 중에서 '남아 있는 금액'을 입력하고, 대출기간도 '남아 있는 기간'을 입력하면 됩니다.

⑥ 이제 내가 대출을 얼마나 더 받을 수 있을지 알아보는 단계입니다. 대출받고 싶은 금액을 '대출금액' 란에 입력하고 '대출기간', '대출이율'을 선택하세요. 내게 대출이율이 얼마나 나올지 알 수 없다면 '대출이율' 란에 이율을 입력하지 않으면 됩니다. 그러면 자동으로 4.5%로 설정됩니다.

⑦ 내가 기존에 가진 모든 대출, 그리고 이번에 대출받을 내용을 모두 입력했다면 이제 〈DSR계산〉 단추를 누르세요.

⑧ 그러면 다음 그림처럼 계산서 화면이 나옵니다. DSR이 34%로 나와서 40%를 넘지 않았지요? J씨는 2억원을 10년 원리금균등분할 조건으로 대출받을 수 있습니다.

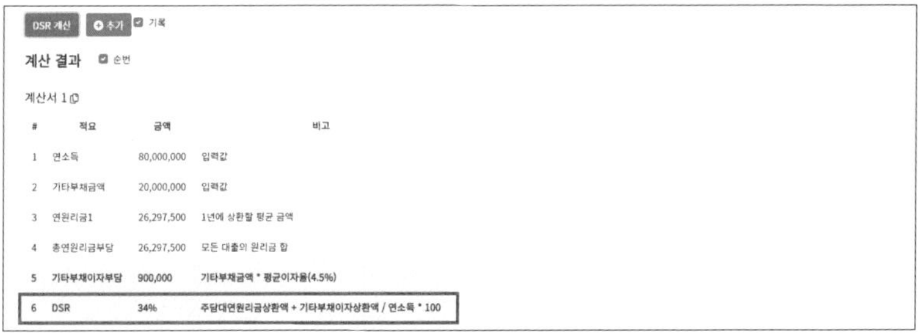
DSR 계산 추가 기록

계산 결과 순번

계산서 1

#	적요	금액	비고
1	연소득	80,000,000	입력값
2	기타부채금액	20,000,000	입력값
3	연원리금1	26,297,500	1년에 상환할 평균 금액
4	총연원리금부담	26,297,500	모든 대출의 원리금 합
5	기타부채이자부담	900,000	기타부채금액 * 평균이자율(4.5%)
6	DSR	34%	주담대연원리금상환액 + 기타부채이자상환액 / 연소득 * 100

만약 J씨가 대출을 더 많이, 혹은 더 적게 받고 싶다면, 일단 이 계산서를 저장한 다음에 〈추가〉 단추를 눌러 대출금액을 바꿔가며 계산할 수 있습니다.

"신용대출이 있으면 대출이 덜 나온다"는 이야기를 들어보았을 것입니다. 바로 이 DSR이 적용되기 때문입니다. 앞에서 소개한 주택담보대출에 따른 LTV, DTI, DSR 비율표를 참고해서 규제지역 여부에 따른 대출가능 금액을 스스로 계산해보세요.

대출은 은행마다 차이가 있고, 개인 신용도나 대출상환 능력에 따라 대출가능 금액이 달라질 수 있으므로, 반드시 은행에 직접 방문하여 상담을 통해 실질적인 대출가능 금액을 확인해야 합니다.

05

아파트의 모양과 용적률

3베이 vs. 4베이

아파트에 관심이 있다면 2베이, 3베이, 4베이라는 말을 한 번쯤 들어봤을 겁니다. 베이(bay)는 아파트 전면부의 거실 쪽 공간을 말하며, 쉽게 말하면 전면부에 거실과 침실이 배치된 개수를 말합니다.

4베이 평면

- 2베이 : 거실 + 침실(안방)
- 3베이 : 거실 + 침실(안방) + 침실
- 4베이 : 거실 + 침실(안방) + 침실 + 침실

아파트 도면을 볼 때는 '채광'과 '통풍'을 먼저 확인해야 합니다. 3베이나 4베이가 채광에 유리하기 때문에 우리나라에서는 인기가 있는 편입니다. 또 창문의 위치를 확인하여 맞바람이 잘 부는 구조인지를 보고, 붙박이장과 팬트리 공간의 유무 등을 확인합니다.

판상형과 탑상형, 무엇이 좋을까?

판상형 아파트는 햇볕이 잘 드는 남향으로 '一' 자로 배치하여 맞통풍이 잘됩니다.

탑상형(타워형) 아파트

탑상형(타워형) 아파트는 외관이 세련되어 1세대 탑상형인 타워팰리스를 필두로 랜드마크가 된 아파트들이 많습니다. 탑을 쌓듯이 위로 올려 용적률을 높일 수 있는 장점이 있고 공원 등을 조성하기에 유리합니다. 반면에 모든 세대가 남향이 아니어서 북향, 서향 등의 세대가 많습니다. 또한 일조권이나 통풍에 불리합니다.

판상형 아파트

한 단지에 판상형과 탑상형이 섞여 있는 경우에는 판상형에 대한 선호도가 높습니다. 햇볕이 잘 들고 통풍이 잘되기 때문이죠. 하지만 판상형으로만 구성된 아파트의 경우 외관이 단조롭고 획일적으로 보일 수 있습니다.

청약 당첨 확률을 평균적으로 예단할 수는 없지만, 같은 아파트 단지에서 청약하는 경우 판상형의 구조가 탑상형의 구조보다 청약 경쟁률이 높습니다. 따라서 판상형과 탑상형 중에 비선호 타입인 탑상형을 선택했을 때 청약당첨 확률을 높일 수 있습니다.

용적률이 완화되면

용적률은 전체 대지면적 대비 건물 연면적의 비율로서, 쉽게 이야기해서 건물을 얼마나 높게 지을 수 있느냐를 판단하는 척도입니다. 예를 들어 100평의 대지에서 1층 건물로 50평을 건축했다면 용적률은 50%이고, 2층까지 50평씩 올렸다면 용적률은 100%겠지요.

용적률이 높다는 것은 토지가 개발된 밀도가 높다는 의미입니다. 최근 정부는 '용적률을 완화하는 방식으로 도심의 핵심입지를 개발하겠다'고 밝힌 바 있습니다. 용적률을 상향해서 층수를 높이는 등 고밀도 개발을 허용하겠다는 뜻으로 해석할 수 있습니다.

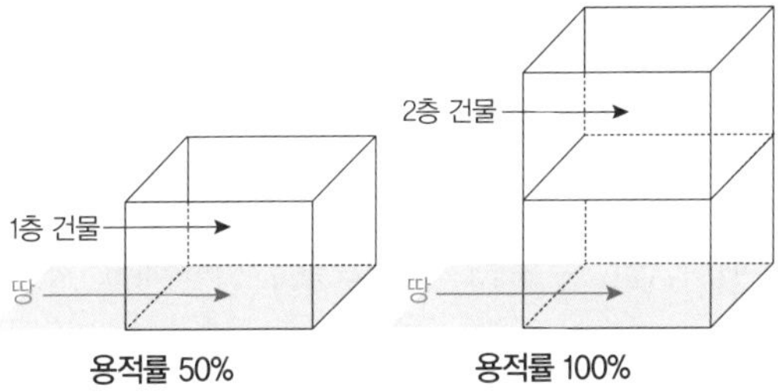

임성배의 실전 청약기술

Q&A 청약 돋보기

Q 청약통장에 있는 돈을 계약금으로 써도 되나요?

A 결론부터 말씀드리면, 청약통장에 있는 돈을 계약금으로 사용할 수 있습니다. 단, 청약통장의 해약 시기에 주의해야 합니다. 청약에 당첨된 통장은 계약 여부를 떠나 어차피 재사용할 수 없기 때문에 해약하게 된다고 했죠? 그런데 가능하면 정당계약을 통보받을 때까지 기다리는 것이 좋다는 것을 다시 한번 강조합니다.

Q 청약에 당첨되었습니다. 남편과 공동명의로 계약할 수 있나요?

A 주택청약에 당첨된 사람(청약통장 주인)과 최초계약자는 일치해야 합니다. 부부 공동명의로 하고 싶다면 청약통장 주인의 명의를 바꿔야 합니다.

그런데 당첨된 아파트에 전매제한이 있는 경우에는 원칙적으로 명의 변경이 불가능합니다. 이 기간에는 매매나 증여 등을 못합니다. 단, 부부는 예외로 취급하는데요. 전매제한이 있는 아파트도 부부에 한해 공동명의가 가능하여 배우자에게 50% 지분을 증여할 수 있습니다. 부부간 증여 시 10년간 6억원까지는 증여세가 공제되므로, 6억원 초과 금액에 대해서만 증여세를 내면 됩니다.

한편 전매제한 기간 중에는 배우자 단독 명의로는 명의 변경이 안됩니다. 배우자가 아닌 부모, 자녀 등과의 공동명의도 전매제한 기간 중에는 안 됩니다.

주택을 전매제한 기간 중 불가피한 사유, 즉 근무·질병·결혼으로 인한 이전, 상속주택으로 이전, 이혼, 2년 이상 해외체류 등이 발생해서 팔아야 하는 상황이 생길 수 있는데요. 이때 프리미엄을 받고 팔 수는 없습니다. 이런 경우에는 LH 한국토지주택공사가 일정 금액으로 우선 매입하는데, 매입금액은 '입주금 + 1년 만기 은행적금 평균이자율을 적용한 이자'로 정해지기에 분양가와 크게 다르지 않습니다.

Q 청약에 당첨되어 예비입주자 동호수 추첨에 참가하려 합니다. 만약 동호수가 마음에 안 들면 계약을 안 해도 되나요?

A 예비입주자로 선정되는 것 자체는 당첨자로 분류되지 않습니다. 동호수 배정에 참여하는 순간에 전산상으로 당첨자로 분류됩니다. 동호수 배정에 참여하면 당첨자가 되기 때문에, 추첨 후 계약하지 않아도 당첨 후 포기한 사람과 똑같은 상황이 됩니다. 즉, 재당첨 제한을 받고, 청약통장도 당첨통장으로 분류되어 다시 사용할 수 없습니다. 다시 청약에 도전하려면 청약통장을 새로 만들고 청약통장 가입기간 가점을 0점부터 시작해야 합니다. 단, 정당계약을 하지 않았기 때문에 무주택 기간은 그대로 유지됩니다.

달팽이도 집이 있는데 청약으로 내집마련을 하겠다고 마음먹은
김영수 씨는 칠전팔기의 정신으로 도전한 끝에
드디어 당첨의 기쁨을 맛보았습니다.
그런데…
어느 날 걸려온 전화 한 통. "안타깝지만 부적격 처리되었습니다."
무슨 일이 벌어진 걸까요?

PART

6

청약에서 피해야 할 함정

01

청약 당첨자 열 명 중 한 명이 부적격?

청약경쟁률이 연일 최고치 기록을 경신하고 있습니다. 세 자릿수 경쟁률이 속출하는 것이 낯설지 않고, 무주택자 중에 청약에 관심이 없는 사람이 없을 정도입니다.

2020년에 뜨거웠던 청약 열기를 잠시 들여다보면, 1월부터 7월까지 10회 이상 청약에 도전한 사람이 9,036명입니다. 산술적으로 계산하면 한 해에 10회 이상 청약에 도전하는 사람은 1만 5천 명~2만 명에 달할 것으로 추측됩니다. 2020년 1월에서 7월까지 7개월간 무려 30회 이상 청약 신청을 넣은 사람도 30명이나 되었습니다. 부지런한 새가 먹이를 찾는다고, 내집마련과 자산 굴리기를 위해

일년 청약 횟수 많은 사람 통계

구분	10~19회 청약	20~29회 청약	30회 이상 청약
2018년	5,488명	40명	-
2019년	7,530명	220명	11명
2020년 1월~7월	8,815명	191명	30명

열심히 청약에 신청하는 사람들에게 감탄하게 되는 대목입니다.

달아오른 청약 열기만큼 청약에 대해 잘 아는 사람이 늘어났을까요? 앞에서도 말했듯, 일단 부적격 처리 비율은 오히려 늘었습니다. 2020년 1월부터 6월까지의 부적격 당첨 사례를 보면 5,829건입니다. 당첨자가 6만 3,994건이니까 이 중 9.11%, 당첨자 열 명 중 한 명이 부적격 처리된 것입니다.

수십 대 1, 수백 대 1의 경쟁률을 뚫고 당첨되었는데 부적격 처리가 되다니, 도대체 무슨 일이 일어난 것일까요? 부적격 처리의 이유를 살펴보면, 청약가점을 잘못 계산한 경우가 77.8%(4,540건)로 가장 많았고, 다음으로는 무주택가구 구성원의 중복청약 및 당첨으로 인한 부적격 처리가 10.9%(641건), 재당첨 제한 위반이 2.9%(171건), 과거 5년간 당첨 사실 때문에 부적격 처리된 경우가 2.8%(166건) 등이었습니다.

유형별 부적격 당첨자 수

기준 : 2020년 1~6월

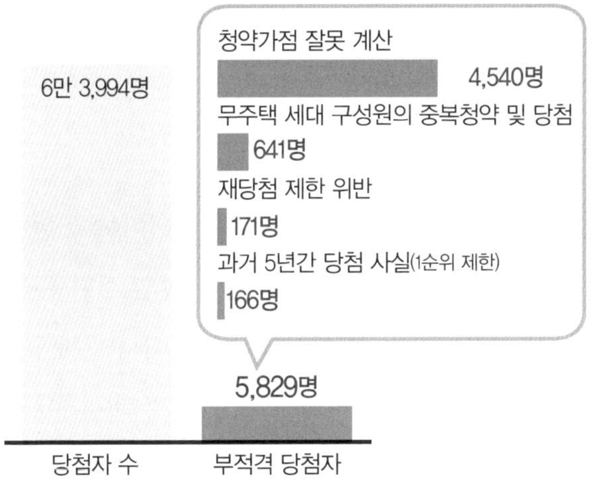

02

주말부부의 눈물, 배우자 분리세대의 부적격 사례

사례 **주말부부 K씨, 왜 부적격 처리되었을까?**

K씨(만 45세)는 주말부부로 서울에 직장이 있고 아내의 직장은 처가댁이 있는 대구입니다. 아내는 아이들과 대구의 처가댁에서 지내고 있습니다. 자기 집이 없는 K씨는 무주택 세대주 요건으로 청약해 당첨되었습니다! 아내와 아이들과 합가할 수 있다는 생각에 뛸 듯이 기뻤습니다.

그런데 부적격 처리되었다는 통보를 받았습니다. 아내가 장인어른 소유의 주택에서 살고 있기 때문에, K씨는 무주택 세대주의 요건에 해당되지 않는다는 설명이었습니다.

무주택자 요건에는 "모든 세대원이 무주택이어야 한다"는 조건이 있습니다. K씨처럼 배우자 분리세대인 경우 주민등록표등본이 두 장이 됩니다. 이런 경우 청약자 본인뿐만 아니라 배우자와 같은 주민등록에 올라 있는 직계존비속도 모두 무주택이어야 합니다.

만약 아내가 만 60세 미만인 장인어른 명의의 집에서 살고 있다면, K씨는 무주택 세대주 요건으로 아파트에 청약할 수 없습니다. 장인어른이 만 60세 이상이라면 무주택 세대주 요건으로 청약할 수 있겠지요.

사례 **P씨의 무주택 기간 계산 단순 실수**

P씨는 만 40세입니다. 결혼은 만 32세에 했으며, 집을 소유하는 것에 대해 큰 관심이 없다가 최근 직장을 대도시로 옮기면서 아파트를 사야겠다는 생각이 들었습니다. P씨는 평생 단 한 번도 주택을 구매한 적이 없었기 때문에, 청약을 하면서 무주택 기간을 32점 만점으로 체크했습니다.

당첨의 기쁨도 잠시, P씨는 무주택 기간 계산이 잘못되었다며 부적격이라는 전화를 받았습니다. 도대체 무엇이 문제였을까요?

무주택 기간은 만 30세부터 계산합니다. 단, 결혼을 그 이전에 한 경우에는 혼인신고를 한 날부터로 계산합니다. P씨는 만 32세에 결혼했기 때문에, 무주택 기간을 만 30세가 된 날로부터 계산해야 합니다. 현재 P씨는 만 40세이므로 무주택 기간은 10년이 됩니다.

무주택 기간은 1년에 2점씩 증가하며 15년 이상일 경우 32점 만점입니다. P씨가 속한 '무주택 기간 10년 이상 11년 미만' 구간은 22점입니다(128쪽 참조). 그런데 P씨는 청약가점을 계산할 때 본인의 점수보다 10점이나 높게 제출하여 부적격 판정을 받게 된 것입니다. 생각보다 자주 일어나는 일입니다.

03

자주 실수하는 6가지 부적격 유형

생애최초 특공은 다르다? 소형 저가주택도 유주택!

사례 **"소형 저가주택이 있어요"**

L씨 부부는 월세와 전세로 살다가 생애최초 특공에 지원해 당첨되었습니다. 그런데 부적격 처리되었다는 통보를 받았습니다. 아내가 결혼 전에 지방의 소형주택을 보유했다가 판 적이 있는데, 이것이 문제였습니다.

"소형 저가주택은 가지고 있어도 된다"는 이야기를 들어본 적 있을 겁니다. 소형 저가주택은 전용 60㎡ 이하이면서 공시가격이 수도권은 1억 3천만원, 지방은 8천만원 이하인 주택을 말합니다(주택공급규칙 제53조).

공공주택의 일반공급 물량에서는 최근 3년간 주택을 소유한 사실이 없어야 무주택자로 인정합니다. 따라서 소형 저가주택, 이를테면 현재 공시가격이 3천만원인 시골집을 가지고 있더라도, 공공주택의 일반공급에는 무주택자로 청약할 수 없습니다.

반면 민영주택의 일반공급에서는 소형 저가주택을 가지고 있는 사람도 무주택자로 봅니다. 여기서 혼란이 발생하는데요. 민영주택의 생애최초 특공도 소형 저가주택이 있어도 무주택자로 볼 것이라고 지레짐작하는 것입니다. 그러나 생애최초 특공은 말 그대로 본인과 배우자가 이유를 막론하고 주택을 소유한 적이 없어야 청약할 수 있습니다. 즉, 생애최초 특공에서는 소형 저가주택도 주택으로 간주하는 것입니다.•

• 참고로 생애최초 특공에서도 만 60세 이상의 직계존속이 주택을 소유하고 있을 때는 청약자를 무주택로 인정해 청약할 수 있습니다(주택공급규칙 제53조).

청약자가 만 60세 이상이면 주택을 소유해도 무주택으로 해줄까?

앞에서 같이 살며 부양하고 있는 부모, 조부모가 만 60세 이상이면, 이들이 주택을 소유하고 있어도 청약자의 무주택 요건에는 영향을 주지 않는다고 했죠? 그런데 여기서 헷갈려 하는 사람들이 의외로 많습니다. 본인이 만 60세 이상이면 주택이 있어도 무주택자로 청약할 수 있다고 착각하는 것이죠. 하지만 청약자 본인은 나이와 상관없이 주택을 소유하고 있다면 유주택자로 봅니다.

부양가족, 그때는 맞고 지금은 틀리다?

사례 "부양가족 수가 잘못됐대요"

W씨는 부모님을 모시고 살고 있습니다. 아버지 소유의 아파트가 있기는 하지만, 팔순이 넘었기에 W씨는 무주택자로 청약해 당첨되었습니다. 그런데 청약 신청을 할 때 부양가족 수를 잘못 계산했다는 통보를 받았습니다. 왜 그랬을까요?

부모나 조부모를 부양하고 있는 경우, 그들의 나이나 소유 주택이 소형 저가주택인지 여부에 따라서 부양가족 수에 포함될 수도 있고, 포함되지 않을 수도 있습니다.

청약 시 부양가족 수를 계산할 때는 소형 저가주택(전용 60㎡ 이하, 수도권 1억 3천만원, 지방 8천만원 이하)은 주택으로 간주하지 않습니다. 따라서 부모님이 소형 저가주택을 소유하고 있어도, 청약자는 무주택 세대 구성원이 되고, 부모님도 부양가족 수에 포함됩니다.

하지만 부모님이 소유한 주택이 소형 저가주택이 아닌 경우, 부모님의 나이가 만 60세 이상이라면 청약자는 무주택자로서 청약할 수는 있지만, 청약가점 계산 시 유주택 부모님은 부양가족 수에는 포함되지 않습니다.

철없는 아들 부부, 부양가족도 안 된다

사례 "당첨! 근데 부적격 처리됐어요"

J씨(만 58세)는 이제 막 결혼한 아들 부부와 함께 살고 있습니다. 잘 다니던 회사를 그만두고 대학원 진학을 준비하고 있는 아들 부부는 J씨의 전셋집에서 살면서 경제적으로 의지하고 있습니다.

무주택자인 J씨는 최근 청약에 당첨되었다가 부적격 판정이 났습니다. J씨는 본인을 제외한 배우자, 아들 부부를 부양가족으로 계산했습니다. 무엇을 잘못했을까요?

청약에서는 미혼인 자녀만 부양가족으로 인정되며, 결혼 후 함께 사는 자녀는 부양가족 수에서 제외합니다. 참고로 이혼 후에 다시 함께 살게 된 자녀 역시 부양가족 수에 들어가지 않습니다.

만 30세 이상 자녀, 합가 후 1년

사례 30대 미혼 아들과 함께 사는 A씨

A씨의 30대 미혼 아들은 외지에서 따로 살다가 이번에 다시 본가로 들어왔습니다. A씨는 최근 분양에 당첨되었는데, 부적격 처리되어 당첨이 취소된다는 연락을 받았습니다. 어찌 된 일일까요?

A씨는 아들이 미혼이기 때문에 부양가족 수에 당연히 포함될 것이라고 생각했습니다.

하지만 만 30세 미만 미혼 자녀는 부양가족에 포함되지만, 만 30세 이상 미혼 자녀는 같은 주민등록에 1년 이상 올라 있어야 부양가족 수에 포함됩니다. 따라서 A씨의 아들은 세대를 합하고 1년이 지난 후부터 부양가족 수에 포함됩니다.

아내가 나 모르게 투자한 적이 있었구나!

사례 **"제가 왜 재당첨 제한이죠?"**

B씨는 원하는 지역에 좋은 조건의 분양물량이 생겨서 무척 반가웠습니다. 계약금을 준비하고 자금계획도 세웠습니다.

그런데 분양공고를 확인하고 청약홈에 들어가서 청약을 하려다가, 아내에게 재당첨 제한 조건이 있는 것을 보고 깜짝 놀랐습니다. 안타깝게도 B씨는 청약을 신청해보지도 못하고 포기해야 했습니다.

재당첨 제한이란 주택 청약에 이미 당첨된 경우에 본인과 동일한 세대의 구성원에게 일정기간 동안 청약 당첨에 제한을 두는 것입니다(주택공급에 관한 규칙 제54조). 재당첨 제한 사항이 있는지 확인하는 가장 확실한 방법은 청약홈에서 공동인증서로 로그인해서 청약 자격을 확인하는 것입니다. 가족의 경우 각자 공동인증서로 등록해 확인해야 합니다.

청약 당첨 사실이 있다고 무조건 재당첨 제한에 해당되는 것은 아닙니다. 비규제지역의 민영주택은 재당첨 제한이 없습니다. 따라서 관심 있는 분양 아파트의 입주자 모집공고문을 꼭 확인하세요.

임성배의 실전 청약기술

경매 입찰을 포기하고
분양전환 임대아파트에 들어간 친구

친구 A의 이야기를 해볼까 합니다. 때는 2008년 글로벌 금융위기 이후인 2012년, 2013년 즈음이었습니다. 금융위기 여파로 경기가 안 좋았고 주택도 많이 공급되지 않았으며 주택가격이 조정되고 있던 시기였습니다.

당시 저는 부동산 관련 일과 강의를 하며 경매 컨설팅을 집중적으로 하고 있었습니다. 지금도 그렇지만 지인과 친구들이 도와달라고 하면 사심 없이 열심히 나섰고, 전국적으로 경매 컨설팅이나 부동산업을 하면서 사고가 난 적이 없었습니다. 그런 걸 알고 있던 고등학교 때 친구가 경매로 집을 사고 싶다며 찾아왔습니다.

친구와 함께 경매로 나온 평촌의 한 아파트를 관심을 갖고 지켜보다 입찰에 들어가기로 결정했습니다. 그런데 입찰일 이틀 전에 연락이 왔습니다.

"성배야, 막상 경매로 집을 사려니 너무 불안하다. 경매로 조금 저렴하게 산다고 해도 나중에 가격이 더 떨어지면 어떻게 하냐?"

"지금이 바닥인 걸. 더 떨어질 일은 없을 거야."

경기도 안 좋고 부동산 시장도 조정 중이라 시세는 이미 바닥이었습니다. 다시 설득했지만, 친구는 처음 집을 마련하려고 하니 이런저런 걱정이 드는지 많이 주저했습니다. 그러면서 이렇게 물었습니다.

"공공임대 아파트에 청약하려고 하는데, 임대를 받아 10년 살다가 분양전환을 하는 것이 어떨까?"

"아우, 그러지 마라."

몇 번이고 말렸지만, 결국 10년 공공임대 아파트에 들어가는 것으로 마음을 굳혔습니다. 친구의 결정이 너무 안타까웠습니다. 10년 공공임대 아파트 분양전환은 내 집을 마련하는 방법 중 하나지만, 몇 가지 불리한 점이 있습니다.

분양전환이 항상 시끄러운 데는 다 이유가 있다

2020년부터 10년 공공임대 아파트의 분양전환이 본격적으로 이루어지고 있는 판교를 예로 들어보겠습니다.

분양전환 시 분양가는 감정평가기관 두 곳에서 평가한 금액의 평균으로 책정하는데, 평당 2,300만원이 넘는 금액으로 정해졌습니다. 시세보다 저렴하다고는 하지만, 10년 전 청약으로 아파트를 분양받았거나 일반매매로 구입했다면 더 저렴한 가격에 살 수 있었을 것입니다. 10년 전 자금이 부족해 대출을 받았더라도 이자만 내면 됐을 것입니다. 그런데 임대아파트에 사는 10년 동안 월세는 월세대로 내고, 10년 후 분

분양전환 예정 10년 공공임대주택

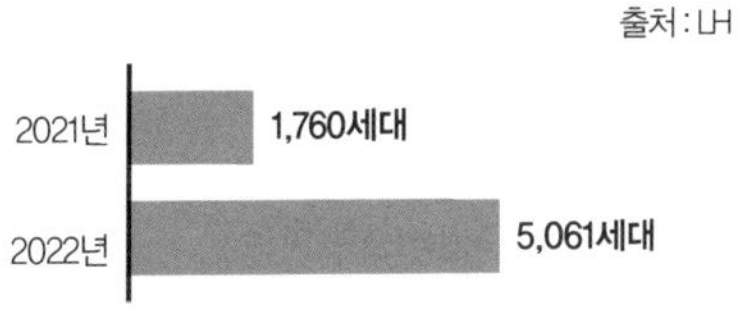

2006년 판교 중대형 아파트 분양가

출처 : 대한주택공사, 이데일리(2008.3.11)

주택형	분양가(평당 분양가)	실분양가	평당 실분양가
125㎡(38평)	5억 1,959만원(1,306만원)	6억 1,038만원	1606만원
128㎡(39평)	4억 9,820만원(1276만원)	6억 1,789만원	1584만원
132㎡(40평)	5억 3,442만원(1328만원)	6억 3,468만원	1,586만원
141㎡(43평)	5억 6,980만원(1308만원)	7억 9,436만원	1,847만원
145㎡(44평)	5억 8,319만원(1311만원)	8억 1,718만원	1,857만원
148㎡(45평)	5억 9,806만원(1326만원)	8억 2,724만원	1,835만원
155㎡(47평)	6억 2,648만원(1336만원)	8억 5,519만원	1,819만원
184㎡(56평)	8억 3,78만원(1420만원)	10억 2,624만원	1,832만원
188㎡(57평)	8억 1,000만원(1416만원)	10억 2,722만원	1,819만원
191㎡(58평)	8억 3,040만원(1429만원)	10억 5,541만원	1,819만원
201㎡(61평)	8억 7,500만원(1424만원)	11억 1,838만원	1,833만원
224㎡(68평)	9억 6,726만원(1414만원)	12억 3,263만원	1,812만원
227㎡(69평)	9억 1,975만원(1333만원)	12억 3,179만원	1,785만원
231㎡(70평)	10억 330만원(1417만원)	12억 5,588만원	1,794만원

양전환을 할 때는 시세를 기준으로 오른 가격으로 구매하게 된 것입니다.

친구한테서 1년 전쯤에 전화가 왔습니다. 10년 공공임대 아파트에 들어간 지 7~8년 정도 되어 조기분양을 하려고 하는데, 분양가가 너무 높게 책정되었다며 걱정했습니다. 7~8년 전보다 시세가 크게 상승했기 때

분양전환 임대주택의 분양가 산정

임대기간 5년	건설원가와 감정평가금액의 산술 평가 (시세의 60~70% 수준)
임대기간 10년	감정평가금액 이하 (시세의 80~90% 수준)

판교 LH 10년 공공임대 아파트 분양전환 및 감정가

출처 : LH, 머니투데이(2019.11.06)

	주택형	금액
산운마을11단지 (감정가)	51㎡	4억 2,282만원
	59㎡	5억 1,154만원
산운마을12단지 (감정가)	55㎡	4억 5,935만원
	59㎡	5억 737만
판교원마을12단지 (분양전환가)	101㎡	8억 7,427만원
	115㎡	9억 9,177만원
	118㎡	10억 1,251만원

문인데, 다른 입주민들도 크게 반발하고 있다고 했습니다.

"네 말 듣고 그때 평촌에 있는 아파트를 경매로 샀으면 지금 두세 배는 더 올랐을 텐데…."

친구는 친구대로 안타까워하고 저도 너무 안타까웠습니다. 주택가격이 오르는 것은 인플레이션에 대한 기본 지식, 자산과 부채에 대한 개념만 알고 있어도 쉽게 이해할 수 있습니다. 당연한 이야기를 해줬는데 7~8년 전에는 왜 몰라줬을까? 누구나 머리로는 이해를 하면서도 귀를 닫고 잘 듣지 않으려고 하는 때가 있는 것 같습니다.

분양전환 포기하고 '줍줍'으로 내집마련

그렇게 하소연하던 친구는 며칠 후에 임대아파트의 분양전환을 포기하고 괜찮은 선택을 해서 내집마련에 성공했습니다. 친구의 선택은 무엇이었을까요? 바로 '줍줍'이었습니다.

친구가 계약한 아파트는 경기도 시흥시 장현지구 시흥능곡역 근방의 500세대 미만 아파트로 34평형이 4억원 대였습니다.

'줍줍'은 아파트 청약에 당첨되었으나 자금계획에 문제가 생겼거나 동호수가 마음에 들지 않는 등의 이유로 계약을 포기한 미계약 물량을 대상으로 합니다. 이렇게 생긴 미계약 잔여세대를 주워 담는다고 해서 '줍줍'이라고 하는데, 분양가와 같은 가격으로 아파트를 구매할 수 있는 좋은 기회입니다.

이번에도 친구가 마음을 바꿀까 봐 걱정했지만, 다행히 다음 날 바로 전화가 왔습니다. 현장에 아내와 함께 가서 동호수를 찍으면서 전화를 한 것입니다.

"지금 계약하러 왔어. 와서 보니까 세대가 많이 빠져서 몇 개 안 남아 있어. 입구 쪽의 5층이랑 단지 뒤쪽의 3층, 놀이터가 보이는 단지 중앙의 10층이 남아 있어. 어떻게 하면 좋을까? 집사람은 입구 쪽 5층을 계약하고 싶어 해. 원래 저층을 좋아하고, 입구 쪽이라서 시야가 뻥 뚫려 있거든."

친구 부부가 원하는 것은 입구 쪽 5층이었습니다. 그런데 인터넷에 들어가 분양단지 지도를 보니, 매일 차들이 오가서 창문을 열고 지내기 힘들 것 같은 위치였습니다. 시야가 뻥 뚫린 장점을 살리기 위해서는 커튼을 올리고 환기를 마음껏 할 수 있어야 하는데 그럴 수 없을 것 같았습니다.

저는 놀이터가 보이고 전방 시야가 확보되는 안쪽 10층 로열층을 추천했습니다. 의견을 말해주니 친구 부부는 상의한 후에 단지 중앙 10층을 계약했습니다. 현재 친구가 산 아파트의 가격은 꾸준히 상승하는 중입니다.

"성배야, 고맙다. 내집마련을 한 것도 기쁘지만, 7~8년 전에 네 말대로 안 한 것을 계속 후회했는데 이제 후회가 없다."

공공임대 분양전환으로 내 집을 마련하려다가 좋은 기회를 놓친 사례는 꽤 많습니다. 여기서 이야기하고 싶은 것은 공공임대 분양전환 아파트가 모두 나쁘다는 것이 아닙니다. 입지가 좋은 공공임대 분양전환 아파트라면, 시간이 걸리더라도 입지가 중요하기에 내집마련의 수단으로 활용할 수 있습니다. 다만, 지금 10년 공공임대 아파트에 관심을 갖고 있는 독자라면 결정하기 전에 더욱 면밀하게 검토해보면 좋겠습니다.

공공임대 분양전환 아파트는 시세보다는 저렴할 수 있겠지만, 10년 후의 가격으로 매입하는 것으로 자산을 세팅하는 것입니다. 차라리 다소 비싸 보이지만 입지가 좋은 아파트를 사서 월세를 내는 대신 대출금을 갚아나가는 것이 유리할 수 있습니다. 20년간 투자하고 부동산 현장에서 경험하며 얻은 진리가 하나 있습니다. 바로 '부동산은 시간을 사는 것'이라는 사실입니다.

Q&A 꼼꼼한 청약 기술

Q 부적격으로 당첨이 취소되면 벌어지는 일은?

A 부적격으로 당첨이 취소된 사람은 수도권 및 투기과열지구, 청약과열지역의 경우 당첨일로부터 1년, 수도권 외의 지역은 6개월, 위축지역은 3개월 동안 다른 분양주택의 입주자로 선정될 수 없습니다.

Q 부부가 함께 청약해도 되나요?

A 규제지역이 아닌 경우에는 부부가 각각의 통장으로 동시에 청약할 수 있습니다. 1~2년 전까지만 해도 투기과열지구가 한정되어 있었기 때문에, 주변의 사례를 보고 부부가 동시에 청약할 수 있다고 착각하는 경우가 많습니다. 하지만 현재는 규제지역에서는 세대주만 청약할 수 있습니다. 그러니까 한 아파트에는 한 세대에서 한 명만 청약을 넣을 수 있습니다.

Q 세대주 변경은 어떻게 하나요?

S씨(여, 35세)는 결혼 전부터 꾸준히 납입해온 1순위 청약통장을 가지고 있습니다. 세대주인 남편은 최근에야 주택청약종합저축 통장을 만들었습니다. 세대주를 아내로 바꾸어도 괜찮은지,

그 과정이 어렵지는 않은지 궁금해 했습니다.

A 세대주란 주거 및 생계를 같이하는 집단인 한 세대를 대표하는 사람입니다. 세대주를 바꾸는 것은 생각보다 어렵지 않은데요. 거주지의 주민센터를 직접 방문해도 되고, 정부24 사이트를 이용하면 5분 정도면 쉽게 바꿀 수 있습니다.

① 정부24 사이트(www.gov.kr)에 접속한 다음 '주민등록 정정'을 검색하세요.

② '주민등록 정정(말소) 신고'를 선택해 '주민등록 정정(말소) 신고서'가 나오면 '정정구분' 항목에서 '세대주 변경'을 선택하고 양식을 채우면 됩니다. 세대주 변경은 입주자 모집공고일 전에 마무리해야 합니다.

Q 임대아파트 분양전환은 괜찮은가요?

A 앞에서도 말했지만, 공공임대 분양전환 아파트는 보증금과 월세를 시세보다 싸게 내고 살다가 임대기간이 만료된 후 해당 아파트를 분양받을 수 있습니다. 임대로 거주하던 사람에게 구매 우선권이 주어지며, 분양가도 주변 시세에 비해 다소 저렴하게 책정됩니다. 또한 살아보고 구매한다는 것도 장점입니다. 그런데 조기분양을 통해서 일찍 분양전환이 되기도 하지만, 분양받을 때까지 일정시점 동안 무주택을 유지해야 하기 때문에 재산권 행사의 제약이 따르는 것이 단점입니다.

청약의 별명이 '로또'가 되었습니다.
로또는 한 번에 큰 이익을 얻을 수 있지만
당첨 확률이 적습니다.
누구나 할 수 있는
평범한 사람들을 위한 재테크는 없는 것일까요?

PART

7

평범한 사람들을 위한 재테크

01

스타벅스 커피와 청약의 상관관계

아내를 만나기 전까지는 비싼 커피를 사먹는 사람들을 이해하지 못했습니다. 200원짜리 믹스커피로도 충분할 텐데 괜한 사치라고 생각했습니다. 돈의 소중함을 모르는 사람들이라고 여겼습니다. 커피 한 잔의 비용을 지출한다면 나라면 당연히 맛있는 밥을 먹는 데 지갑을 열 것이라고 생각했습니다. 하지만 이러한 생각은 아내를 만나면서 바뀌기 시작했습니다.

아내는 커피를 사랑하는 사람입니다. 그래서 아내가 먹자고 하면 함께 커피를 즐겼습니다. 종잣돈을 모으기 위해서 한 푼도 아끼던 시절이었기에, 솔직히 처음에는 돈이 아까웠습니다. 아내와 커피를 마시고 나면 돈을 함부로 쓴 것 같아 혼자 먹는 다음 식사는 저렴한 김밥을 먹기도 했습니다. 커피를 마시기 위해 맛없는 밥을 먹다니 저에겐 있을 수 없는 일이었습니다. 하지만 아내와 마시는 4천원짜리 커피를 포기할 수 없었습니다.

생각해보니 커피라는 것의 가치는 돈을 내고 교환하는 가치가 전부가 아니라는 생각이 들었습니다. 커피의 가격은 그대로인데 왜 나에게 더 가치 있는 것이 되었는지 생각해보았습니다.

제가 과거에 마셨던 커피는 딱 4천원이라는 가격 그대로의 가치였습니다. 4천원은 개당 200원짜리 커피믹스의 20배입니다. 예전에는 스타벅스 커피가 커피믹스의 사치품 이상의 가치로 느껴지지 않았지만, 아내와 마시는 커피는 좋아하는 사람과의 시간을 살 수 있는 표 같은 것이었습니다. 1만원 이상이어도 그 커피를 사 먹었을 것 같습니다. 물건의 가치는 눈에 보이는 가격이 전부가 아니라는 것을 깨달았습니다.

"아파트 가격이 너무 비싸다"는 말

네, 아파트는 정말 비쌉니다. 가정을 꾸리고 아이를 키우면서 돈을 모으기가 쉽지 않은데 이에 비해 아파트 가격은 정말 비쌉니다. 아파트가 과연 그 많은 돈을 지불할 가치가 있는 것일까요? 몇 달 전에는 3억원이었는데 지금은 4억원입니다. 그러다 2억원이 될까 두렵기도 합니다. 가장 똑똑한 판단이 무엇인지 결정하기가 어렵습니다. 돈의 가치만 생각하면 아파트를 사기 쉽지 않은 것이 당연합니다.

'어제보다 비싼가? 지금이 가장 쌀 때인가?'

의문이 끝이 없는데, 언제가 최저가인지 답을 주는 사람이 없습니다. 계속 변동하는 시장의 가격을 맞추는 것은 쉬운 일이 아닙니다.

아이 둘 키우는 평범한 외벌이 가정이라면 일 년에 모을 수 있는 돈이 얼마나 될까요? 그렇게 수십 년 모아야 살 수 있는 큰 금액의 집인데도, 마음에 썩 들지 않는 지역의 구축 아파트밖에 못 사니 집을 살 마음이 안 생깁니다.

'가격이 급락하면 살 수 있을까요?' 지난달보다 이번 달 가격이 하락하고 내일도 하락할 것으로 보이는 침체기에 주택을 사는 것 역시 쉽지 않습니다. 집을 사기에 가장 좋은 가격일지 여전히 알 수 없기 때문입니다.

집은 '감당할 수 있는 적당한 물건을 찾아내면 그때가 가장 좋은 타이밍'이라는 생각이 듭니다. 물론 미래가치까지 있다면 금상첨화일 것입니다. 최저가에 집을 구매하는 것이 아니더라도, 커피 한 잔을 두고도 내게 주는 가치가 달라지는데 우리 가족이 사는 집이라면 그 가치가 더 클 것 같습니다.

청약이 나의 상황에 맞지 않는다면 경매, 공매, 매매 등 공부해서 길을 찾아내는 수밖에 없습니다. 내가 살 집 한 채는 꼭 필요하므로 전략을 세우고 실행하면 좋겠습니다.

02

안 쓰고 모아도 73년 걸린다는 통계의 오류

많은 사람이 사는 아파트, 저녁 늦게까지 꺼지지 않는 불빛들…, 이렇게 아파트가 많은데 왜 내 집은 없을까요? 내집마련, 늦지 않은 걸까요?

서울의 아파트를 사려면 얼마나 걸릴까요? KB국민은행 자료에 따르면(2021년 5월 기준) 서울의 강남권 아파트 평균 매매가격이 13억 3,074만원을 기록했습니다. 서울의 평균 아파트 가격은 11억 2,375

서울 아파트 평균 매매가격

기준 : 2021년 5월 | 단위 : 원 | 자료 : KB국민은행

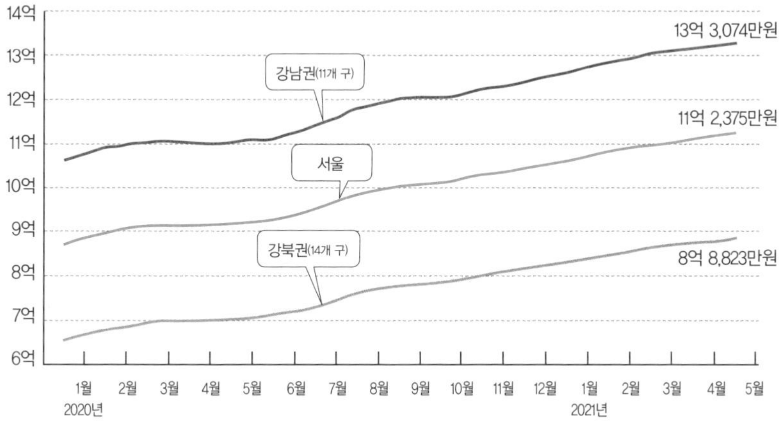

만원이고, 강북권은 8억 8,823만원입니다.

그러면 가격이 가장 낮은 강북권의 8억 8,823만원을 기준으로 해서 서울 아파트 가격이 평균 8억 8천만원이라고 했을 때 과연 모으는 데 얼마나 걸릴까요?

100만원씩 적금 × 12개월 = 1,200만원

➜ 100만원씩 적금 73년을 넣어야 8억 8천만원, 73년!

그래서 많은 사람들이 내집마련을 포기하고 살아가는지도 모르겠습니다. 내집마련을 하는 방법은 정말 없는 것일까요?

통계는 세상에서 가장 정확하고 객관적인 것 같지만 실생활에 잘 안 맞는 경우도 제법 있습니다. 내집마련에 73년 걸린다는 통계에는 무엇이 빠져 있을까요?

- 대출(레버리지)을 이용할 경우 내집마련의 시기가 앞당겨집니다.
- 가격 상승이 이루어질 작은 집이나 외곽의 아파트에서 시작해 조금씩 시세차익을 보면서 원하는 집에 다가가면, 서울에서 내집마련의 시간이 단축됩니다.
- 분양가 상한제가 적용되어 시세보다 저렴한 아파트에 청약을 통해 당첨되는 방법도 있습니다.

서울의 초품아 아파트를 가지고 싶은데, 월급이나 저축가능액으로 단순 계산한 기사를 보면 한숨이 나옵니다. 통계에 지레 겁을 먹기보다는 단계별로 내집마련의 계획을 세우는 것이 좋습니다.

1. 연봉의 10배에 해당하는 주택 고르기

자산 만들기의 첫 단추가 될 만한 첫 내 집은 어느 정도의 금액이 적당할까요? 개인차가 있을 수 있겠지만 저는 연봉의 10배 정도가 기준범위라고 생각합니다. 개인적인 생각이기 때문에, 기준점이 없는 분들을 위해서 제시한 기준점이라고 생각하면 됩니다.

연봉의 10배 정도가 되는 주택을 선별했다면 이후에는 무엇을 해야 할까요? 내가 원하는 아파트 청약이 바로 나오진 않겠지요. 필요한 과정이 있습니다.

2. 계약금 만들기

원하는 아파트 청약에 당첨되어 계약하려면 대체로 분양가의 10%의 계약금이 필요합니다. 그래서 반드시 분양가의 10%에 해당하는 계약금을 현금으로 마련해놓아야 합니다. 만약 연봉이 4천만원이라면, 첫 아파트로 연봉의 10배 정도인 4억원대 아파트를 계약하기 위해서는 계약금으로 4천만원을 마련해야겠죠.

현재 돈이 없다면 지금부터라도 소비지출을 통제해야 합니다. 4천만원을 모으기 위해서 몇 년이 걸릴지 모르지만, 내 생활수준을 고려해서 계약금을 모을 수 있는 목표를 정확히 세우고, 그때까지 소비지출을 철저하게 파악해서 지출을 줄여 계약금을 만드는 것이 중요합니다.

3. 꾸준히 부동산 공부하기

계약금을 만드는 그 시간과 과정에서 부동산과 돈에 관한 공부를 병행해야 합니다. 분양가가 시세의 70% 이하, 또는 절반의 가격이면서 아직 미래가치가 충분히 드러나지 않은 지역, 잠재력이 있는 주택을 찾아보는 작업이 필요합니다.

서울에 있는 좋은 아파트 가격이 10억원, 20억원 하다 보니 많은 사람이 '나와는 전혀 상관없는 이야기를 하고 있구나, 내집마련을 할 수 없겠구나!' 하고 포기하기도 합니다. 하지만 그런 아파트는 전체 주택시장에서 극소수입니다. 따라서 내 상황에 맞게 눈높이를 수정하는 전략이 필요합니다.

03

내집마련이 어려워지는 습관

소비와 지출을 통제하지 못하는 습관

높은 경쟁률을 뚫고 청약에 당첨된 후에 정작 계약을 포기하는 사람도 많습니다. 왜 그런 일이 벌어질까요? 아마 자금계획에 문제가 있어서인 경우가 많을 것입니다.

출근시간에 지하철을 타면 붐벼서 움직이기도 힘든 지하철 안이 답답하기도 하고, 이렇게 모두 열심히 사는데 왜 모두 부자가 못 되는지 회의가 들 때도 있습니다. 아침 6시에 일어나 퇴근할 때까지 일하면서 사는데 대부분 돈 걱정을 하면서 살아야 하는 세상이 아이러니합니다.

현실을 직시하는 일은 언제나 힘이 듭니다. 그래도 이 이야기는 꼭 하고 싶습니다. 많이 벌지 못하는 사람이 부자가 되는 유일한 방법은 덜 쓰는 것밖에 없습니다. 소비와 지출을 통제하는 것이 가장 확실한 부자가 되는 방법입니다.

수입은 그대로인데 돈을 벌고 싶고 부자가 되고 싶다면 종잣돈을 모을 때까지는 소비와 지출을 통제해야 합니다. 내집마련이 어려워지는 습관으로 버는 만큼 쓰는 습관을 우선으로 꼽고 싶습니다.

스스로 공부하지 않는 습관

두 번째로는 스스로 알아보고 공부하지 않는 습관입니다.

자신의 재산과 관련된 중요한 질문을 인터넷에서 해결하려는 사람들이 많습니다. 부동산은 사례별로 편차가 큽니다. 금액도 큰데다가 미래는 언제나 불확실하니 조언을 하기 쉽지 않습니다. 그런데 인터넷에서 비전문가들이 서로 묻고 대답해주는 경우가 많습니다. 정보를 얻고 의지가 되는 것은 좋지만, 중요한 사실은 반드시 전문가나 공공기관에 확인해야 합니다.

종잣돈을 어렵게 마련한 후에 남의 말을 믿고 투자했다가 돈을 한 번에 날리는 경우도 많이 봅니다. 며칠 밤을 고민해도 장담할 수 없는 것이 투자인데 다른 사람의 말을 쉽게 믿는 것은 너무 위험합니다. 청약통장을 만들어 자동이체를 시켜놓고는 막연히 언젠가는 당첨될 날이 오려니 기다려도 그날은 오기 힘듭니다. 눈에 불을 켜고 노력하는 사람의 눈에 그 기회가 먼저 보일 것이기 때문입니다.

공부만 하고 실행하지 않는 습관

마지막은 공부만 하고 실행하지 않는 습관입니다. 종잣돈도 마련하고 스스로 공부하여 지식을 쌓았다 한들 실행하지 않으면 아무 결과도 얻지 못합니다. 시작이 반이라는 말이 있듯이 작은 실행이 모여서 큰 결과를 만들어냅니다.

청약 역시 실행을 하는 것이 중요합니다. 청약정보를 스스로 찾아보고, 모델하우스에 직접 가보고 상담도 받아보고 청약을 신청해 보는 과정이 필요합니다. 평범해 보이는 이러한 과정들이 쌓이면서 아파트를 보는 눈이 생기고, 경쟁률을 예측하고 나만의 전략을 세우는 힘이 생깁니다.

작은 점 하나를 찍으면 점에서 그칩니다. 하지만 점 하나를 찍고, 그 작은 점들을 연결해서 선을 그리고 그 선이 글씨가 되면 삶을 변화시킬 수 있습니다. 아파트 청약에 대한 작은 관심은 작은 점 하나에 불과하지만, 계속 실행하다 보면 돈과 자산에 대해 전혀 다른 태도를 가지게 된 자신의 모습을 만나게 될 것입니다. 작은 성취감이 생기고 꿈으로 한발 나아가게 해줄 것입니다.

04

두 청년 이야기

제 주변에 있는 두 명의 청년 이야기입니다. 아마도 여러분 주변에도 흔히 있는 이야기일 겁니다.

30대 초반의 A는 중소기업에 다니면서 3년 정도 일을 했고 3천만원 정도의 돈을 모았습니다. 역시 30대 초반인 B는 대기업을 다니고 있고 A보다 연봉이 높은데 모은 돈이 3천만원 정도로 비슷했습니다. 이 3천만원을 어떻게 썼느냐에 대한 이야기이기도 합니다.

A는 3천만원을 17평 3억원짜리 아파트를 분양받는 데 사용했습니다. 계약금 10%를 내는 데 사용한 것입니다. 이제 60%의 중도금 대출을 실행한 상태입니다. B는 3,400만원 정도를 모았다고 했는데 그 돈으로 자동차를 구매했습니다.

두 청년과 이야기하면서 굉장히 흥미로웠습니다. 둘의 돈에 대한 태도가 매우 달랐기 때문입니다.

A는 자산, 자본주의에 대한 이해도가 높았습니다. 가치가 올라가는 재산에만 지갑을 열고 싶다고 이야기했습니다. B는 연봉을 올리고 인정받는 것에 관심이 많았습니다. 어느 정도 지위가 되면 연

봉이 어느 정도 되는지에 대해 이야기했습니다. 또 어렵게 대학을 졸업하고 대기업에 입사하기까지 힘든 시간이 있었기 때문에 이제는 인생을 좀 누리며 살고 싶다고 했습니다. 상당히 조심해야 할 부분인데, 어떤 일을 성취했을 때 큰일을 해냈으니 이 정도 돈은 써도 된다고 생각하는 마음이 생기기 쉽습니다. 이런 보상심리는 자산을 늘려가는 데는 매우 나쁜 습관입니다.

결과적으로는 두 청년이 똑같이 3천만원이라는 돈을 써서 없애고 통장잔고는 둘 다 0원이 되었습니다. 그런데 A는 자산의 가치가 올라갈 수 있는 곳에 돈을 넣은 것이고, B는 자산의 가치가 떨어지는 곳에 돈을 넣은 것입니다. 차는 타고 다닐수록 값어치가 떨어지는 자산이니까요.

지금 누가 더 행복할까요? 새 차를 뽑고 대기업에 다니는 B가 더 신날 것 같습니다. A는 불안할지도 모릅니다. 계약금만 가지고 레버리지를 이용해서 아파트를 분양받았으니 무리한 것이 맞습니다. 집값이 내려갈 수도 있을 것이고, 연체가 발생할까 봐 겁도 날 겁니다. 그래서 A는 대출이 있으니 소비를 통제하게 되고 소비패턴이 위축될 수밖에 없습니다. 꼭 써야 하는 돈만 쓰게 되고 강제저축을 하는 효과가 생깁니다.

B는 안 들어가던 기름값이 들어가게 되고 보험료도 나갑니다. 새 차를 샀으니 친구나 애인을 만나 가까운 데 놀러가기도 쉽습니다. 결국 두 청년의 소비패턴은 완전히 달라집니다.

이 책을 보는 독자 중에 50대, 60대도 있을 텐데요. 30대, 40대에 만들어진 소비습관이 평생 이어진다는 것을 체감하는 분이 많을 겁니다. 소비는 늘리기는 정말 쉬운데 줄이는 것은 몇 배 어렵습니다.

20대, 30대에 오해하는 것 중 하나가 소비성 지출도 나를 위한 것이라는 생각입니다. 물론 그런 면이 있습니다. 하지만 소비로 잠깐의 위안을 얻을 수는 있지만, 사실은 나의 자산을 줄이는 결과를 가져옵니다. 이런 이야기가 불편한 분도 있다는 걸 잘 알고 있습니다. 만약 소비가 늘어나는 것의 몇 배를 벌 자신이 있는 사람이라면 적당선에서 소비를 해도 될지도 모르겠습니다. 하지만 대부분의 평범한 사람들은 소득이 늘어나는 속도가 그렇게 빠르지 않습니다. 그래서 평범한 사람들이 자산가가 되려면 소비를 억제하고 종잣돈을 모아서 자산에 재투자하는 방법밖에 없습니다.

A라는 청년은 아파트라는 자산에 투자했기 때문에, 비록 레버리지가 있고 생활이 어려워도 최소한 아파트라는 자산은 소유하게 된 것입니다. 그리고 그 자산의 크기는 점점 커질 확률이 높습니다. 자산의 가치가 높아지는 것이 아니라 '화폐가치가 떨어진다'는 표현이 맞겠네요. 자장면이 500원에서 세월이 흐름에 따라 6천원 가까이로 오른 것처럼, 돈의 가치는 계속 떨어질 수밖에 없습니다. 화폐가치가 계속 떨어지기 때문에 3억원이었던 자산이 4억원이 되고 5억원이 되는 것입니다.

두 청년을 보면서 저의 지난날을 회상했습니다. 서른 살 때 저도 보상심리로 좋은 차를 뽑아서 타고 다닌 적이 있습니다. 사람들은 보이는 모습으로 대우하고 평가하는 경우가 많으므로 어린 나이에 그런 것들을 감당하기 힘들었던 것 같습니다.

그러다가 돈에 관한 책도 보고 자산을 불리는 방법을 궁리하면서 소비를 억제하려고 노력하게 되었습니다. 소비를 억제하는 것은 여전히 힘들지만 그래도 계속 노력하고 있습니다. 지금도 하얀 백지에 반을 나눠서 지출내역을 좋은 소비습관과 나쁜 소비습관으로 나누어 정리해보곤 합니다. 그러면 꼭 쓰지 않아도 될 돈들이 보입니다. 그렇게 쓰지 않아도 될 돈을 모으면 또 다른 작은 규모의 종잣돈이 생깁니다. 이렇게 하여 자산이 생기기 시작하면 소비가 아니어도 보상받는 느낌을 받을 수 있습니다. 평범한 사람일수록 종잣돈을 만들고 가치가 상승할 곳에 투자해야 합니다. 아파트, 채권, 우량주 등 모두 가능합니다. 현재를 누리는 데 사용하는 돈을 자산을 키우는 돈으로 전환하는 일을 시작해야 합니다.

05

청약 당첨을 위해 해본 일들

제가 처음으로 청약에 당첨되었을 때의 이야기를 해볼게요.

철이 들고 내집마련을 꿈꾸면서부터 청약이 내겐 안성맞춤이라는 생각이 들었습니다. 청약은 건설사가 이익을 가져가긴 하지만 매매보다는 더 저렴하게 사는 방법입니다. 새 아파트라서 시세보다 가격이 비싼 것 같아도, 지나고 나면 구축과의 가격 차이가 더 벌어져 있는 경우가 많습니다.

중도금대출도 되고 36개월 후 시세로 잔금대출이 되기 때문에, 당시 종잣돈이 크지 않았던 저로서는 시세 상승이 확실한 아파트를 잘 고르면 내집마련이 가능하다는 계산이 나왔습니다. 그리고 청약에 어떻게 당첨될 것인지 틈나는 대로 고민하고 공부했습니다.

지금보다야 덜하지만, 그때도 핵심 물량은 청약 경쟁이 무척 치열했습니다. 일찌감치 신혼부부 특공으로 청약해야겠다고 마음먹고 있었는데, 저에게는 어머니가 만들어준 청약부금 통장이 있었고, 아내에겐 미혼 때 만들어 꾸준히 납입한 주택청약종합저축 통장이 있었습니다.

신혼부부 특공은 아이가 있으면 유리하기 때문에 굳이 출산을 미루지 않기로 했습니다. 적금을 통해 아파트 청약에 필요한 종잣돈도 모으기 시작했습니다. 몇 년 후 본격적으로 실전에 돌입했습니다. 달력에는 당첨되고 싶은 아파트들의 청약일정을 빼곡하게 적어두고, 책상 앞에는 당첨되고 싶은 아파트 평형의 평면도를 붙여두기도 했습니다. 어떤 아파트, 어떤 평형에 청약할지 고민이 되는 경우가 많았습니다. 가까운 곳에 자료를 두고 틈틈이 들여다보던 기억이 납니다.

그렇게 준비해서 청약을 넣어도 자꾸 떨어졌습니다. 핵심물량에서 여러 차례 떨어지니 힘이 빠지고 비관적인 생각도 들었습니다. 그래서 남들이 덜 선호하는 평형으로 눈을 조금 낮추고 나서야 아내의 주택청약종합저축 통장으로 원하는 아파트에 당첨되는 기쁨을 맛보았습니다.

부동산업에 종사하면서 내집마련에 유난했던 저에 비해 아내는 처음에는 시큰둥한 반응을 보이기도 했습니다. 그런데 자신의 이름으로 된 아파트가 생기자 신이 나서 집을 꾸미고 부동산에 대한 관심이 부쩍 늘어났습니다. 아파트 청약 당첨의 경험이 우리 부부에게 긍정적인 영향을 주어서 이후 자산을 만들고 키우는 데 합심하여 노력하게 되었습니다.

사람들이 가장 좋아하는 평형은 아니었지만, 첫 분양을 받은 아파트는 시간이 흐르면서 가격이 오르기 시작했고 현재는 전세가만도 분양가의 3배가 넘게 올랐습니다. 첫 청약 당첨의 경험은 이후 자산을 불려가는 초석이 되었습니다.

06

청약통장에 가입만 하면 생기는 일

C는 아주 성실한 친구이고 중소기업에 오랫동안 다니고 있었습니다. 그런데 아이 둘 키우면서 생활이 너무 어려워서 청약통장을 해지하고 그 돈을 생활비로 썼다고 합니다. 납입금액이 천만원이나 되는 청약통장이었습니다. 지금은 청약에 관심이 높아지면서 이런 경우가 흔치 않을지도 모르겠지만, 불과 몇 년 전만 해도 아주 흔한 일이었습니다.

당시는 천만원짜리 청약통장이면 청약을 신청할 만한 좋은 아파트도 많았고 규제도 덜하던 시기였습니다. 그래서 '그 통장으로 청약을 받았다면 최소 1억~2억원은 벌었을 텐데'라며 안타까워하니, "제가 월급이 얼마 되지 않는데 그렇게 비싼 아파트에 청약하는 것이 가능하겠나요?"라며 그냥 형편껏 사는 것이 마음이 편하다고, 당장 생활이 어려운데 빚을 내면 이자는 무슨 돈으로 내겠냐고 반문했습니다.

그의 마음을 충분히 이해합니다. 그런데 급전이 필요한 경우에는 청약통장을 해지하지 않고 대출을 받으면 됩니다. 돈이 없는데 대출을 늘리는 것이 당연히 두려울 겁니다. 하지만 청약통장을 해지하면 효력을 잃지만, 이 통장을 활용해서 대출을 받는다면 청약통장의 효력은 유지됩니다.

지금 당장은 대출이 부담스러울 수 있지만, 청약의 기회를 유지하는 것이 중요합니다. 우리는 인생을 살아가면서 늘 많은 기회를 만나게 됩니다. 그러나 준비된 자만이 다가온 기회를 살릴 수 있습니다. 청약통장 역시 가입만 하는 것이 아니라 다가올 기회를 살리기 위해 유지하는 것이 중요합니다.

청약통장에 관해서 공부하고 가치를 이해했다면 쉽게 해지하지 않았을 텐데, 통장을 만들어두기만 하고 꼬박꼬박 성실하게 넣고, 정작 청약통장의 가치에 대해서는 제대로 알지 못해서 실수한 경우입니다. 그 이후에 C는 저에게 조언을 구하고 본인도 적극적으로 청약을 알아보기 시작했는데, 아마 큰돈이 될 기회를 스스로 놓쳤다는 사실이 자극이 되었던 것 같습니다. C는 몇 년 후에 내집마련에 성공했고 가족 모두 행복해했습니다.

07

대박 아파트 콕 찍어주세요! 바로 계약할게요

K씨는 임대 아파트에서 살다가 제 조언에 따라 미분양 아파트를 계약했고 지금도 고마운 마음을 표현하곤 합니다. 저도 보람을 느껴 더 반가운 분입니다.

K씨가 어느 날 전화해 조심스럽게 도움이 필요한 다른 사람의 이야기를 꺼냈습니다. 오랜 친구라고 했습니다. 그 친구는 아파트 가격 상승장 초반에 살던 집을 팔고 전세로 옮겼다고 합니다. 아파트 가격이 떨어질 것으로 생각하고, 일단 전세로 살면서 천천히 더 좋은 아파트를 매수할 생각이었다고 합니다. 그런데 집을 판 후에 아파트 가격이 계속 오르면서 무척 난감해하고 있다고 했습니다. 집을 판 후 전세를 구하고도 약간의 목돈이 있으니, 세를 끼고 매수할 집을 찾고 있다면서 혹시 도와줄 수 있냐고 물었습니다. 그러면서 가격 상승이 확실한 아파트를 추천해달라고 했습니다.

그의 말을 듣고 맘이 좀 답답했습니다. 주변에서 전문가의 말만 믿고 투자결정을 내리는 경우를 흔히 봅니다. 한 번은 좋은 결과를 얻을 수도 있지만, 사실은 굉장히 위험한 선택입니다. 지금도 어떤 전문가는 아파트 대세 상승을 외치고, 어떤 전문가는 피크를 지났다고 합니다. 미래를 아는 사람은 아무도 없습니다. 세기의 예언가라고 불리던 경제학자들도 지난번에는 맞고 이번에는 틀리는 경우가 수두룩합니다. 2008년 글로벌 금융위기도, 2020년 코로나19 사태도 예측한 사람은 극히 드뭅니다. 미래에 무엇이 기다리고 있는지 누가 장담할 수 있을까요?

전문가의 말을 그대로 믿기보다는 그 근거들을 이해하고 스스로 판단해야 합니다. 재테크에서 중요한 결정을 해야 하는 순간은 계속 이어지며, 지금 한 번의 선택으로 수억원을 벌었다고 해도 다음 선택에서 수억원을 잃을 수도 있습니다.

남의 말을 믿고 투자를 결정한 사람은 그다음에도 남의 말을 믿고 투자를 결정합니다. 항상 올바른 조언을 얻을 것이라는 보장은 더더욱 없습니다. 남의 말을 믿고 투자를 결정하는 사람은 투자는 했지만 그 경험으로부터 얻은 것이 많지 않습니다.

전문가의 의견을 들을 때는 양쪽의 의견을 듣는 것이 좋습니다. 호황을 이야기하는 전문가의 근거도 듣고, 침체를 이야기하는 전문가의 근거도 함께 듣는 것이 좋습니다. 그 근거들을 종합해보면 내 상황에서 어떤 선택을 하는 것이 가장 좋을지 결론을 내릴 수 있습니다. 전문가의 의견을 무작정 따르지 말고 이처럼 그 근거를 알아보고 워런 버핏이 강조한 것처럼 잃지 않는 투자, 안정적인 투자를 하는 것이 좋습니다. 그것이 장기적으로 보면 나의 가정을 지키고 자산을 키우는 가장 효과적인 방법이 아닐까 생각합니다.

08

마음이 흔들리면? 청약 마인드 컨트롤!

아파트 청약을 준비하고 당첨되려면 공부할 것도 많고 스트레스로 가득 차오를 때도 있습니다. '이번에는 당첨이 되겠지' 싶었는데 떨어지면 맥이 풀리고, 나만 빼고 다른 사람은 다 쉽게 당첨되는 것처럼 느껴지기도 합니다. 자꾸 포기하고 주저앉고 싶어진다면 흔들리는 마음을 다잡을 방법이 있을까요?

구체적인 목표 설정하기

내가 가지고 있는 청약통장 종류에 따라 당첨되고 싶은 아파트가 어떤 것인지 구체적인 목표를 세워야 합니다. 예를 들어보겠습니다.

K씨의 아파트 목표

① 서울 강동구 공공분양 아파트 24평
② 경기도 하남시 공공분양 아파트 34평
③ 경기도 고양시 민간분양 아파트 34평 등

꼭 목표가 1개일 필요는 없습니다. 여러 개의 아파트가 목표가 될 수 있습니다.

저도 처음으로 아파트를 분양받기 위해 노력할 때는 구체적인 목표를 세우는 것을 첫 번째 과제로 삼았습니다. 많은 자기계발 서적에서도 목표의 중요성을 중시합니다. 그 이유는 목표가 있어야 그 끝에 닿을 수 있기 때문입니다. 목표를 세우는 것이 내집마련의 시작입니다.

시각화의 힘 활용하기

구체적인 목표를 세웠으면 그 목표를 시각화해야 합니다. 서울의 공공분양 24평 아파트라는 목표를 정했다면 컴퓨터나 인터넷의 시작 페이지를 SH(서울주택도시공사)로 설정합니다. 또는 경기도 공공분양 34평 아파트로 목표를 잡았다면 인터넷 시작 페이지를 LH(한국토지주택공사)로 설정하거나, 민간분양을 목표로 했다면 민간분양 공급물량을 알려주는 사이트로 정하면 됩니다. 자꾸 눈에 보이게 만드는 것이 중요합니다.

또 내가 당첨되고 싶은 아파트의 시공사 브랜드나 평면도를 가장 잘 보이는 곳에 붙여두고 매일 바라보는 것입니다. 내가 세운 목표를 시각화했을 때 목표를 이룰 가능성은 더욱 커집니다.

저는 목표를 시각화하고 가장 잘 보이는 곳에 실거주와 투자에 대한 점수를 산정해 붙여두었습니다.

K씨가 목표를 시각화한 예시

목표 아파트	실거주	투자
A 아파트	90점	80점
B 아파트	100점	70점
C 아파트	60점	100점
D 아파트	80점	80점

몰입과 집중하기

구체적인 목표를 정하고 시각화해도, 정말 중요한 것은 그 목표에 얼마나 몰입하고 집중하는가입니다. 매일 내가 시각화한 목표를 보면서 그것을 이루기 위해 몰입과 집중을 해야 합니다.

부동산 신문기사나 부동산 뉴스를 하루에 단 15분이라도 검토하는 것이 좋습니다. 더 많은 정보를 수집하기 위해서 노력해야 하고, 아파트 분양공고가 나오면 세부적인 자격조건을 검토하고 견본주택도 꼭 시간을 내서 방문하는 것이 좋습니다.

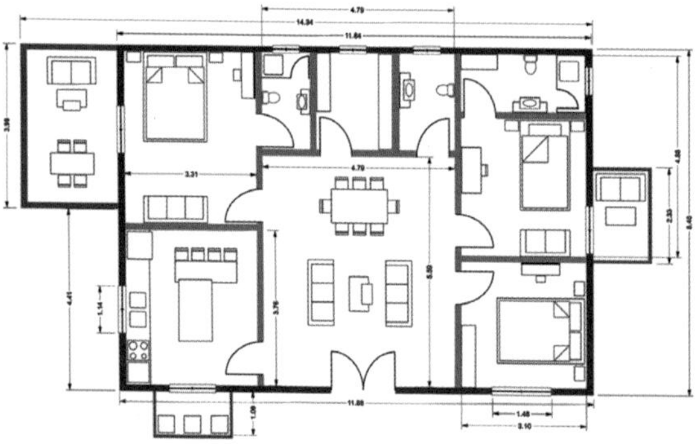

시각화 평면도 : 원하는 평면도와 유사한 것을 붙여 놓으면 동기부여가 잘됩니다.

앞으로 아파트

분양물량이 추가로 공급되는 지역이 있는지 점검하고, 공급물량이 많아지는 지역이 나타나면 나의 목표 아파트에 추가하여 전략을 만들어야 합니다.

작은 것부터 실행하기

언젠가 모 배우가 TV에 출연한 것을 본 적이 있는데, 유명 MC가 그에게 물었습니다.

MC : 어떻게 하면 님처럼 몸이 좋을 수 있나요?

배우 : 매일 1,500개씩 팔굽혀펴기를 하면 됩니다.

MC : 1,500개요? 말도 안 돼요. 어떻게 하면 매일 1,500개를 할 수 있나요?

배우 : 1개부터 시작하면 됩니다.

이 방송을 보면서 온몸에 전율이 왔습니다. 많은 사람들이 커다란 목표를 정하지만, 실제로 작은 하나를 실천하지 못한다고 합니다. 사실 저도 그렇습니다. 그래도 이 이야기를 떠올리며 작은 일부터 시작하려고 다짐해봅니다.

집의 소중함을 절실히 느껴보지 않은 사람은 이런 이야기가 다 가오지 않을지도 모르겠습니다. 저는 간절한 마음으로 내집마련을 준비했었고, 저처럼 간절한 사람에게 이 이야기들이 도움이 되었으면 합니다.

09

지금 알고 있는 것을 그때도 알았더라면

24세에 부동산 업무를 하고 있을 때의 일입니다. 당시 부동산 경험이 많은 사수들에게 조언을 구하며 현장의 일을 배우고 있었습니다.

2004년 정도로 기억하는데 사수를 따라 강남에 있는 빌딩을 매수하기 위해서 서초동 법원에 갔습니다. 저로서는 처음 구경하는 일이었는데요. 통로에 많은 사람들이 앉아서 정보지를 보고 있고, 많은 사람들이 경매를 통해 집을 사려고 하고 있었습니다.

만약 조금 더 도전적인 성격이었다면 그때 '이렇게 많은 사람들이 매매보다 까다로운데도 경매를 통해 집을 사려고 하는 데는 이유가 있을 것이다. 나도 공부해보아야겠다'라고 생각했을 겁니다. 그런데 당시는 그러지 못했습니다.

지금 돌이켜보면 당시 제 그릇이 그렇게 큰 편이 아니었습니다. 나도 부자가 될 수도 있다는 생각을 하지 못했습니다. 가난하게 자랐고 사회로부터 인정받았던 경험도 없었습니다. 저를 좋아하는 친구들, 가족은 있었지만 훌륭한 사람이 되겠다며 칭찬해주는 선생님은 없었습니다. 그런 제가 금수저도 아닌데 부자가 될 수 있으리라고 꿈꾸지 못했던 것은 어쩌면 당연한 일일지도 모르겠습니다.

어린 나이에 부동산업에 뛰어들어서 군말 않고 고생하는 저에게 사수는 아낌없이 많은 것을 가르쳐주려고 했습니다. 당시 아무것도 모르는 저에게 경매의 원리에 대해 대략 설명해주었습니다. 하지만 그때 저는 부동산의 큰 그림을 보지 못했습니다. 대세 상승기의 부동산 시장에 있었음에도 단순히 상가권리금을 주고받는 업무에만 집중했습니다.

당시는 프랜차이즈 가맹점들이 갑자기 늘어나면서 상가 거래가 폭발하던 시기였습니다. 만약 그때 대세 상승기의 장을 읽고 부동산을 매입하고 적극적으로 투자했다면 엄청난 부를 얻을 수 있었을 겁니다. 당시로서는 시장에 들어가는 것이 최고의 선택이었을 텐데, 눈 앞에서 보고도 놓쳤다는 생각이 듭니다. 한편으로는 업무에 집중하지 않고 투자만 했다면 달콤한 초심자의 행운을 맛보다가 나락으로 떨어졌을 수도 있었을 거라는 생각도 듭니다.

2008년 금융위기를 거치면서 부동산 시장에 한 번 더 한파가 몰려왔습니다. 세계 경제는 먹구름으로 미래를 알 수 없었고 부동산 가격은 계속 하락했습니다. 대출비율이 높은 부동산에 대해서는 은행에서 상환을 요구하기도 했습니다. 현금흐름이 삐끗하면 자산을 모두 잃는 사태가 벌어지기도 했습니다.

현재의 상황은 영원하지 않습니다. 부동산 시장이 더 오를 수도 있고 어쩌면 일시적으로 하락할 수도 있을 것입니다. 내가 할 수 있는 일은 나만의 원칙을 가지고 경험을 쌓아가는 것입니다. 다시 10

여 년 전으로 돌아가보면, 경매공부를 하고 나서 부동산을 낙찰받아야겠다고 마음먹고 한창 매각물건을 보던 시기가 있었습니다.

상가를 낙찰받으러 주말마다 수도권 지역에 임장을 다니기도 했고, 빌라와 오피스텔을 낙찰받기 위해서 시간이 날 때마다 현장을 다니기도 했습니다.

당시는 뉴타운 바람이 불어서 빌라를 주로 보고 있었는데, 좋은 가격에 낙찰을 받으려고 하다 보니 계속 떨어졌습니다. 사실 원래 경매란 것이 그런 것이긴 합니다. 낙찰이 그렇게 쉽지는 않습니다. 그런데 몇 달 동안 계속 실패의 경험만 쌓이니 동기부여가 안 되고 하고 싶은 마음이 들지 않았습니다. 열정이 식어간다는 느낌을 받았습니다.

당시에는 경기도의 빌라는 5천만원 정도면 낙찰을 받아 그 가격에 전세를 놓을 수 있었습니다. 그때 '모두가 빌라에 몰두할 때 다른 곳에 투자하면 어떨까?'라는 생각이 들어 부천의 오피스텔에 눈을 돌렸고 수익률을 포기하고 입찰가도 비교적 높은 금액인 6천만원을 썼습니다. 부동산을 취득해보는 것에 목표를 둔 것입니다. 그러고 나서 낙찰을 받고 나서 해야 하는 일들을 한 번은 경험하게 되었습니다. 한마디로 경매 프로세스를 경험하게 된 것입니다. 글자로만 보면 사실 겁이 납니다. 실제로 해보면 전체 과정을 알게 되어 자신감이 붙습니다.

부동산 투자를 전문적으로 하는 사람들은 반드시 임장을 다닙니다. 놓친 부분이 없는지 눈으로 보아야 안심이 됩니다. 그런 사람들은 저평가된 지역, 저평가된 물건을 찾아내는 데 신경의 레이

더망이 항상 움직입니다. 오래 관심을 가지다 보면 의식하지 않아도 저절로 그렇게 되는 것 같습니다.

24세의 저는 한 푼 두 푼 아끼는 것이 세울 수 있는 전략의 전부였습니다. 절약은 자산을 만드는 기본 습관이지만 눈앞에 돈이 될 기회를 여러 번 보았는데 그 기회에 집중하지 못했던 것은 지금 돌이켜보면 안타깝습니다. 여러분은 자신 앞에 있는 기회를 흘려보내지 말고 관심을 가지고 집중해서 그 기회를 살려내고, 직접 경험하면서 내가 실행할 수 있는 지식으로 만들었으면 합니다. 모든 지식은 경험을 플러스해야 내 것으로 남습니다.

부록

[부록1] 3기 신도시 사전청약 가이드

[부록2] 2021~22년 전국 분양예정단지

부록 1 3기 신도시 사전청약 가이드

2021년 7월부터 2022년까지 3기 신도시를 포함한 6만 가구의 사전청약이 예정되어 있습니다. 사전청약 당첨자는 본청약까지 자격을 유지하면 100% 당첨됩니다. 사전청약에 당첨되면 다른 사전청약에는 분양 신청을 할 수 없지만, 다른 지역의 본청약에는 자유롭게 신청할 수 있습니다.

2021년 3기 신도시 사전청약 물량 출처 : 3기 신도시 홈페이지

구분	인천 계양	남양주 왕숙2	하남 교산	남양주 왕숙	부천 대장	고양 창릉	안산 장상
사전청약 일정	2021년 7월	10월	11월	12월			
공급호수 (신혼희망타운)	1,100호 (300호)	1,400호 (–)	1,000호 (–)	2,300호 (700호)	1,900호 (1,000호)	1,700호 (600호)	1,000호 (300호)

사전청약 기본자격

무주택 세대 구성원

신청자 및 배우자와 같은 주민등록에 올라 있는 직계존비속 등이 모두 무주택이어야 합니다.

입주자저축 가입

주택청약종합저축(청약저축 포함) 가입자가 대상자입니다.

거주요건

사전청약 당시 수도권에 거주 중이면 신청할 수 있으나, 본청

약 시점까지 서울, 경기 등 투기과열지구는 2년 이상 거주, 그 외 지역은 1년 등의 거주기간 요건을 충족해야 합니다.

지역 우선공급 비율

66만㎡ 미만 택지지구 : 당해지역에 100% 우선공급
66만㎡ 이상 택지지구 :
서울 : 서울 50%, 수도권 50%
인천 : 인천 50%, 수도권 50%
경기도 : 주택건설지역 30%, 경기도 20%, 수도권 50%

입주대상 및 배정물량

공공분양주택

공공분양주택은 신혼부부 특공이 30%로 가장 많이 배정되며, 생애최초 특공은 25%, 다자녀 특공은 10%, 노부모부양 특공은 5%, 기관추천 특공은 10%입니다. 이처럼 사전청약은 특공에 해당하는 물량이 많기 때문에 특공의 자격조건이 되는 사람들한테 큰 기회가 될 것입니다.

특히 배정물량이 많은 신혼부부 특공이나 생애최초 특공의 조건이 되는 사람들은 3기 신도시 등의 사전청약 물량에 집중할 필요가 있습니다.

신혼희망타운

신혼희망타운은 혼인기간이 7년 이내인 신혼부부, 예비 신혼부부, 한부모 가족이 입주대상입니다. 신혼부부에는 만 6세 이하의 자녀를 둔 사람이 포함되며, 예비 신혼부부는 공고일로부터 1년 이내 혼인관계 증명이 가능해야 합니다. 한부모 가족은 만 6세 이하의 자녀가 있는 경우에 해당됩니다.

신혼희망타운은 혼인 2년 이내이거나 만 2세 이하 자녀를 둔 신혼부부, 한부모 가족 및 예비 신혼부부에게 분양물량의 30%를 우선공급을 합니다. 그리고 우선공급 낙첨자 및 우선공급 대상자 외의 신혼부부나 한부모 가족 등 전체를 대상으로 나머지 70%를 공급합니다.

3기 신도시의 공공분양주택 입주대상 및 배정 물량

출처 : 3기 신도시 홈페이지

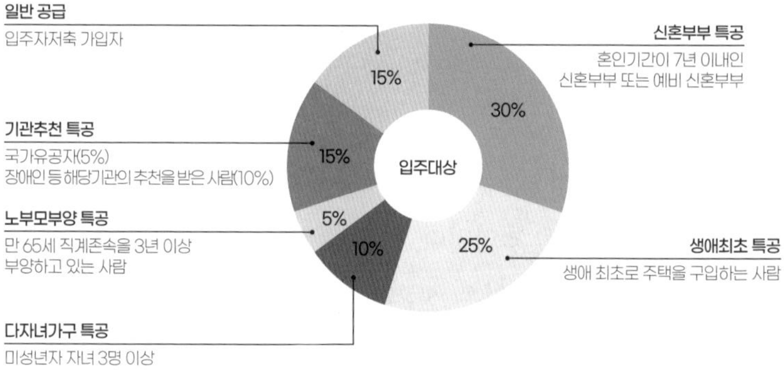

입주대상별 선정방식

일반공급

입주자저축 가입자 중 3년 이상 무주택 세대 구성원 중 청약통장 납입인정금액이 높은 순으로 당첨자를 선정합니다.

신혼부부 특공

① 신혼희망타운

다음의 단계별 공급방식으로 입주자를 선정하되 다득점 순으로 당첨자를 선정합니다.

3기 신도시 신혼희망타운 입주자 선정방식

출처 : 3기 신도시 홈페이지

우선공급(1단계, 30%)		잔여공급(2단계, 70%)	
입주대상	혼인 2년 이내이거나 2세 이하 자녀를 둔 신혼부부·한부모가족 및 예비 신혼부부	입주대상	1단계 낙첨자 및 우선공급 대상 외 신혼부부 전체
총배점	9점	총배점	12점
배점구성	가구소득 3점 해당 시·도 거주기간 3점 청약통장 납입횟수 3점	배점구성	미성년 자녀 수 3점 무주택 기간 3점 해당 시·도 거주기간 3점 청약통장 납입횟수 3점

* 동점자 발생 시 추첨으로 선정(1, 2단계 공동사항)

② 공공분양주택

신혼부부 특공의 공공분양주택은 순위 방식으로 입주자 당첨자를 선정합니다.

3기 신도시 공공분양주택 신혼부부 특공 입주자 선정방식 출처 : 3기 신도시 홈페이지

구분	선정방법
1순위	혼인기간 중 출산하여 자녀가 있는 신혼부부 및 한부모가족
2순위	그 외 신혼부부 및 예비신혼 부부

생애최초 특공

생애최초로 주택을 구입하는 사람으로 소득 및 자산 요건을 갖춘 대상자 모두를 대상으로 무작위 추첨으로 당첨자를 선정합니다.

다자녀가구 특공

배점을 통해 고득점 순으로 당첨자를 선정합니다. 미성년자녀 수 40점, 영유아 자녀 수 15점, 10년 이상 통장가입 5점, 세대구성 5점, 무주택 기간 20점, 해당 시·도 거주기간 15점의 점수를 합산하여 100점이 만점입니다.

노부모부양 특공

만 65세 이상 노부모를 3년 이상 부양한 사람을 대상으로 청약통장 납입인정금액이 높은 순으로 당첨자를 선정합니다. 단, 노부모가 같은 주민등록에 올라 있어야 합니다.

3기 신도시 사전청약

인천 계양지구
– 첫 사전청약 물량의 특수를 잡아라

2021년 7월 인천 계양지구가 3기 신도시 중 처음으로 1,100호의 사전청약을 합니다. 인천 계양지구는 인천광역시 계양구 귤현동, 동양동, 박촌동, 병방동, 상야동 일원에 조성되는데, 계양구청까지 2.5㎞, 김포공항 3㎞, 마곡지구 6㎞ 정도의 거리에 있습니다. 교통여건을 보면, 인천도시철도 1호선 박촌역과 공항철도 계양역과 인접하고 있으며, S-BRT 등 신교통수단이 신설(김포공항역~박촌역)될 예정입니다.

2021년 7월부터 실시되는 사전청약에서는 하남 교산지구나 과천 과천지구 등 입지가 우수한 청약물량으로 관심이 쏠릴 것으로 예상됩니다.

이에 반해 인천 계양지구는 3기 신도시에서 가장 먼저 사전청약을 받는 곳이고, 하남 교산지구나 과천 과천지구 같은 다른 신도시에 비해 상대적으로 입지가 우수하지 않아 경쟁률이 상대적으로 낮을 수 있습니다.

인천 계양지구 개요

출처 : 3기 신도시 홈페이지

지구명	면적	사업시행기간
인천 계양 공공주택지구	3,331,714㎡(1,010,000평)	2019~2026년
위치	**사업시행자**	**인구 및 주택계획**
인천광역시 계양구 귤현동, 동양동, 박촌동, 병방동, 상야동 일원	인천광역시, 한국토지주택공사, 인천도시공사	주택 1만 7천 호, 인구 3만 9천 명

하지만 우수한 입지의 신도시들과 비교했을 경우에는 매력이 작아 보일 수 있지만, 인천 계양지구도 인천, 서울, 부천, 김포를 배후지로 두고 있는 지역입니다. 따라서 당첨확률을 높이고 싶다면 인천 계양지구를 선택하는 것이 전략이 될 수도 있습니다.

인천 계양지구의 경우 조심스럽게 당첨 커트라인을 예상해 본다면, 당해지역 납입인정금액은 1,200만원 이상, 기타경기는 1,400만원 이상이 될 것으로 예상됩니다.

인천 계양지구 위치도

출처 : 3기 신도시 홈페이지

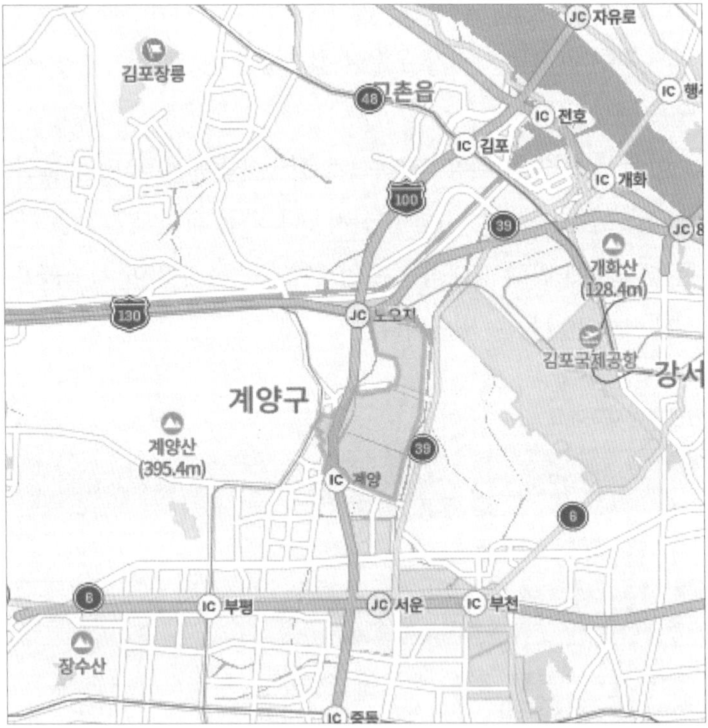

인천 계양지구 교통계획

출처 : 3기 신도시 홈페이지

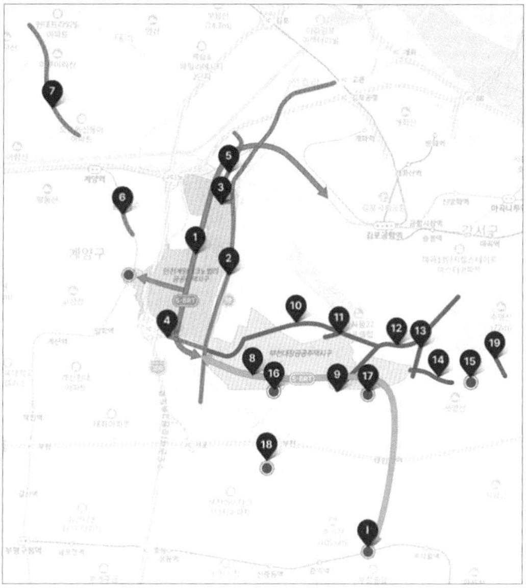

- 1 S-BRT 등 신교통수단 신설(김포공항역~박촌역)
- 2 국도39호선(벌말로) 확장
- 3 국도39호선 연계도로 신설
- 4 경명대로확장
- 5 인천공항고속도로 IC신설(접속도로)
- 6 장제로 기능개선(확장 및 교차로개량)
- 7 장제로 확장
- 8 S-BRT 등 신교통수단 신설(계양지구~부천)
- 9 청라-강서 BRT 연계노선 신설
- 10 경명대로 신설
- 11 대장안지구 연결도로 신설
- 12 오정로 확장
- 13 소사로 확장
- 14 고강IC 연결도로 신설
- 15 고강IC 신설
- 16 봉오IC 신설
- 17 오정IC 신설
- 18 내동지하차도 신설
- 19 신일지하차도 신설
- I 환승시설 설치(부천종합운동장)
- 서울간선도로 TSM
- 대중교통 운영지원 및 회차공간 확보

3기 신도시
사전청약

과천 과천지구

– 높은 경쟁률을 피해 비선호 평형과 평면에 주목하라

과천 과천지구는 330만㎡ 이하로 택지지구의 규모만 본다면 신도시는 아니지만, 정부가 운영하는 3기 신도시 방침에 따라 함께 설명하겠습니다. 경기도 과천시 과천동, 주암동, 막계동 일원에 조성되며, 과천시청까지 1.7km이며, 서울시 서초구와도 인접해 있습니다. 경기도지만 준강남이라 불릴 만큼 입지가 좋고, 청계산, 관악산이 가까이 있어 자연환경이 뛰어납니다. 지하철 4호선 선바위역, 경마공원역, 대공원역과 인접하고 생활 인프라를 공유할 수 있으며, GTX-C 노선 개발에 따른 직접적인 수혜를 볼 수 있는 곳입니다.

2021년 7월 1,500호의 사전청약을 시작합니다. 누구나 탐낼 만한 신도시로 높은 경쟁률이 예상됩니다. 따라서 역발상 전략이 필요한데, 경쟁을 조금이라도 피해 비인기 단지나 비선호 평형을 공략하는 전략을 추천합니다. 조심스럽게 당첨 커트라인을 당해지역 납입인정금액은 1,800만원 이상, 기타경기와 수도권은 2,500만원 이상으로 예상합니다.

과천 과천지구 개요

출처 : 3기 신도시 홈페이지

지구명	면적	사업시행기간
과천 과천 공공주택지구	1,686,888㎡(510,000평)	2019~2025년
위치	**사업시행자**	**인구 및 주택계획**
경기도 과천시 과천동, 주암동, 막계동 일원	경기도, 한국토지주택공사, 경기주택도시공사, 과천도시공사	주택 7천 호, 인구 1만 8천 명

과천 과천지구 위치도

출처 : 3기 신도시 홈페이지

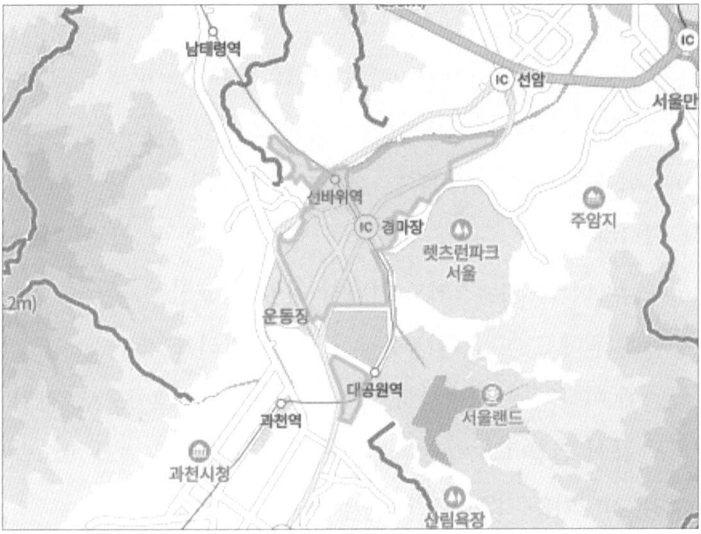

과천 과천지구 교통계획

출처 : 3기 신도시 홈페이지

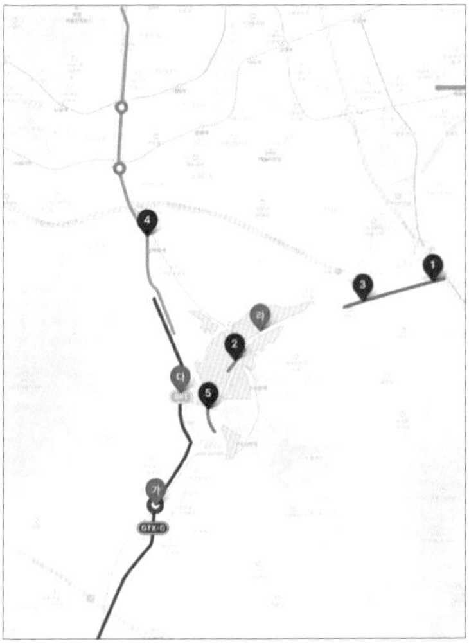

- 가 GTX-C 과천청사역 환승역사 신설
- 나 위례과천선(복정역~정부과천청사역)
- 다 안양~사당 BRT
- 라 과천지구 환승시설
- 1 청계산지하차도~염곡IC도로구조개선
- 2 과천~우면산간 도시고속화도로 지하화(경마장대로 횡단구간)
- 3 과천대로~헌릉로 연결도로(지구외 구간)
- 4 이수~과천 간 복합터널
- 5 상아벌지하차도 확장 및 통합

3기 신도시 사전청약

하남 교산지구
– 누구나 원하는 선호도 1등 신도시에 집중하라

3기 신도시 선호도 조사를 하면 1위를 차지하는 곳이 바로 하남 교산지구입니다. 서울 거주자 중에 하남 교산지구를 선택한 비율이 높았는데, 그 이유는 서울로의 접근성이 워낙 좋기 때문입니다.

하남 교산지구는 경기도 하남시 천현동, 교산동, 춘궁동, 덕풍동 일원에 조성됩니다. 하남시청까지 거리가 약 0.3㎞이고, 주변에 미사지구, 고덕강일, 강일1·2, 풍산, 위례신도시, 감일지구 등이 인접하고 있어 개발여력이 많고 앞으로 변화될 모습이 더 기대되는 지역이기도 합니다.

교통여건을 보면, 하남 감일, 하남 교산, 하남시청역을 경유하는 지하철 3호선의 연장이 확정되면서 향후 서울의 핵심지역인 송파, 강남, 종로로의 접근성이 크게 향상될 것으로 보입니다. 서울의 실수요뿐만 아니라 수도권 실수요자에게도 매우 매력적으로 보이는 신도시라고 할 수 있습니다.

2021년 11월 1,000호의 사전청약으로 뜨거운 경쟁이 시작될 것으로 보입니다. 입지가 우수하고 풍부한 개발호재가 많은 만큼 과천과 함께 높은 청약경쟁률이 예상되는 지역입니다. 조심스럽게 당첨 커트라인을 예상해 본다면, 당해지역은 납입인정금액 1,600만원 이상, 기타경기와 수도권은 2,000만원 이상으로 예상합니다.

하남 교산지구 개요

출처 : 3기 신도시 홈페이지

지구명	면적	사업시행기간
하남 교산 공공주택지구	6,314,121㎡(1,913,000평)	2019~2028년
위치	사업시행자	인구 및 주택계획
경기도 하남시 천현동, 교산동, 춘궁동, 덕풍동 일원	경기도, 한국토지주택공사, 경기주택도시공사, 하남도시공사	주택 3만 4천 호, 인구 8만 1천 명

하남 교산지구 위치도

출처 : 3기 신도시 홈페이지

하남 교산지구 교통계획

출처 : 3기 신도시 홈페이지

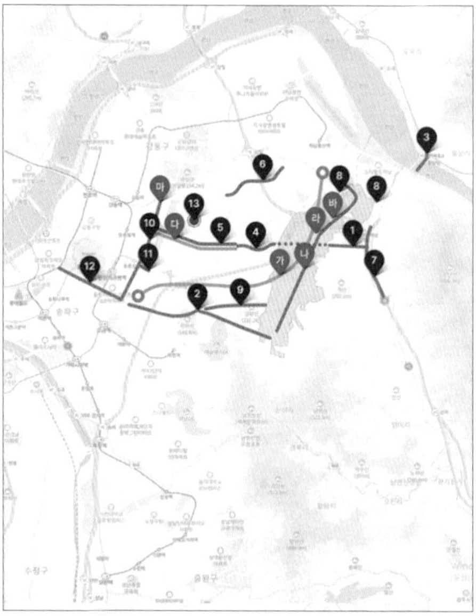

- 가 송파~하남간 도시철도 건설(L=12km)
- 나 BRT신설 및 지구내 가로변 버스전용차로 설치(L=2km)
- 다 동남로 연결도로버스 전용차로 설치(편도)(L=2.6km)
- 라 교산지구환승시설
- 마 중앙보훈병원역 환승시설
- 바 하남드림휴게소 환승시설
- 1 객산터널~국도43호선(L=1km)
- 2 서울~양평고속도로 부분확장(L=4.7km)
- 3 신팔당대교
- 4 서하남로 확장(L=1.4km)
- 5 동남로연결도로(L=2.6km)
- 6 황산~초이간도로(L=2.1km)
- 7 국도43호선 도로확장 및 개선(L=5.4km)
- 8 천현로 교량확장(L=0.1km)
- 9 감일지구~고골간 도로(L=1.8km)
- 10 동남로 확장 및 개선(L=3.7km)
- 11 서하남IC 입구 교차로 부분확장(L=0.2km)
- 12 위례성대로 TSM
- 13 초이IC 북방향 연결로

3기 신도시 사전청약

남양주 왕숙지구
– 최대 물량 사전청약에 관심을

남양주 왕숙지구는 1지구와 2지구로 구분되어 있는데, 3기 신도시 중에 사전청약 물량이 가장 많습니다. 지금까지는 이 지역이 서울과의 물리적인 거리도 있고 대중교통이 취약한 편이었는데요. GTX-B 노선과 지하철 9호선 연장 계획에 따른 개발 수혜로 교통혁명이 예상되는 곳입니다.

남양주 왕숙지구는 경기도 남양주시 진접읍 연평리, 내곡리, 내각리, 진건읍 신월리, 진관리, 사능리 일원에, 남양주 왕숙지구2는 경기도 남양주 일패동, 이패동 일원에 조성됩니다.

남양주 왕숙지구2는 2021년 10월 1,400호, 남양주 왕숙지구는 12월에 2,300호로 합하면 2021년에 3,700호의 사전청약이 진행될 예정입니다. 사전청약의 공급물량이 많은 만큼 무주택자들에게 내집마련을 할 수 있는 기회가 될 것으로 보입니다. 남양주 왕숙지구의 경우 조심스럽게 당첨 커트라인을 당해지역은 납입인정금액이 1,300만원 이상, 기타경기와 수도권은 1,800만원 이상 정도로 예상해봅니다.

남양주 왕숙지구 개요

지구명	면적	사업시행기간
남양주 왕숙 공공주택지구	8,662,125㎡(2,625,000평)	2019~2028년
위치	사업시행자	인구 및 주택계획
경기도 남양주시 진접읍 연평리, 내곡리, 내각리, 진건읍 신월리, 진관리, 사능리 일원	경기도, 한국토지주택공사	주택 5만 4천 호, 인구 12만 6천 명

남양주 왕숙지구 위치도

출처 : 3기 신도시 홈페이지

남양주 왕숙지구 교통계획

출처 : 3기 신도시 홈페이지

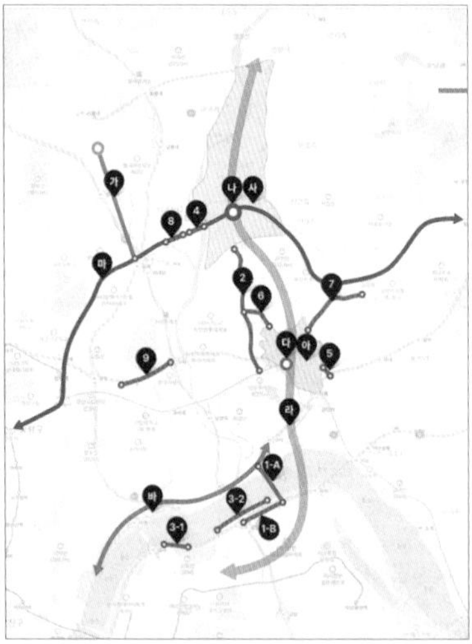

- 가 별내선연장(별내역~진접선)
- 나 경의중앙선 역사 신설(GTX-B 정차)
- 다 경의중앙선 역사 신설
- 라 서울 강동~하남~남양주간 도시철도 건설
- 마 상봉~마석간 셔틀열차
- 바 강변북로 대중교통개선
- 사 경춘선 신설역사 환승시설
- 아 경의중앙선 신설역사 환승시설
- 1-A 한강교량신설(4차로)
- 1-B 올림픽대로 확장(강일IC~선동IC)
- 2 지방도383호선 확장(왕숙~도농4)
- 3-1 올림픽대로 확장(암사IC~강동IC)
- 3-2 강일IC 우회도로 신설
- 4 진관교 확장
- 5 연결도로 신설(왕숙2~양정역세권)
- 6 연결도로 신설(왕숙2~다산)
- 7 구국도 46호선 확장(진안4~금곡4)
- 8 경춘북로 확장(퇴계원4~진관교)
- 9 북부간선도로 확장(안창IC~구리IC)
- 입주초기 대중교통 운영지원

남양주 왕숙2지구 개요

출처 : 3기 신도시 홈페이지

지구명	면적	사업시행기간
남양주 왕숙2 공공주택지구	2,391,830㎡(723,000평)	2019~2028년
위치	**사업시행자**	**인구 및 주택계획**
경기도 남양주시 일패동, 이패동 일원	경기도, 한국토지주택공사, 남양주도시공사	주택 1만 5천 호, 인구 3만 5천명

남양주 왕숙2지구 위치도

출처 : 3기 신도시 홈페이지

남양주 왕숙2지구 교통계획

출처 : 3기 신도시 홈페이지

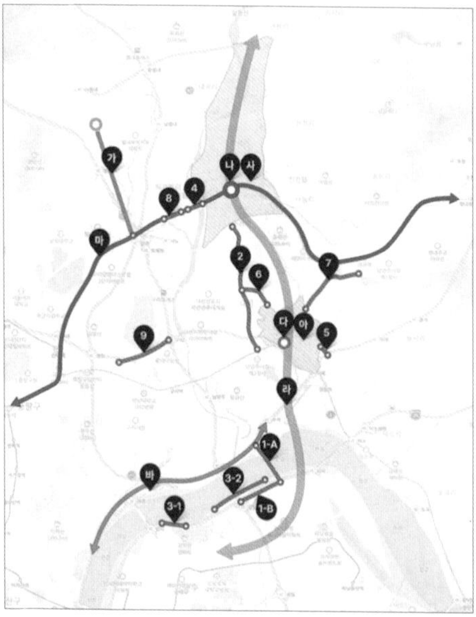

- 가 별내선 연장(별내역~진접선)
- 나 경춘선 역사 신설(GTX-B 정차)
- 다 경의중앙선 역사 신설
- 라 서울 강동~하남~남양주간 도시철도 건설
- 마 상봉~마석간 셔틀열차
- 바 강변북로 대중교통 개선
- 사 경춘선 신설역사 환승시설
- 아 경의중앙선 신설역사 환승시설
- 1-A 한강교량신설(4차로)
- 1-B 올림픽대로 확장(강일IC~선동IC)
- 2 지방도383호선 확장(왕숙~도농4)
- 3-1 올림픽대로 확장(암사IC~강동IC)
- 3-2 강일IC 우회도로 신설
- 4 진관교 확장
- 5 연결도로 신설(왕숙2~양정역세권)
- 6 연계도로 신설(왕숙2~다산)
- 7 구국도 46호선 확장(진안4~금곡4)
- 8 경춘북로 확장(퇴계원4~진관교)
- 9 북부간선도로 확장(인창IC~구리IC)
- 입주초기 대중교통 운영지구

고양 창릉지구
– GTX-A 창릉역 교통혁명의 가격폭등 아파트에 주목하라

최근 GTX 역세권으로 변모할 지역들의 주택가격 상승률이 높게 나타나고 있습니다.

고양 창릉지구는 GTX-A 창릉역이 신설될 곳으로 교통혁명과 그로 인한 수혜가 예상되는 지역입니다. 위치를 보면 경기도 덕양구, 원흥동, 동산동, 용두동, 향동동, 화전동, 도내동, 행신동, 화정동 일원에 조성되며, 고양시청 5㎞, 서울시 은평구와 마포구와 인접합니다.

2021년 12월 고양 창릉지구에서 1,700호의 사전청약이 진행됩니다. 현재 공사 진행이 가장 빠른 GTX-A 노선의 창릉역이 이 지역에 생기게 될 텐데요. 강남으로의 접근성이 큰 폭으로 개선돼 삼성역까지 12분 이내에 이용이 가능할 것으로 보입니다.

따라서 GTX-A 노선인 창릉역과 인접한 아파트의 사전청약 물량은 큰 폭의 가격상승이 예상되는 만큼 관심을 집중할 필요가 있습니다.

고양 창릉지구의 경우 조심스럽게 당첨 커트라인을 예상해 본다면, 당해지역의 납입인정금액은 1,400만원 이상, 기타 경기와 수도권은 1,900만원 이상으로 예상합니다.

고양 창릉지구 개요

출처 : 3기 신도시 홈페이지

지구명	면적	사업시행기간
고양 창릉 공공주택지구	8,126,948㎡(2,460,000평)	2020~2029년
위치	**사업시행자**	**인구 및 주택계획**
경기도 고양시 덕양구, 원흥동, 동산동, 용두동, 향동동, 화전동, 도내동, 행신동, 화정동 일동	경기도, 한국토지주택공사	주택 3만 8천 호, 인구 9만 2천 명

고양 창릉지구 위치도

출처 : 3기 신도시 홈페이지

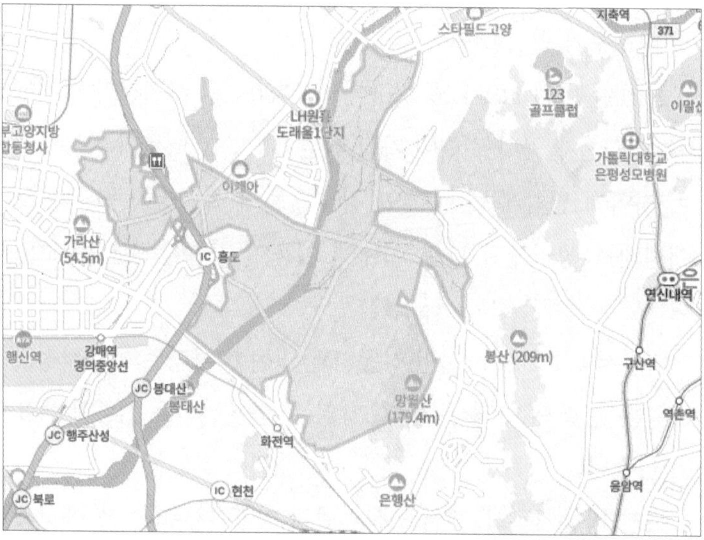

고양 창릉지구 교통계획

출처 : 3기 신도시 홈페이지

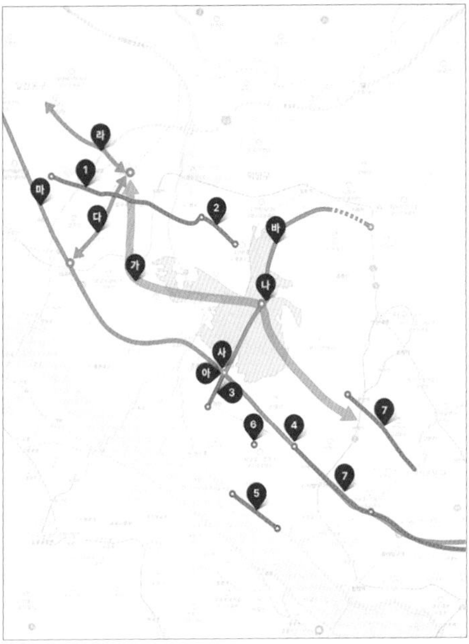

- 가 고양~서울 은평간 도시철도건설(고양시청~새절역)
- 나 GTX-A 창릉역 신설
- 다 대곡~고양시청 신교통수단 신설
- 라 고양시청~식사지구 신교통수단
- 마 경의중앙선 증차
- 바 중앙로~통일로 BRT 연계
- 사 화전역 환승시설
- 아 화전역-BRT 정류장 연계
- 자 광역버스 교통체계 개선

- 1 일산~서오릉로 연결도로
- 2 서오릉로 부분확장(4차로→6차로)
- 3 중앙로~제2자유로 연결도로
- 4 수색교 확장(7차로~9차로)
- 5 강변북로 확장(10차로~12차로)
- 6 덕은2교교차로 개선
- 7 서울 간선도로 TSM
- 입주초기 대중교통 운영지원

부천 대장지구
– 사전청약의 당첨확률이 높아진다

부천 대장지구 역시 인천 계양지구와 함께 3기 신도시 중에 관심을 가져야 할 곳으로 보입니다.

부천 대장지구는 경기도 부천시 대장동, 오정동, 원종동, 삼정동 일원에 조성됩니다. 이 지역은 서울 서부지역과 부천의 경계가 되는 지역으로 김포국제공항이 바로 가까이 있다는 것이 특징입니다. 현재 수도권 제1순환 고속도로, 경인고속도로와 인접하고, 향후의 교통을 보면 승인고시가 완료된 광명–서울고속도로에 진입이 편리할 것으로 예상됩니다. 대중교통은 대장-홍대선이 추진 중이어서 진행 추이를 지켜봐야 하는 부분입니다.

부천 대장지구 역시 3기 신도시 중에 선호도가 매우 높은 곳은 아닙니다. 하지만 가까이에 있는 부천종합운동장역의 GTX-B 노선, GTX-D 노선 잠재력의 간접수혜와 추후 인천 계양지구와 함께 많은 인구 유입이 기대되는 곳입니다.

부천 대장지구는 2021년 12월 1,900가구의 사전청약이 진행될 예정입니다. 남양주 왕숙지구를 제외하면, 2021년 신도시 중에 가장 많은 사전청약 물량이 대기하고 있습니다. 따라서 물량이 많으면서 상대적으로 관심을 덜 받는 부천 대장지구의 사전청약은 당첨 확률을 높일 수 있을 것으로 생각됩니다. 부천 대장지구의 경우 조심스럽게 당첨 커트라인을 예상해 본다면, 당해지역의 납입인정금액은 1,300만원 이상, 기타 경기와 수도권은 1,500만원 이상으로 예상합니다.

부천 대장지구 개요

출처 : 3기 신도시 홈페이지

지구명	면적	사업시행기간
부천 대장 공공주택지구	3,434,660㎡(1,040,000평)	2020~2029년
위치	**사업시행자**	**인구 및 주택계획**
경기도 부천시 대장동, 오정동, 원종동, 삼정동 일원	경기도, 한국토지주택공사, 부천도시공사	주택 2만 호, 인구 4만 8천 명

부천 대장지구 위치도

출처 : 3기 신도시 홈페이지

부천 대장지구 교통계획

출처 : 3기 신도시 홈페이지

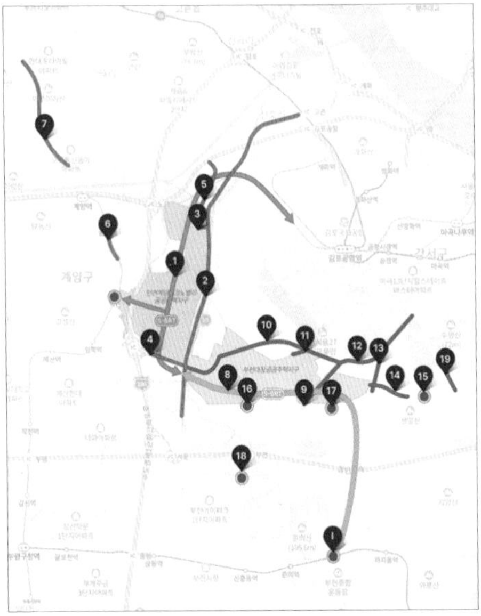

1. S-BRT 등 신교통수단 신설(김포공항역~박촌역)
2. 국도39호선(벌말로) 확장
3. 국도39호선 연계도로 신설
4. 경명대로확장
5. 인천공항고속도로 IC신설(접속도로)
6. 장제로 기능개선(확장 및 교차로개량)
7. 장제로 확장
8. S-BRT 등 신교통수단 신설(계양지구~부천)
9. 청라-강서 BRT 연계노선 신설
10. 경명대로 신설
11. 대장안지구 연결도로 신설
12. 오정로 확장
13. 소사로 확장
14. 고강IC 연결도로 신설
15. 고강IC 신설
16. 봉오IC 신설
17. 오정IC 신설
18. 내동지하차도 신설
19. 신일지하차도 신설

- I 환승시설 설치(부천종합운동장)
- 서울간선도로 TSM
- 대중교통 운영지원 및 회차공간 확보

3기 신도시 사전청약

안산 장상지구

– 아무도 모르는 장상지구에 관심을

안산 장상지구 역시 과천 과천지구와 함께 330만 m^2 이하의 택지지구로 규모로만 보면 신도시는 아닙니다. 또한 주목받고 있는 과천 과천지구와는 달리 상대적으로 관심을 덜 받는 택지지구입니다.

안산 장상지구는 경기도 안산시 상록구 장상동, 장하동, 수암동, 부곡동, 양상동 일원에 조성되며, 안산시청과의 거리는 5㎞, 인접지역은 광명과 시흥입니다. 지리적인 위치를 보면 서울과 물리적으로 거리가 있지만, 신안산선 역사가 신설되고 KTX 광명역과 인접하고 있어 향후 서울로의 접근성이 크게 향상될 것으로 보입니다. 2021년 12월 1천 호의 사전청약이 진행될 예정입니다.

다른 3기 신도시들과 비교해본다면, 상대적으로 입지가 뛰어나지는 않기에, 인천 계양지구와 부천 대장지구와 함께 당첨 확률을 높일 수 있는 사전청약 물량이라고 생각합니다. 특히 안산의 당해지역에 해당되는 분들이라면 저평가되어 있는 안산 장상지구에 관심을 가질 만합니다. 조심스럽게 당첨 커트라인을 예상해 보면, 당해지역의 납입인정금액은 1,100만원 이상, 기타경기와 수도권은 1,400만원 이상으로 예상합니다.

안산 장상지구 개요

출처 : 3기 신도시 홈페이지

지구명	면적	사업시행기간
안산 장상 공공주택지구	2,213,319㎡(670,000평)	2020~2026년
위치	**사업시행자**	**인구 및 주택계획**
경기도 안산시 상록구 장상동, 장하동, 수암동, 부곡동, 양상동 일원	경기도, 한국토지주택공사, 경기주택도시공사, 안산도시공사	주택 1만 4천 호, 인구 3만 3천 명

안산 장상지구 위치도

출처 : 3기 신도시 홈페이지

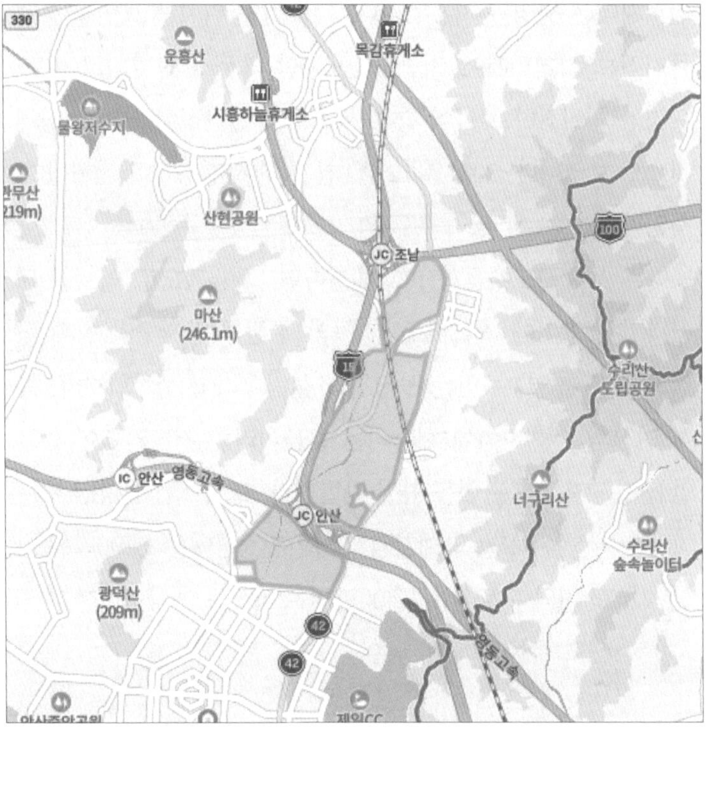

안산 장상지구 교통계획

출처 : 3기 신도시 홈페이지

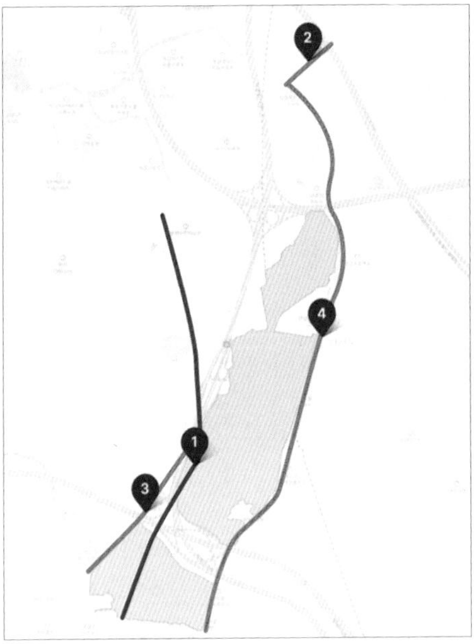

1. 신안산선 역사신설(성포역~목감역 구간)
2. 수원~광명고속도로IC 신설(L=0.4km)
3. 장하로 확장(2→4차로, L=1.6km)
4. 국도42호선 입체화(3개소)

광명시흥지구
– 7만 호 주택 공급에 주목하라

2021년 2월 4일 광명 시흥지구가 3기 신도시로 추가 지정되었습니다. 광명 시흥지구는 1,271만 ㎡로 여의도의 면적 4.3배이며 3기 신도시 중 최대 규모입니다.

광명 시흥지구는 경기도 광명시 광명동, 옥길동, 노온사동, 가학동 및 시흥시 과림동, 무지내동, 금이동 일원에 위치하고 있습니다. KTX 광명역이 약 2.5㎞ 거리에 있어 광역 교통여건이 우수하며, 서해안고속도로, 제2·3경인고속도로, 외곽순환고속도로, 수원-광명고속도로가 인접하고 있습니다.

향후 철도 중심 대중교통 체계를 구축하여 여의도까지 20분, 강남역까지 45분 정도에 접근이 가능할 것으로 보입니다.

광명 시흥지구는 3기 신도시 중 규모가 가장 크고 주택수 7만 호가 공급될 예정인데, 아직 세부적인 내용은 협의중이기 때문에 계속 관심을 가지고 지켜볼 필요가 있습니다.

2021~22년 전국 분양예정단지
서울

위치	사업명	총세대수	분양시기	유형	사업형태	건설사
송파구	잠실진주재건축	2,636	2021	재건축	민간분양	삼성물산, HDC현대산업개발
동작구	상도푸르지오클라베뉴	771	2021	분양	민간분양	대우건설
서초구	래미안원펜타스(신반포15차)	641	2021	재건축	민간분양	삼성물산
강동구	고덕강일(10BL)	593	2021	분양	민간분양	DL이앤씨
강남구	삼성홍실	419	2021	재건축	민간분양	DL이앤씨
강동구	강동성내5구역	408	2021	재개발	민간분양	DL이앤씨
송파구	송파오금아남(리모델링)	328	2021		민간분양	쌍용건설
구로구	개봉5구역	317	2021	재건축	민간분양	호반산업
중랑구	중화3재정비라온프라이빗	295	2021	재개발	민간분양	라온건설
중랑구	세광하니타운가로 주택정비사업	223	2021	재건축	민간분양	라온건설
영등포구	영등포2가가로주택정비사업	156	2021	재건축	민간분양	동부건설
강동구	둔촌올림픽파크에비뉴포레	12,032	2021	재건축	민간분양	대우건설, 롯데건설, 현대건설, HDC현대산업개발
서초구	방배6구역(아크로파크브릿지)	1,131	2021	재건축	민간분양	DL이앤씨
성북구	서울동선2구역계룡리슈빌	326	2021	재개발	민간분양	계룡건설
세종시	세종안단테6-3M2	995	2021	분양	공공분양	
강남구	영동한양빌라가로 주택정비사업	44	2021	재개발	민간분양	라온건설
서초구	래미안원베일리(신반포3)	2,990	2021.06	재건축	민간분양	삼성물산
은평구	센트레빌파크프레스티지	752	2021.06	재건축	민간분양	동부건설
은평구	서울은평뉴타운(3-14BL)	445	2021.06	분양	민간분양	대방건설
중구	힐스테이트세운센트럴	429	2021.06	재개발	민간분양	현대엔지니어링
서초구	방배신성빌라재건축	90	2021.06	재건축	민간분양	동부건설
동대문구	래미안(이문1)	2,904	2021.07	재개발	민간분양	삼성물산
중랑구	중화1주택재개발정비사업	1,055	2021.07	재개발	민간분양	SK건설

위치	사업명	총세대수	분양시기	유형	사업형태	건설사
강동구	천호4구역도시환경정비사업	670	2021.07	재개발	민간분양	포스코건설
강동구	e편한세상강일어반브릿지	593	2021.07	분양	민간분양	DL이앤씨
강서구	강서지구(금호,GS)	499	2021.07	분양	민간분양	GS건설, 금호산업
동대문구	용두동주상복합	408	2021.07	분양	민간분양	현대건설
서대문구	서대문영천반도유보라	315	2021.07	재개발	민간분양	반도건설
은평구	대조1구역재개발	1,971	2021.08	재개발	민간분양	현대건설
관악구	봉천4-1-2재개발	797	2021.08	재개발	민간분양	현대건설
송파구	힐스테이트e편한세상문정	1,265	2021.09	재건축	민간분양	DL이앤씨, 현대엔지니어링
성동구	행당7구역푸르지오	958	2021.09	재개발	민간분양	대우건설
송파구	송파성지리모델링	327	2021.09		민간분양	포스코건설
서초구	방배5구역재건축	2,796	2021.11	재건축	민간분양	현대건설
영등포구	영등포1-13(두산,대우)	659	2021.11	재개발	민간분양	대우건설, 두산건설
은평구	신사1구역(두산)	424	2021.11	재건축	민간분양	두산건설
성동구	청계지역주택조합	396	2021.11	조합	민간분양	SK건설
동작구	서울대방1(신혼희망타운)	122	2021.11	분양	공공분양	
노원구	서울공릉1(신혼희망타운)	120	2021.11	분양	공공분양	
강서구	화곡동더리브주상복합	140	2021.12	분양	민간분양	에스지씨이테크건설

경기도

위치	사업명	총세대수	분양시기	유형	사업형태	건설사
평택시	평택고덕(A54BL)	1,582	2021	분양	민간분양	DL이앤씨
평택시	평택화양지구휴먼빌(7-1BL)	1,468	2021	분양	민간분양	일신건영
용인시	용인남곡경남아너스빌	1,176	2021	분양	민간분양	경남기업
평택시	평택지제역자이(A3)	1,052	2021	분양	민간분양	GS건설
광명시	광명10R구역재개발	1,051	2021	재개발	민간분양	호반건설
남양주시	남양주덕소2구역라온 프라이빗	999	2021	재개발	민간분양	라온건설
용인시	서울우유공동주택	999	2021	분양	민간분양	DL이앤씨
오산시	오산세교2지구(A1)	897	2021	분양	민간분양	호반건설
광주시	광주탄벌에코타운파라곤	800	2021	조합	민간분양	동양건설산업
양주시	양주일영경남아너스빌	741	2021	분양	민간분양	경남기업
의왕시	의왕오전나구역재개발	733	2021	재개발	민간분양	태영건설
이천시	이천사동리휴먼빌	687	2021	분양	민간분양	일신건영
파주시	파주운정3제일풍경채(A10)	686	2021	분양	민간분양	제일건설
과천시	과천지식정보타운S8	659	2021	분양	공공분양	신동아건설, 우미건설
의정부시	의정부발곡공원	650	2021	분양	민간분양	DL이앤씨
화성시	화성동탄(94BL)	615	2021	분양	민간분양	DL이앤씨
이천시	e편한세상이천안흥	540	2021	분양	민간분양	DL이앤씨
안양시	안양평촌동지역주택조합	472	2021	조합	민간분양	현대건설
파주시	파주운정3제일풍경채(A7)	466	2021	분양	민간분양	제일건설
안양시	안양삼신영무예다음	456	2021	재건축	민간분양	영무토건
안양시	안양삼신영무예다음	456	2021	재건축	민간분양	영무토건
안산시	안산선부한신더휴	364	2021	재건축	민간분양	한신공영
광주시	광주역태전 경남아너스빌2단지	361	2021	분양	민간분양	경남기업

위치	사업명	총세대수	분양시기	유형	사업형태	건설사
화성시	화성동탄(53BL)	357	2021	분양	공공임대	DL이앤씨
화성시	화성동탄2제일풍경채(A60)	308	2021	분양	민간분양	제일건설
안양시	안양대동아재건축	222	2021	재건축	민간분양	한양
수원시	광교(C6BL)	216	2021	분양	민간분양	현대건설
남양주시	신일해피트리 (덕소6A구역재개발)	211	2021	재개발	민간분양	신일
파주시	파주문산역2차굿모닝힐	1,852	2021	분양	민간분양	동문건설
안양시	안양냉천지구	1,630	2021	재개발	공공분양	DL이앤씨
시흥시	신천동(한라)	1,500	2021	분양	민간분양	한라
이천시	이천안흥동(금호어울림)	1,028	2021	분양	민간분양	금호산업
의정부시	신곡동브라운스톤(미정)	769	2021	재건축	민간분양	이수건설
오산시	세교중흥S클래스(A9)	659	2021	분양	민간분양	중흥건설
평택시	더샵지제역센트럴파크(1BL)	2,124	2021.05	조합	민간분양	
화성시	봉담프라이드시티(A2)	2,333	2021.06	분양	민간분양	현대건설
화성시	봉담프라이드시티(A1)	1,701	2021.06	분양	민간분양	GS건설
평택시	평택고덕국제화계획Aa54	1,582	2021.06	분양	공공분양	
용인시	힐스테이트용인고진역(D2)	1,358	2021.06	분양	민간분양	현대엔지니어링
용인시	힐스테이트용인고진역(D1)	1,345	2021.06	분양	민간분양	현대엔지니어링
양주시	양주회천A18(공공분양)	1,304	2021.06	분양	공공분양	
화성시	동탄역파라곤2차(A58)	1,253	2021.06	분양	민간분양	동양건설산업
용인시	용인역삼지역주택조합 (28BL-1LOT)	1,042	2021.06	조합	민간분양	한라
양주시	양주회천A21	995	2021.06	분양	공공분양	
오산시	더샵오산엘리포레	927	2021.06	분양	민간분양	포스코건설
평택시	안중역지엔하임스테이	834	2021.06	분양	민간임대	

위치	사업명	총세대수	분양시기	유형	사업형태	건설사
화성시	남양뉴타운B10	796	2021.06	분양	공공임대	
파주시	운정신도시중흥S클래스(A11)	750	2021.06	분양	민간분양	중흥건설
파주시	운정신도시중흥S클래스(A9)	450	2021.06	분양	민간분양	중흥건설
동두천시	지행역센트레빌파크뷰	314	2021.06	분양	민간분양	동부건설
화성시	남양뉴타운B10	286	2021.06	분양	공공임대	
광명시	광명2R구역재개발	3,344	2021.07	재개발	민간분양	대우건설,롯데건설,현대엔지니어링
안양시	융창아파트주변지구 주택재개발	2,417	2021.07	재개발	민간분양	현대건설,SK건설,코오롱글로벌
오산시	오산세교EGthe1(A3)	1,132	2021.07	분양	민간분양	라인건설
광주시	경기광주시초월	1,097	2021.07	분양	민간분양	현대엔지니어링
하남시	하남C구역재개발	980	2021.07	재개발	민간분양	포스코건설
남양주시	남양주도곡2한양수자인	908	2021.07	재개발	민간분양	한양
파주시	파주운정3금강펜테리움(A32)	778	2021.07	분양	민간분양	금강주택
이천시	부발읍주상복합(한라)	750	2021.07	분양	민간분양	한라
안성시	안성아양B1	644	2021.07	분양	공공분양	
의왕시	의왕고천대방(B1)	533	2021.07	분양	민간분양	대방건설
부천시	힐스에비뉴소사역	430	2021.07	분양	민간분양	현대엔지니어링
여주시	여주교동센트레빌	404	2021.07	조합	민간분양	동부건설
수원시	한화 포레나 수원원천	149	2021.07	분양	민간분양	한화건설
안양시	비산초교재개발	2,739	2021.08	재개발	민간분양	대우건설
안양시	안양진흥재건축	2,723	2021.08	재건축	민간분양	대우건설,포스코건설
오산시	오산세교지구중흥S클래스(A4)	1,246	2021.08	분양	민간분양	중흥건설
평택시	평택서정연립재건축	1,107	2021.08	재건축	민간분양	현대건설
안산시	인정프린스재건축	725	2021.08	재건축	민간분양	두산건설

위치	사업명	총세대수	분양시기	유형	사업형태	건설사
파주시	파주운정3A17	660	2021.08	분양	공공분양	
의정부시	의정부용현동힐스테이트	639	2021.08	분양	민간분양	현대엔지니어링
포천시	포천태봉공원	628	2021.08	분양	민간분양	대우건설
고양시	고양지축B1	612	2021.08	분양	공공분양	
시흥시	시흥장현A3	534	2021.08	분양	공공분양	
파주시	파주운정5차대방노블랜드(A36)	292	2021.08	분양	민간분양	대방건설
고양시	e편한세상고양성사	218	2021.08	분양	민간분양	DL이앤씨
화성시	화성송산그린시티	204	2021.08	분양	민간분양	계룡건설
광명시	광명5R구역재개발	2,878	2021.09	재개발	민간분양	현대건설, GS건설, SK건설
의왕시	내손다구역주택재개발	2,633	2021.09	재개발	민간분양	GS건설, SK건설
수원시	수원권선6구역(113-6구역)	2,175	2021.09	재개발	민간분양	삼성물산, 코오롱건설, SK건설
광주시	경기광주민간공원	1,690	2021.09	분양	민간분양	태영건설
의정부시	의정부 파밀리에 포레나	1,674	2021.09	분양	민간분양	한화건설, 신동아건설
수원시	수원망포지구(A1BL)	824	2021.09	분양	민간분양	대우건설
수원시	수원망포지구(A2BL)	765	2021.09	분양	민간분양	대우건설
부천시	괴안동재개발	759	2021.09	재개발	민간분양	쌍용건설
의정부시	의정부리듬시티	536	2021.09	분양	민간분양	포스코건설
부천시	심곡본동브라운스톤(미정)	190	2021.09	재건축	민간분양	이수건설
파주시	파주운정6차대방노블랜드(A38)	498	2021.1	분양	민간분양	대방건설
파주시	파주운정푸르지오(A13)	1,745	2021.11	분양	민간분양	대우건설
양주시	양주역세권(A1BL)	1,152	2021.11	분양	민간분양	대우건설
과천시	과천에스트로(에스트로쇼핑재건축)	308	2021.11	재건축	민간분양	한양
부천시	부천괴안B1(신혼희망타운)	193	2021.11	분양	공공분양	
용인시	한화 포레나 용인모현	3,731	2021.12	분양	민간분양	한화건설
고양시 일산	고양풍동조합(두산)	1,340	2021.12	조합	민간분양	두산건설

위치	사업명	총세대수	분양시기	유형	사업형태	건설사
평택시	평택석정 (민간공원조성특례사업)	1,337	2021.12	분양	민간분양	화성산업
수원시	지동재개발(115-10구역)	1,154	2021.12	재개발	민간분양	중흥건설
이천시	부발읍(한라)	774	2021.12	분양	민간분양	한라
성남시 분당	성남대장A10신혼희망타운	749	2021.12	분양	공공분양	
평택시	평택고덕국제화계획Aa57-2(신혼희망타운)	256	2021.12	분양	공공분양	
평택시	평택항오션파크서희 스타힐스	1,742	2022	조합	민간분양	서희건설
양주시	양주옥정A19-2제일풍경채	1,304	2022	분양	민간임대	제일건설
의왕시	의왕고천제일풍경채(B2)	952	2022	분양	민간분양	제일건설
하남시	하남감일B8제일풍경채	866	2022	분양	민간임대	제일건설

인천

위치	사업명	총세대수	분양시기	유형	사업형태	건설사
서구	인천검단제일풍경채(AB18)	1,813	2021	분양	민간분양	제일건설
서구	인천검단3구역	1,500	2021	분양	민간분양	대우건설
서구	인천검단제일풍경채(AA15)	1,498	2021	분양	민간분양	제일건설
계양구	인천효성동제일풍경채	1,439	2021	분양	민간분양	제일건설
미추홀구	주안10구역재개발	1,146	2021	재개발	민간분양	DL이앤씨
연수구	더샵송도아크베이(B3)	775	2021	분양	민간분양	포스코건설
서구	인천불로동(힐스테이트)	736	2021	분양	민간분양	현대건설
미추홀구	시티오씨엘4단지 (업무복합2BL)	428	2021	분양	민간분양	포스코건설, 현대건설, HDC현대산업개발
연수구	송학둥지서해그랑블(송학둥 지아파트재건축)	215	2021	재건축	민간분양	서해종합건설
연수구	송도힐스테이트(A16)	1,319	2021	분양	민간분양	현대건설
서구	인천검단16호공원개발사업	878	2021	분양	민간분양	동부건설
부평구	인천부평파라곤	761	2021	재개발	민간분양	동양건설산업
계양구	힐스테이트자이계양	2,371	2021.06	재개발	민간분양	현대건설, GS건설
부평구	부평역해링턴플레이스	1,909	2021.06	재개발	민간분양	진흥기업, 효성중공업
미추홀구	인천미추파라곤	1,314	2021.06	재개발	민간분양	동양건설산업
미추홀구	시티오씨엘1단지(공동1-1BL)	1,131	2021.06	분양	민간분양	포스코건설, 현대건설, HDC현대산업개발
남동구	한화 포레나 인천구월	1,115	2021.06	재개발	민간분양	한화건설
중구	영종도한신더휴	870	2021.06	분양	민간분양	한신공영
연수구	연수서해그랑블에듀파크	641	2021.06	분양	민간분양	서해종합건설
서구	인천검단금강펜테리움(RC4)	483	2021.06	분양	민간분양	금강주택
서구	인천검단AA5	250	2021.06	분양	공공임대	
계양구	계양서해그랑블더테라스	124	2021.06	분양	민간분양	서해종합건설
미추홀구	학익1구역주택재개발	1,581	2021.07	재개발	민간분양	SK건설

위치	사업명	총세대수	분양시기	유형	사업형태	건설사
연수구	송도자이(A17)	1,560	2021.07	분양	민간분양	GS건설
서구	검단AA6(대림,금호,계룡)	822	2021.07	분양	민간분양	DL이앤씨, 금호산업, 계룡건설산업
계양구	작전동재개발(두산,쌍용)	1,370	2021.08	재개발	민간분양	두산건설, 쌍용건설
서구	인천검단AA13-2	964	2021.08	분양	공공분양	
서구	인천검단AA13-1	702	2021.08	분양	공공분양	
미추홀구	여의구역(두산)	1,111	2021.09	재개발	민간분양	두산건설
중구	인천영종A10	600	2021.09	분양	공공분양	
서구	석남동브라운스톤(미정)	511	2021.09	재건축	민간분양	이수건설
연수구	송도더샵(G5)	1,544	2021.11	분양	민간분양	포스코건설
서구	인천검단금강펜테리움(AA23)	1,049	2021.11	분양	민간분양	금강주택
서구	검단신도시우미린(AB17)	943	2021.11	분양	민간분양	우미건설
남동구	인천성락한신더휴	469	2021.11	재개발	민간분양	한신공영
계양구	작전동(한라)	299	2021.12	분양	민간분양	한라
서구	인천검단제일풍경채(AB21-2)	918	2022	분양	민간임대	제일건설
서구	인천검단제일풍경채(AB20-1)	636	2022	분양	민간분양	제일건설

부산

위치	사업명	총세대수	분양시기	유형	사업형태	건설사
동래구	안락1구역	1,481	2021	재건축	민간분양	대우건설
해운대구	반여1-2구역주택재개발	750	2021	재개발	민간분양	SK건설
남구	문현동지역주택조합(한라)	719	2021	조합	민간분양	한라
강서구	부산에코델타시티 한양수자인(21BL)	544	2021	분양	민간분양	한양건설
남구	대연2구역재건축	449	2021	재건축	민간분양	현대엔지니어링
부산진구	개발형주택2002(두산)	264	2021	분양	민간분양	두산건설
해운대구	삼성콘도맨션재건축 (동부센트레빌)	240	2021	재건축	민간분양	동부건설
해운대구	부산재송동공동 주택개발사업	221	2021	분양	민간분양	동부건설
강서구	부산에코델타시티(28BL)	1,056	2021	분양	민간분양	대방건설
부산진구	부전동주상복합 (쌍용더플레티넘)	378	2021	분양	민간분양	쌍용건설
동래구	래미안포레스티지(부산온천4)	4,043	2021.06	재개발	민간분양	삼성물산
부산진구	초읍하늘채포레스원	865	2021.06	재개발	민간분양	코오롱글로벌
북구	한화 포레나 부산덕천 2차	793	2021.06	재건축	민간분양	한화건설
부산진구	양정1주택재개발	2,276	2021.07	재개발	민간분양	포스코건설, GS건설, SK건설, SK건설
수영구	광안2구역주택재개발	1,237	2021.07	재개발	민간분양	SK건설
남구	부산문현2(대우,계룡,금호)	960	2021.07	분양	민간분양	대우건설, 금호산업, 계룡건설산업
강서구	부산에코델타시티(27BL)	886	2021.07	분양	민간분양	대우건설
강서구	부산에코델타시티(19BL)	512	2021.07	분양	민간분양	DL이앤씨
강서구	부산에코델타시티(18BL)	972	2021.08	분양	민간분양	대우건설
부산진구	부암동삼부로얄재건축	178	2021.08	재건축	민간분양	중흥토건
강서구	부산에코델타시티(13BL)	1,638	2021.09	분양	민간분양	대방건설
강서구	부산에코델타시티우미린 (27BL)	880	2021.09	분양	민간분양	우미건설
동래구	부산온천(쌍용더플래티넘)	301	2021.09	분양	민간분양	쌍용건설

위치	사업명	총세대수	분양시기	유형	사업형태	건설사
동구	부산범일동주상복합	1,363	2021.12	분양	민간분양	대우건설
사상구	부산엄궁3구역재개발	1,313	2021.12	재개발	민간분양	포스코건설
부산진구	전포동지역주택조합	750	2021.12	조합	민간분양	쌍용건설
강서구	부산신항1차	500	2021.12	분양	민간임대	대방건설
강서구	부산에코델타시티 금강펜테리움(6BL)	380	2021.12	분양	민간분양	금강주택
북구	화명파밀리에	313	2021.12	재개발	민간분양	신동아건설

대전

위치	사업명	총세대수	분양시기	유형	사업형태	건설사
서구	탄방1구역재건축	1,974	2021	재건축	민간분양	HDC현대산업개발, GS건설
서구	대전도마변동1주택 재개발사업	1,779	2021	재개발	민간분양	금성백조주택
동구	가양동다우갤러리휴리움	224	2021	재건축	민간분양	다우건설
서구	용문1,2,3구역재건축	2,763	2021.09	재건축	민간분양	포스코건설
중구	대전해모로더센트라	862	2021.06	재개발	민간분양	한진중공업
대덕구	대덕읍내지역주택조합	745	2021.06	조합	민간분양	쌍용건설
유성구	대전유성에코지역주택	418	2021.06	조합	민간분양	DL이앤씨
동구	대전용전근린공원특례사업	827	2021.08	분양	민간분양	계룡건설
동구	대전천동푸르지오	3,463	2021.09	분양	민간분양	대우건설
유성구	한화 포레나 대전유성	1,768	2021.1	분양	민간임대	한화건설
동구	대전천동3구역(5BL)	2,135	2021.12	분양	민간분양	태영건설
동구	대전천동3구역(4BL)	1,328	2021.12	분양	민간분양	태영건설
중구	오류동주상복합골드클래스	205	2021.12	분양	민간분양	보광종합건설

대구

위치	사업명	총세대수	분양시기	유형	사업형태	건설사
북구	대구노원2동재개발	1,613	2021	재개발	민간분양	일성건설
동구	신암2구역화성파크드림	1,458	2021	재개발	민간분양	화성산업
서구	서대구역화성파크드림(5구역)	1,404	2021	재개발	민간분양	화성산업
달서구	상인푸르지오센터파크	990	2021	분양	민간분양	대우건설
남구	대명동주상복합1차 골드클래스	660	2021	분양	민간분양	보광종합건설
북구	e편한세상복현	620	2021	재건축	민간분양	대림건설
동구	대구신천동데시앙	419	2021	분양	민간분양	태영건설
북구	칠성동2가(호반)	400	2021	분양	민간분양	호반건설
동구	신천화성파크드림	365	2021	재건축	민간분양	화성산업
서구	반고개역푸르지오벨리비엔	239	2021	분양	민간분양	대우건설
달서구	대구현대백조타운재건축	1,196	2021	재건축	민간분양	SK건설
북구	대구노곡한신더휴	944	2021	분양	민간분양	한신공영
달서구	월암(우미린)	401	2021	분양	민간분양	우미건설
동구	용계동푸르지오아츠베르	1,299	2021.06	분양	민간분양	대우건설
북구	대구도남A2	1,058	2021.06	분양	공공임대	
중구	힐스테이트동인	1,009	2021.06	분양	민간분양	현대엔지니어링
수성구	범어동(쌍용더플래티넘)	966	2021.06	분양	민간분양	쌍용건설
북구	대구도남A2	962	2021.06	분양	공공임대	
남구	이천문화지구	924	2021.06	분양	민간분양	대우건설
북구	침산푸르지오에듀포레	499	2021.06	분양	민간분양	대우건설
북구	대구역자이더스타	425	2021.06	분양	민간분양	GS건설
수성구	더샵수성더클레어	303	2021.06	분양	민간분양	포스코건설
중구	힐스테이트대구역퍼스트	216	2021.06	분양	민간분양	현대건설

위치	사업명	총세대수	분양시기	유형	사업형태	건설사
수성구	대구시지경북타운가로주택정비사업	120	2021.06	재건축	민간분양	동부건설
중구	대한적십자부지(반도)	115	2021.06	분양	민간분양	반도건설
달성군	대구국가산업단지금강펜테리움(A6)	1,508	2021.07	분양	민간분양	금강주택
달성군	대구국가산업단지금강펜테리움(A7-2)	1,272	2021.07	분양	민간분양	금강주택
동구	동대구푸르지오브리센트	749	2021.07	분양	민간분양	대우건설
중구	대구공평동더샵		2021.07	분양	민간분양	
달서구	달자중흥S클래스	454	2021.08	재개발	민간분양	중흥건설
남구	힐스테이트앞산센트럴	345	2021.08	재개발	민간분양	현대건설
북구	대구칠성동주상복합	699	2021.09	분양	민간분양	현대엔지니어링
북구	읍내동(민간공원조성특례사업)	520	2021.09	분양	민간분양	화성산업
북구	대구침산아이파크	198	2021.09	분양	민간분양	HDC현대산업개발
동구	대구신천동주상복합	172	2021.09	분양	민간분양	현대엔지니어링
수성구	시지라온프라이빗	207	2021.11	분양	민간분양	라온건설
남구	대명동주상복합2차 골드클래스	815	2021.12	분양	민간분양	보광종합건설
중구	대구동인가로주택1	101	2021.12	분양	공공임대	
북구	대구침산1	28	2021.12	분양	공공임대	
북구	대구금호워터폴리스제일풍경채(B2)	1,428	2022	분양	민간분양	제일건설

광주

위치	사업명	총세대수	분양시기	유형	사업형태	건설사
북구	힐스테이트신용더리버	1,647	2021	조합	민간분양	현대건설
광산구	광주봉산공원민간특례사업 제일풍경채	999	2021	분양	민간분양	제일건설
동구	광주계림4구역재개발 모아엘가	930	2021	재개발	민간분양	모아주택산업
남구	힐스테이트대촌	571	2021	조합	민간분양	현대엔지니어링
남구	광주주월장미재건축	542	2021	재건축	민간분양	DL이앤씨
남구	광주방림동골드클래스	420	2021	분양	민간분양	보광종합건설
동구	궁동한국아델리움더씨티	202	2021	분양	민간분양	한국건설
북구	광주운암3	3,214	2021	재건축	민간분양	한화건설, HDC현대산업개발, GS건설
남구	광주남구덕림지역주택	565	2021	조합	민간분양	태영건설
남구	광주월산힐스테이트	741	2021.06	조합	민간분양	현대엔지니어링
동구	무등산한국아델리움더힐(2단지)	304	2021.07	분양	민간분양	한국건설
광산구	송정중흥S클래스	860	2021.09	분양	민간분양	중흥건설
광산구	광주선운2A1(신혼희망타운)	492	2021.12	분양	공공분양	
광산구	광주선운2A3(신혼희망타운)	258	2021.12	분양	공공분양	
서구	금호지구대광로제비앙	361	2022	조합	민간분양	

울산

위치	사업명	총세대수	분양시기	유형	사업형태	건설사
울주군	울산뉴시티에일린의뜰2차(B2)	1,144	2021	분양	민간분양	아이에스동서
중구	우정동지역주택조합(한라)	531	2021	조합	민간분양	한라
울주군	울산다운2A9(신혼희망타운)	835	2021.12	분양	공공분양	

기타 시도

강원도

위치	사업명	총세대수	분양시기	유형	사업형태	건설사
춘천시	춘천학곡지구모아엘가1차	782	2021	분양	민간임대	혜림건설
춘천시	춘천학곡지구모아엘가2차	762	2021	분양	민간분양	혜림건설
강릉시	강릉역경남아너스빌더센트로	461	2021	분양	민간분양	경남기업
강릉시	사천호반	414	2021	분양	민간임대	호반건설
춘천시	춘천파밀리에리버파크	320	2021.06	조합	민간분양	신동아건설
평창군	평창진부웰라움더퍼스트	265	2021.06	분양	민간분양	동서건설
원주시	원주기업도시3차EGthe1 (1-1BL)	1,520	2021.07	분양	민간분양	라인건설
춘천시	춘천소양촉진2재건축	1,039	2021.08	재건축	민간분양	포스코건설
속초시	e편한세상속초동명	546	2021.08	분양	민간분양	DL이앤씨

충남

위치	사업명	총세대수	분양시기	유형	사업형태	건설사
예산군	내포신도시Egthe1 3차(RH4)	1,056	2021	분양	민간분양	라인건설
천안시	천안두정	975	2021	분양	민간분양	현대건설
홍성군	내포신도시RC-2(반도)	955	2021	분양	민간분양	반도건설
아산시	충남아산탕정지구예미지 (2-A3)	791	2021	분양	민간분양	금성백조주택
천안시	삼룡동호반	594	2021	분양	민간분양	호반건설
천안시	천안우성사료부지	573	2021	분양	민간분양	반도건설
공주시	월송화성파크드림	303	2021	분양	민간분양	화성개발
서산시	서산테크노밸리우미린(A3a)	551	2021	분양	민간분양	우미건설
당진시	당진수청1지구(3BL)	1,530	2021.06	분양	민간분양	동부건설

위치	사업명	총세대수	분양시기	유형	사업형태	건설사
아산시	아산테크노밸리6차 EGthe1(Ab5)	822	2021.06	분양	민간분양	라인건설
아산시	해링턴플레이스스마트밸리	704	2021.06	분양	민간분양	효성중공업
천안시	한화 포레나 천안신부	602	2021.06	분양	민간분양	한화건설
서산시	서산테크노밸리예다음A7a	517	2021.06	분양	민간임대	영무산업개발
홍성군	홍성읍(쌍용플래티넘)	477	2021.06	분양	민간분양	쌍용건설
서산시	서산엘크루에듀포레	266	2021.06	조합	민간분양	대우조선해양건설
홍성군	내포신도시대방3차(RM14-1,2)	1,474	2021.07	분양	민간분양	대방건설
천안시	한화 포레나 천안백석	1,783	2021.08	분양	민간분양	한화건설
당진시	당진송산지구골드클래스 (C-3-1,2BL)	606	2021.08	분양	민간임대	보광종합건설
부여군	부여쌍북골드클래스	346	2021.08	분양	민간분양	보광종합건설
천안시	e편한세상천안두정	803	2021.09	분양	민간분양	DL이앤씨

세종

위치	사업명	총세대수	분양시기	유형	사업형태	건설사
세종시	행정중심복합도시6-3(L1)	1,350	2021.1	분양	민간분양	태영건설, 한신공영, GS건설

충북

위치	사업명	총세대수	분양시기	유형	사업형태	건설사
청주시	오창각리반도유보라	572	2021	조합	민간분양	반도건설
청주시	오송역파라곤센트럴시티(B2)	2,415	2021.06	분양	민간분양	동양건설산업

위치	사업명	총세대수	분양시기	유형	사업형태	건설사
청주시	청주SK뷰자이	1,745	2021.06	재건축	민간분양	GS건설, SK건설
충주시	충주모아미래도	330	2021.06	조합	민간분양	
충주시	서충주신도시월드 메르디앙엔라체	274	2021.06	분양	민간분양	동부건설
청주시	오송역파라곤센트럴시티2차 (B3)	1,673	2021.07	분양	민간분양	동양건설산업
청주시	청주구룡공원공동주택	1,191	2021.07	분양	민간분양	포스코건설
청주시	청주복대2구역재개발	986	2021.07	재개발	민간분양	포스코건설
청주시	한화 포레나 청주모충	1,849	2021.09	분양	민간분양	한화건설
청주시	청주월명공원한라비발디	888	2021.09	분양	민간분양	한라
충주시	호암지구제일풍경채(B3)	874	2022	분양	민간임대	
청주시	오송제2생명과학단지B5 제일풍경채	545	2022	분양	민간임대	제일건설

경남

위치	사업명	총세대수	분양시기	유형	사업형태	건설사
양산시	양산석산지역주택조합	834	2021	조합	민간분양	포스코건설
양산시	양산사송더샵데시앙3차(B9)	533	2021	분양	민간분양	태영건설, 포스코건설
양산시	양산사송제일풍경채(B2)	491	2021	분양	민간분양	제일건설
진주시	신진주역세권(B1)	828	2021	분양	민간분양	우미건설
거제시	더샵거제디클리브	1,288	2021.06	분양	민간분양	포스코건설
거제시	거제옥포(반도)	292	2021.07	분양	민간분양	반도건설
진주시	신진주역세권(2BL)	817	2021.08	분양	민간분양	태영건설

위치	사업명	총세대수	분양시기	유형	사업형태	건설사
진주시	진주장재공원	798	2021.08	분양	민간분양	포스코건설
창원시	창원대상공원	1,735	2021.09	분양	민간분양	현대건설
창원시	창원가포A2	402	2021.09	분양	공공분양	
통영시	통영죽림공동주택	880	2021.11	분양	민간분양	현대엔지니어링

경북

위치	사업명	총세대수	분양시기	유형	사업형태	건설사
경주시	신경주역세권(2BL)	945	2021	분양	민간분양	태영건설
경산시	경산중산지구(C4-1BL)	506	2021	분양	민간분양	대우건설
경산시	경산중산지구(C5BL)	195	2021	분양	민간분양	대우건설
포항시	포항서초교부지	396	2021	분양	민간분양	포스코건설
경산시	경산아이파크	977	2021.06	분양	민간분양	HDC현대산업개발
상주시	상주공검3귀농귀촌	20	2021.06	분양	공공임대	
경주시	경주안강고령자복지	103	2021.07	분양	공공임대	
포항시	포항환호공원	3,116	2021.09	분양	민간분양	현대건설
안동시	경북도청이전신도시A1	500	2021.09	분양	공공임대	
구미시	구미송정A1	250	2021.09	분양	공공임대	
포항시	포항양학공원	2,670	2021.12	분양	민간분양	포스코건설
포항시	포항장성동더샵	2,433	2021.12	재개발	민간분양	포스코건설
양산시	양산사송A2(신혼희망타운)	320	2021.12	분양	공공분양	

전남

위치	사업명	총세대수	분양시기	유형	사업형태	건설사
나주시	나주송월동KTX공동주택	1,645	2021	분양	민간분양	현대엔지니어링
여수시	e편한세상여수신기	1,400	2021	분양	민간분양	DL이앤씨
광양시	황금동지역주택조합(한라)	772	2021	조합	민간분양	한라
순천시	순천조례동골드클래스3차	473	2021	분양	민간분양	보광종합건설
광양시	광양와우중흥S클래스	911	2021.07	분양	민간분양	중흥건설
여수시	학동(쌍용더플래티넘)	423	2021.07	분양	민간분양	쌍용건설
여수시	여수오림동한국아델리움	186	2021.08	분양	민간분양	한국건설
광양시	한화 포레나 광양성황	492	2021.09	분양	민간임대	한화건설
여수시	여수둔덕동한국아델리움	190	2021.09	분양	민간분양	한국건설
순천시	순천신월망북지구 한양수자인	1,248	2021.12	분양	민간분양	한양
무안군	남악오룡제일풍경채 (37,38BL)	794	2022	분양	민간분양	제일건설
무안군	무안오룡1,2차우미린 (43,44BL)	1,057	2022.03	분양	민간분양	우미건설

전북

위치	사업명	총세대수	분양시기	유형	사업형태	건설사
익산시	익산수도산민간공원특례 산업제일풍경채	1,515	2021	분양	민간분양	제일건설
전주시	진북동지역주택조합(한라)	340	2021	조합	민간분양	한라
익산시	익산푸르지오더퍼스트	674	2021.06	분양	민간분양	대우건설
익산시	유블레스47모현	343	2021.06	분양	민간분양	유탑건설

위치	사업명	총세대수	분양시기	유형	사업형태	건설사
익산시	익산역유블레스퍼스트	202	2021.06	분양	민간분양	유탑건설
전주시	전주에코시티데시앙(15BL)	748	2021.07	분양	민간분양	태영건설
익산시	힐스테이트익산	454	2021.07	분양	민간분양	
익산시	모인중흥S클래스	959	2021.08	재개발	민간분양	중흥건설
전주시	전주에코시티더샵(16BL)	576	2021.08	분양	민간분양	포스코건설
전주시	감나무골주택재개발(한라)	1,986	2021.11	재개발	민간분양	포스코건설, 한라건설

제주

위치	사업명	총세대수	분양시기	유형	사업형태	건설사
제주시	제주애월지역주택조합	200	2021	조합	민간분양	금호산업
제주시	제주중부근린공원 제일풍경채	796	2022	분양	민간분양	제일건설